나는
ADHD
노동자입니다

나는
ADHD
노동자입니다

민바람 지음
신재호 감수

마흔의 ADHD,
우아한 또라이로
사는 법

추천의 글

성인 ADHD는 임상 영역으로 들어온 역사가 짧습니다. 그러다 보니 성인에 적용하기 미흡한 기존 진단기준으로 많은 분이 여전히 제대로 진단받지 못하고 방황하는 경우를 자주 봅니다. 비록 문제 행동이 크게 드러나지 않더라도 주의력 문제를 겪는 분들은 주위로부터 '경솔하고 게으르거나 괴짜 같은 성격을 가진 사람'으로 인식되곤 합니다. 성인기까지 이런 상황이 지속되다 보면 주의력 결함으로 자신의 역량이 발휘되지 않는 문제를 넘어 부정적 자기 평가와 정체성 혼란, 정서장애 그리고 사회 적응 곤란이라는 심각한 문제로 확장됩니다.

ADHD 가족력이 있고 저 역시 치료제를 복용 중인 치료자로서 ADHD에 대한 각별한 관심으로 온라인 기사나 ADHD 커뮤니티에 올라오는 수기들을 종종 모니터링합니다. 어느 날, 한 온라인 플랫폼에 올라온 민바람 작가의 글을 접했습니다. 성인 ADHD에 대해 그간 충분히 조명되지 않던 모습들을 잘 담고 있어 인상적이었습니다. 특히 ADHD를 진단받기까지 정체성의 혼란 속에서 치열하게 자신을 찾아가는 과정이 너무나 생생하고 실감 나게 쓰여 있어, 한 줄 한 줄 음미해가며 이렇게 생각했습니다.

말로 표현하기 어려운 정서적 맥락과 느낌을 어떻게 이렇게 잘 살려서 글로 담아낼 수 있지?

민 작가는 자신의 어려움을 지독할 만큼 고민하는 과정에서 스스로 질문을 던지고 정보를 찾기도 하며 답을 구해왔기에 복잡한 심리학적 용어를 쓰지 않아도 자기 경험을 통한 실존적 표현을 체득한 것이었습니다. 눈물과 고통이 녹아 있는 경험을 마치 곁에서 지켜보며 똑같이 느끼는 듯하면서도 입가에 웃음을 띠게 만드는 글재주는 진정한 해학의 예술이라는 생각이 듭니다.

민 작가와의 실제 인연은 글을 본 시점으로부터 몇 개월 지난 뒤 글쓰기 플랫폼에서 닿게 되었습니다. 독자들에게 자기 경험을 생생하게 전달하면서 정확하고 실질적인 도움을 주기 위해 얼마나 많은 서적을 탐독했는지, 민 작가의 심리학과 ADHD에 대한 이해도가 상당한 수준에 도달해 있어 놀랐던 기억이 납니다. ADHD적인 호기심과 열정만이 아니라 타인에게 실수하지 않으려는 완벽주의적 노력도 수반되어 있는 것이 느껴져 안쓰러운 마음도 들었습니다.

오랜 기간 땀과 노력이 얽힌 민 작가의 글들이 이번에 출간된다는 소식에 너무나 반갑고 기쁜 마음입니다. 꼼꼼히 정리된 각주들에는 작가 자신이 일반인 눈높이에서 심리학적 개념을 독자들에게 들려주려는 노력과 배려가 엿보입니다. ADHD에 대한 이야기에서 시작하지만 내면에 대한 탐색과 사회를 바라보는 다양한 관점이 담긴 에피소드는 사람과 세상을 이해하는 폭을 넓히는 데 많은 도움이 되리라 생각합니다.

이 책은 성인 ADHD 수기에 그치지 않고 삶에 도움을 주는 심리학 도서로서 손색이 없다고 확신합니다. 수많은 내적 갈등과 현실의 좌충우돌 속에서 답을 찾아가며 마음을 치유 중인 민 작가의 경험이 독자들에게 큰 위로가 되기를 바랍니다.

마음애사랑의원 대표원장

신재호

들어가는 말

<u>실체 없는 고통을
마주하고 있는 당신께</u>

영화를 보고 묘한 방식으로 슬퍼진 적이 있다. 영화 속 상황을 이해할 수 없어 머릿속으로 '뭐지?'를 연발하며 보았는데, 이야기는 갈수록 어리둥절하게 꼬여 가더니 가장 꼬여 있을 때 끝이 나고 말았다.

나는 분명 그 영화를 이해하지 못했다. 그런데도 인물의 감정에 이입해 깊은 슬픔을 느꼈는데, 한 가지는 짐작할 수 있었기 때문이다. 그 영화는 조현병을 가진 사람의 머릿속에서 일어난 일을 이야기로 만든 것이었다. 주인공 자신도 이해할 수 없는 일들이었으니

관객들이 이해할 수 없는 건 당연했다.

"나도 그거 알거든요… 그거… 되게 아프잖아요."

여자와 같은 증상을 겪었다는 남자의 말에 여자가 서러운 울음을 터뜨릴 때, 내 마음에 오래 얽혀온 감정들이 따라서 진동했다. 저마다의 세계를 똑같이 겪거나 이해할 수는 없어도 누군가 그렇게 말해준다면, 어떤 아픔들은 녹아서 흩어질 수도 있지 않을까 싶었다.

언제부턴가 "나도 그래"라는 말에 조심스러워졌다. 위로를 전하는 "나도 그래"도 있지만, 생각의 기준을 내 쪽으로 가져와 오히려 고립감을 안겨주는 경우도 많다는 걸 알았기 때문이다. 내가 쓴 이야기들이 둘 중 어느 쪽에 가까울지는 모르겠다. 글을 쓰면서 많이 생각했다. 같은 증상을 겪어온 분들보다 내가 더 안다고 할 수도 없는데 이런 글을 써도 될까. 내 마음은 아직 충분히 건강하지 않은데 과연 많은 사람들에게 좋은 영향을 줄 수 있을까. 하지만 내가 느낀 것들이 진짜이니, 당신이 느끼는 것도 진짜라는 말을 전하고 싶었다. 각자 걸어야 하는 길 위에서 멀리서나마 손을 흔들어 보이는 마음으로 썼다. 나와 비슷하게 또는 전혀 다르게 살아왔을 분들께.

잘 참는다는 말을 들어왔다. 주사나 침을 맞을 때, 강한 지압을 받거나 위내시경을 받을 때. 남들이 못 견딘다고 하는 것들이 나는 그럭저럭 참을 만했다. 몸이 남들보다 무딘 건지, 아니면 '아프다'고 표현할 때 기준이 높은 건지는 몰라도 잘 참는다는 말에는 어쩐지 안심이 됐다. 어른스러운 사람으로 인정받는 것 같고, 한 사람 몫을 잘 해낼 수 있을 것 같았다.

그런데 마음의 문제에 대해서는 반대였다. 다른 사람들은 특별히 애쓰지 않는 일상적인 일들이 하나하나 어렵고 힘들었다. 항상 의심했다. 나는 너무 힘든데, 진짜 힘든 게 맞을까? 이걸 아프다고 해도 될까? 엄살이 심한 건 아닐까? 그런 자신이 부끄러워 나를 둘로 나눴고, 비난을 피해 숨겨둔 자아는 마음속에서 산소부족을 겪었다.

사소해 보이는 고통이 사소하지 않다는 걸 믿기까지 긴 시간이 필요했다. 떠나지 않는 괴로움을 밀어내려고 애쓰다가 점차 괴로움과 더불어 살아가는 방법을 깨우쳤다. 고통이 나를 이루는 살이 될 수도 있겠다는 생각이 들었다. 이 책은 그 과정에 대한 이야기다. 각 장별로 발견, 노동, 고통, 세상, 치유를 주제로 생각하고 성인 ADHD에 얽힌 경험과 생각을 엮었다.

몸의 고통처럼 마음의 고통도 실재한다. 그리고 아픔은 저마다 그럴 만한 원인이 있다. 눈에 보이지 않아 모든 게 망상이나 착각 같을지라도, 당장 마땅한 이름을 찾을 수 없더라도. '나만 그런 것 같은' 우리 모두에게 외로움은 어쩌면 기본값일 테지만, 그래도 바란다. 쉽게 열리지 않는 유리상자 안에 당신과 외로움 둘만 놓여 있는 것이 아니기를. 이 글들이 잠시라도 그 마음 옆에 나란히 앉을 수 있다면 좋겠다.

차례

5 · 추천의 글
9 · 들어가는 말

1장 알고 있었는데, 몰랐다

19 · 인생에서 가장 강렬한 안도감
　　　이름을 안다는 것의 의미

27 · ADHD를 ADHD라 부르지 못하고
　　　공존질환, 닭과 달걀

36 · 멀쩡해 보여서 잔인한 병
　　　성인 ADHD에 얽힌 오해들

46 · 말 잘 듣는 착한 아이라서
　　　성 역할이 진단에 미치는 영향

57 · 태어나 처음 정신과 문턱 넘기
　　　내 발목을 잡은 생각들

2장 열혈 노동자부터 만렙 백수까지

경험욕과 번아웃의 대환장 파티 • **67**
하고 싶음과 할 수 있음의 간극

채웠다, 10년! 근데 왜 똑같지? • **76**
복합형 ADHD 성인이 강사로 일할 때

직장생활 허세로 망하기 • **87**
나를 조종하는 인지 왜곡 혼내주기

얻어 걸린 '궁극의 일자리' • **99**
의지와 가능성을 인정받는 환경

성공은 양보할게 • **106**
프리랜서와 백수, 그 사이의 안빈낙도

열 우물 파기의 즐거움 • **112**
신명이 이끄는 길

3장 힘든 건 힘든 거다

제가 좀 가지가지 합니다 • **123**
엄살 같은 공존질환

끊어지지 않는 '당'과 나의 연결고리 • **134**
당 중독 탈출 여정

분위기 파악이라는 필생의 목표 • **141**
잠재된 충동성과 자기검열의 늪

151 • 외국어가 들리면 귀를 막고 뛰었다
　　　　일상을 좀먹는 수치심

160 • 엄마 아부지, 저 ADHD예요
　　　　가족에게 병을 이해받는 일

170 • 이 불편들이 소중한 이유
　　　　증상과 더불어 살기

4장 세상 속에 존재하기

181 • 불친절한 마트 직원, 부끄러워진 건 나
　　　　보이지 않는 장애의 어려움

187 • ADHD인 척하지 말라고요?
　　　　평화롭고 성공적인 병 커밍아웃을 위해

198 • 나를 또라이로 지정한 강의평가
　　　　정상과 비정상 사이의 줄타기

206 • 천재형 ADHD? 난 부럽지가 않어
　　　　평범한 ADHD인의 자기 인식

215 • 극 내향형 ADHD인입니다
　　　　대인기피와 함께 사는 법

225 • ADHD 성인에게 의존과 독립이란
　　　　'나'라는 경계를 넘나들며

5장 순간을 살아가는 힘

약물치료 도망자의 변명 • 243
요리 재고 조리 재도 알 수 없는 마법

피해의식 탈출 레시피 • 255
43회기 후 돌아본 상담의 의미

시간을 달리는, 시간이 딸리는 • 267
ADHD 성인의 일정 관리

우당탕탕 민바람 씨는 다이어리도 얼렁뚱땅 • 277
집필노동자의 '기록'적인 생활

셔츠 밖이 위험할 때 • 287
끼니처럼 마음 챙기기

극복하기가 아닌 표현하기 • 296
분노로 사랑하는 법

안 웃겨도 괜찮아 • 307
나를 위한 유머론

나가는 말 • 315
주 • 321
참고문헌 • 327

1장
알고 있었는데, 몰랐다

인생에서 가장 강렬한 안도감

이름을 안다는 것의 의미

떠오르는 장면 하나. 일개 학부생이던 나는 친한 대학원생 선배와 강사 선생님들이 계신 연구실에 찾아가 음식을 나누어 드렸다. 문을 닫기 전 농담이랍시고 선배를 향해 신나게 외쳤다.

"고수레!"[*]

한순간 선배의 얼굴이 험상궂게 달아오르고 그보다 무시무시한 정적이 지나갔다. 등을 지고 있던 한 강사 선생님이 선배 쪽으로 돌아앉으며 말씀하셨다.

"참어."

---

* 전통 민간신앙에서 산이나 들에서 음식을 먹을 때 귀신에게 먼저 바친다는 뜻으로 외치는 말. 외침과 함께 음식을 허공에 던지는 것이 보통이다. 산짐승, 벌레들과도 음식을 나누어 먹는 선조들의 마음이 깃들어 있다는 해석이 있다.

더 뜨악한 건 그때 공기가 왜 싸해졌는지 10여 년이 지난 어느 날 깨달았다는 거다. 당시엔 '엥?' 하며 애매하게 웃고만 있었다. '알 만한 애가 왜 저러지?' 나에게 실망한 많은 사람이 그렇게 생각했을 거다. 청소년기에도 내게 뭔가 문제가 있다는 생각은 했지만, 콕 집어서 무엇이 힘든지 몰랐다. 스무 살이 되어 다양한 사람을 만나면서 확실히 느꼈다. 정말 이상했다. 사람들은 이렇게 아무 일도 없이 힘들어하지는 않는 것 같은데. 일상적인 상호작용 하나하나가 내게는 버거웠고 숨만 쉬어도 심장이 찔리는 듯했다(그땐 그게 '불안'인 것도 몰랐다).

대학 때 별명 중 하나는 '어리바리'였다. 방금 들은 말도 기억하지 못하고, 관련 있는 정보를 연결 지어 생각하지도 못했다. 나는 인정 욕구가 강하고 눈치를 많이 보는 성격이었는데도 왜 그런지 공통된 이해의 흐름을 따라가지 못하고 있었다. 부끄러웠지만 처음에는 큰일로 생각하지 않았다. '내가 멍하고 엉뚱하기는 하지. 더 경험을 쌓아야겠다' 싶었다.

사회생활이 시작되고 더 복잡한 상황에 놓이자 모든 걸 성격으로 퉁칠 수 없게 됐다. 아무리 머리에 힘을 줘도 집중할 수 없을 때가 너무 많았다. 친구와 대화할 때는 물론이고 상사와 독대한 자리, 아르바이트 첫날 설명을 들을 때, 30명 앞에서 강의할 때조차 그랬다. 내가 무슨 행동을 했는지 기억하지 못하는 것도 하루에 십수 번이었다. 한마디로 초자연적 힘의 지배 아래 있는 느낌. 매 순간 뇌를 '풀가동'하면서 과부하가 걸리고 상황을 모면하느라 스릴이 넘쳤다.

생각은 물음표를 무한 반복했다.

'뭔가 있어. 뭔가 있는데… 그게 대체 뭐냐고….'

인생에서 가장 중대한 순간

문제를 모른다는 게 가장 문제였다. 그렇다고 문제가 없다기엔 생활이 너무 힘들었다. 해결의 실마리가 될 만한 것은 뭐든 뒤졌다. 각종 성격유형 검사에 집착하고 심리학 책을 읽고 의사소통도 공부해봤다. 하지만 확실히 짚이는 것도, 바뀌는 것도 없이 실수와 자괴감은 늘어갔다. 나 자신의 구조가 감도 잡히지 않았다.

정체 모를 내 한계에 나만의 이름을 붙였다. '유리상자'. 발라드라도 불러줄 것 같은 예쁜 이름이지만 애칭이 아니다. 어느 날 숨이 막혀 주변을 더듬어보니 단단한 유리벽 안에서 살고 있었다.

내 ADHD Attention Deficit Hyperactivity Disorder(주의력 결핍 및 과잉행동/충동성 장애)는 딱 그런 느낌이었다. 밖이 훤히 비치는데도 진짜 세상에 접촉할 수 없는 괴리감과 이물감, 상황과 분리된 듯한 비현실감, 혼신의 힘을 써도 제자리에 머무는 무력감, 이 안에는 나밖에 없다는 외로움. 만일 신이 나타나 딱 한 가지 소원을 들어주겠노라 한다면 고민할 일은 없었을 것이다.

* 진단받지 않은 대다수 ADHD 성인들은 환경이 급격히 변화하기 전까지는 자신의 문제를 인식하지 못한다. 결혼 후 양육을 하거나 학교에서 직장생활로 이행하는 시기에 한꺼번에 여러 일을 해내야만 하는 한계 상황에서 문제를 깨닫게 되는 경우가 많다.[1]

"당장 여기서 꺼내줘요. 내가 뭘 잘못했다고 이런 데 넣었어?"

ADHD는 부주의와 과잉행동, 충동성을 특징으로 하는 신경발달학적 질환이다. 아동기에 시작되어 흔히 청소년기와 성인기까지 지속된다. 병증을 속속들이 꿰뚫고 있는 지금은 안다. 선배를 일시에 귀신이나 야생동물, 곤충으로 만든 발언은 '자기만의 맥락'과 '충동성'의 콤비플레이가 낳은, 그야말로 ADHD다운 실언이었다는 걸.

불과 30년 전만 해도 ADHD라는 병명은 없었다. 특성을 기록한 문헌은 있었지만 병의 이름이 없었던 것이다.[2] 미국정신의학회가 '주의력결핍장애'와 '과잉행동장애'를 함께 지칭하는 'ADHD'라는 진단명을 채택한 것은 1987년이다. 성인 ADHD는 미국의 정신과 의사 에드워드 할로웰이 1995년 출간한 책 《집중하지 못하는 사람들》을 통해 비로소 널리 알려졌다. 우리나라에 알려지기 시작한 것은 2000년대에 들어서이고 내게 정보가 닿은 것은 8년 전, 서른 즈음이었다. 그러니 20대의 내가 머릿속에 연구소를 차리고 눈물과 글쓰기로 정체를 탐구해봐야 성과가 나올 리 없었다.

인터넷에서 처음으로 ADHD라는 병의 증상을 읽은 순간 그리고 성인 ADHD 커뮤니티를 알게 된 순간 나는 아르키메데스가 유레카를 왜 외쳤는지 단박에 이해했다. 정말 내 괴로움에 이름이 있었다니! 소리를 꽥 지르는 대신 입을 틀어막았다. 도무지 그림이 나오지 않던 모든 퍼즐 조각이 한 번에 맞춰졌다.

30년간 묵혀온 감정이 주마등처럼 스쳐가며 깊은 회한이 몰려왔다. 가장 컸던 것은 반가움과 안도감이었다. '나 같은 사람이 또 있다.' 처음으로 인간의 자격을 부여받은 듯한 기분에 천장까지 폴짝 뛰고 싶었다. '어쩌면 앞으론 안 힘들게 살 수 있을지도 몰라.' 인생에서 가장 중대한 순간이었다.

고통의 수치화

심증 200%로 자가진단을 하고서도 모든 검사를 거쳐 제대로 진단받기까지는 8년여가 걸렸다. 이렇게 얘기하면 ADHD라는 말을 들을 때까지 찾아다닌 것 아니냐고 생각할지도 모르겠다.

ADHD를 가진 나를 부정하고 싶지는 않지만 굳이 특별해 보이기 위해 이 병을 갖고 싶은 마음도 없다. 처음부터 ADHD에 전문성을 가진 병원에 가서 종합적으로 검사를 받았더라면 분명히 첫 번째 병원에서 ADHD 진단을 받았을 거라고 생각한다. 내가 오진을 받거나 진단이 지연된 데에는 많은 ADHD인들이 진단에서 비껴나가는 원인들이 얽혀 있다. 또 자가진단을 하고 기뻐했던 나도 정작 검사와 치료에서는 슬금슬금 뒷걸음질 친 면이 있다. 그 이야기는 다음 장부터 천천히 풀어나가려고 한다.

"ADHD가 맞는 걸로 보이네요. 이 정도면 확실해요."

정신의학과 원장님으로부터 그 말을 들었을 때는 담담히 고개를 끄덕였다. 98%의 확신에 2%의 공신력이 부여되는 정도였기 때문이다. 하지만 그 2%는 내가 38년 동안 찾아 헤맨 것이었다. 어디에 갇혀 있는 것인지 아는 것만으로 숨이 편하게 쉬어졌다.

'ADHD'라는 말을 쓸 때 주변 사람들은 종종 걱정했다. 확진받기 전에는 내가 스스로를 비정상의 범주에 넣는 것에 거부 반응을 보였고, 확진 후에는 명칭에 얽매여 가능성을 제한할까 봐 염려했다. 그러나 병명을 알고 증상과 치료법을 파악하는 것은 정말 중요하다. ADHD라는 이름을 10년만 일찍 접했더라면 내 몸은 지금보다 훨씬 덜 손상되었을 거다. 진로를 택할 때 나에게 어려운 과업과 비교적 쉬운 과업을 구분했을 것이고, 구멍 난 순발력과 주의력을 메우기 위해 일 중독이 되기보다 적절한 치료를 받았을 것이다. 언젠가는 나아지리라 기대하며 소진한 것들을 생각하면 무척 아쉽다.

병명을 아는 것 자체가 마음을 보호하는 길이기도 하다. 고통은 너무도 주관적이고, 정신과에 가서 그것을 수치화하기 전까지는 고통받는 자신을 끝없이 평가하게 된다. 수치화할 방법이 없는 경우도 많다. 그 과정에서 자아는 바람 빠지는 행사 풍선처럼 서서히 쪼그라든다. 같은 실수를 반복하는 게 일상인 ADHD인은 주변 반응을 살피며 부정적 자아상을 굳히기 쉽다.

나 역시 그랬다. 똑같은 실수와 어이없는 실언을 반복하고 중요한 일에도 집중하지 못하는 것은 순전히 내가 이타심이 없어서, 생각이 짧아서, 노력이 부족해서라고 생각했다. 매일 그날의 나를 분석하고 채찍질한 뒤 새로운 다짐을 했다. 하지만 나아지는 것이 없어 자존감은 나락으로 떨어졌다. 문제를 정확히 알았다면 적어도 "너는 왜 발전을 모르냐?"라며 자신의 정수리로 두더지잡기를 하지는 않았을 것이다. 나이가 들며 자신을 객관적으로 알아가서 편안해지는 부분이 있듯이, 건강한 병식을 가지면 자신을 올바르게 바라볼 수 있게 된다.

병은 나를 알게 한다

임상심리학자이자 ADHD 당사자인 신지수 작가는 《나는 오늘 나에게 ADHD라는 이름을 주었다》라는 책에서 "부정적인 자기상보다 불명확한 정체감이 더 문제다"[3]라고 말했다.

병을 모를 때 가장 절실했던 것은 안정적이고 일관된 자아정체감이었다. 나는 껍데기 없는 갑각류만큼이나 상처에 취약했는데, '왜 내 생각과 행동은 남들과 다를까'라며 자신의 존재에 혼란을 느꼈기 때문이다. 병명을 찾음으로써 오히려 병증과 나를 동일시하지 않게 됐다. 내 특성 중 무엇이 ADHD 증상으로부터 영향을 받고 있는지, 그럼에도 가려지지 않는 개성과 가치관, 재능은 무엇인지 알게 됐기 때문이다. 그리고 힘들어하면서도 잘 버텨온 자신을 대견히 여기게 됐다. 증상으로 무너지는 일상을 버텨내는 도중에 정신력만으로 갖추기는 어려운 자세였다. 그래서 ADHD라는 이름은 나에게 긴긴 터널 속 한 줄기 빛 같았다. 막막했던 시간을 생각하면 죽기 전에 원인을 알게 된 것만으로 여전히 신기하기만 하다.

병은 평온한 일상을 지속적으로 방해하기 때문에 병으로 구분되고, 병명은 '현 상태를 정확히 인지하는 수단'이다. 중요한 것은 비정상과 정상을 깨끗이 구분 짓거나 모든 불편에 라벨을 붙이는 것이 아니라 더 나은 일상을 위해 할 수 있는 것을 하고 있다는 점이 아닐까 한다.

그래서 병을 이야기할 때 굳이 목소리를 낮추고 싶지 않다. "위염이 있어서 이건 못 먹어"라고 말하듯 정신의 문제도 편안하고 자연스럽게 이야기하고 싶다. 나에게도 익숙한 일은 아니지만, 우리에겐 그런 경험치가 필요하다.

ADHD를 ADHD라 부르지 못하고

공존질환, 닭과 달걀

넷플릭스 드라마 〈블랙 미러 4〉의 에피소드 중 '블랙 뮤지엄'에는 '공감 진단기'라는 기기가 나온다. 이것은 병 진단에 이용된다. 의사가 귀밑에 수신기를 장착하고 환자 머리에 헤어네트 같은 송신기를 씌워 환자의 괴로움을 자신의 뇌로 직접 전달받는 것이다. 오진이 많아 고민하던 의사는 어디가 어떻게 아픈지 직접 느껴보면서 실패 없는 진단을 내리게 된다.

물론 실존하는 기술이 아니라 다소 그로테스크한 SF적 설정이다. 하지만 이런 상상도 해본다. 만약 그런 기술이 있었다면 나는 지금 더 나은 삶을 살고 있을까?

원치 않는 1+1, 아니 1+'n'

"네, 확실히 아니에요. 보면 알아요."

상담 선생님의 눈빛과 목소리는 단호했다. ADHD를 다룬다는 상담센터를 찾은 것은 6년 전 직장 스트레스가 직장 공포증으로 변했을 때였다. 공식 진단을 위한 첫 시도였다(바로 병원에 가기는 겁이 나서 상담센터로 갔다). 내게는 그간 꾹꾹 눌러 담은 ADHD의 설움으로 푸진 말잔치를 하리라는 포부가 있었다. 계획은 선생님의 몇 마디에 전면 수정되었다.

"우울증이나 불안장애 때문에 말이 잘 생각 안 나고 안 들리기도 해요. 인지행동치료를 하면 나아질 거예요."

내 경우는 자가진단 항목을 보고 "어라, 나랑 비슷한데? 혹시 나도 ADHD?"라고 의심한 것이 아니었다. 살면서 반복된 '이상한 점'을 목록으로 적은 게 있었는데 그게 진단 항목들과 95% 일치했다. 하지만 선생님은 내가 작성해서 들고 간 목록은 보지 않겠다고 하셨다. 나를 본 지 10분 만에 그 정도로 단언한다는 게 의아했지만, 정신건강 전문가의 판단을 따라보는 게 좋지 않을까 생각했다. 쭈뼛거리다 11회짜리 상담을 결제해버렸다.

인지기능이 떨어지는 현상은 우울이나 불안이 지속된 경우에도 나타난다.* ADHD로 문제를 많이 겪어서 우울하고 불안해졌는지,

---

* 우울장애와 불안장애 외에도 양극성장애(조울증), 강박증, 아스퍼거증후군, 경계선 인격장애 등이 ADHD와 잘 혼동된다고 알려져 있다.

반대로 우울장애와 불안장애를 앓다 보니 일상이 엉켜서 ADHD 증상과 비슷해진 것인지 가려내기 어렵다. 한마디로 문제는 '닭이 먼저냐, 달걀이 먼저냐' 하는 것이었다.

그럴 때 전문가들이 일반적으로 택하는 방법은 다른 질환이 사라져도 ADHD가 남아 있는지 보는 것이다. 내가 우울할 때 만난 정신건강 전문가들이 모두 우울증부터 치료하자고 권했던 것을 이해한다. 어찌 그분들에게 무속인의 능력을 요구하랴. 그래도 안타까운 것은 기저질환인 ADHD를 그대로 둔 채 공존질환만 치료할 경우 치료해도 나아지지 않는다는 자괴감에 빠지기가 쉽기 때문이다.

상담이 중기에 접어들면서 '이게 아닌데' 싶었다. 증상이 나아지지 않는데 우울하지 않기란 어려웠다. 당장 어설프고 두서없는 내 모습은 나에 대한 사람들의 부정적 믿음이 활활 타오르도록 장작이 되어 몸을 던지고 있었다. '성과에 따라 내 가치가 달라지지 않는다'는 자기 암시도 매번 그 불길 속에 한 줌 재로 사라졌다. 상담 이전과 다른 결의 정체감이 찾아왔고, 영혼 없이 상담에 응하는 게 싫어서 어영부영 상담 주기만 늘이다 마지막 회기가 되어서야 털어놓고 말았다.

"선생님, 저는 ADHD 때문에 힘든 게 더 큰 것 같아요."

"바람 씨는 안 변할 것 같네요. 차라리 스님이 되지 그랬어요."

돌아온 말에서 가시가 느껴졌다. 눈치가 없는 나는 그 말을 또 "아, 그것도 생각은 해봤는데…"라며 신이 나서 받았지만(이것만 봐도 딱 ADHD인데), 선생님은 차가웠고 내가 그렇게 생각하는 이유를 끝

끝내 묻지 않으셨다. 집에 가는 버스 안에서 마음이 복잡했다. 상담 내내 수동적으로 따라가던 자신이 바보 같았다. 정말 나는 변하지 않는 걸까? ADHD도 아니고 우울증도 그대로라면 내가 나아지는 길은 영영 없는 것 아닐까.* 낮인데도 주변이 컴컴하게 느껴졌다.

조금 더 쉬운 구분을 위해

우울감과 우울증이 다르듯, ADHD가 없는 사람도 주의집중이 어렵고 과잉행동을 하지만 ADHD인들은 그것이 정상적 생활을 방해할 만큼 반복, 지속된다. 자신이 ADHD인지 곧바로 확인하기 어려운 경우 먼저 주의집중력, 과잉행동, 충동성 관련 증상이 최근에 한정된 일시적 상태인지 지속되어온 경향인지 생각해봐야 한다.

ADHD는 대부분 '본 투 비 ADHD', 곧 선천적이라는 것이 정설이다. 도파민과 노르에피네프린 등 주의집중력과 행동을 조절하는 신경전달물질의 불균형으로 발생한다. 연구에 따르면 유전적 영향이 가장 크고, 드물게 뇌 손상, 뇌의 후천적 질병 등이 원인이 되기도 한다. 성인 ADHD 역시 아동기 ADHD가 성인기로 이어진 것이기 때문에 진단 시 12세 이전에도 증상을 보였는지 확인한다.

공존질환과의 구분을 돕기 위해 지나온 삶을 차분히 돌아볼 필

* 일대일 대화 상황에서는 주의력 부족이 잘 관찰되지 않을 수 있다. 특히 자신이 큰 관심을 가진 주제를 놓고 대화할 때는 오히려 과몰입이 나타나므로 자신의 문제를 깊이 고민하는 사람이 상담이나 진료를 받는 상황에서 내담자나 환자의 겉모습만 보고 ADHD 여부를 진단하는 것은 적절치 않다.

요도 있다. 의심 증상으로 생각되는 첫 기억은 언제인지, 정서적 문제나 불면 등이 있다면 언제부터 시작됐는지, 인생의 중대한 사건 이후 변화한 점이 있는지 등을 짚어보면 검사지를 작성하거나 전문가와 이야기할 때 진단의 실마리가 될 수 있다. ADHD 증상 때문에 가정, 학교, 직장, 사회 중 두 군데 이상에서 심각한 문제를 겪는다는 것을 확인해야 한다.

병원에 방문하기 전에 자신의 증상을 잘 보여줄 수 있는 자료를 준비해 가는 게 정확한 진단에 도움이 된다. 간단하라도 증상 목록을 만들면 좋고, 가까운 사람이 진단 과정에 협조적이라면 그동안 관찰한 모습이 어땠는지 묻고 특징과 일화 등을 함께 적으면 더욱 좋다. 바로 병원에 갈 의향이 없는 단계에서도 이 과정은 도움이 된다. 처음 ADHD를 의심하게 된 시기와 계기, 특징에 해당되는 요소와 그렇지 않은 요소를 차분히 써보면서 자신의 시각이 치우치지 않았는지 점검할 수 있다. 생활기록부를 떼어오라고 하는 병원도 있으니 전화로 문의한 뒤 스스로 준비해 가도 좋겠다.*

공존하는 정신질환 외 다른 지병의 존재가 환자 본인과 전문가의 판단에 영향을 미치기도 한다. 사람은 단순히 피곤과 스트레스로 몸의 기능이 떨어져도 주의집중력에 어려움을 겪는다. 공교롭게도 나는 부신피로증후군을 가지고 있었다. 하필이면 이 병도 도파민과

* 2017년 2월 이후 졸업생은 '정부24' 홈페이지에서, 재학생 또는 2003~2017년 졸업생은 '나이스 홈에듀 민원서비스'에서 발급받으면 된다. 2003년 이전 졸업생은 초·중·고등학교(출신 학교가 아니어도 된다). 시·도 교육청, 교육지원청이나 근처 주민센터를 방문하면 발급받을 수 있다.

노르에피네프린 체계에 이상이 생기는 병이라서 혼란이 더해졌다. 두 질환은 높은 관계성을 가지고 있다고 하는데, 둘 중 어느 병에 접근해서 치료를 해야 할지 고민됐다.

지금 생각하면 부신피로 발생 이전인 아동기와 청소년기에도 증상들이 반복되었고 의심되는 가족력도 있으니, 부신피로증후군이 나아지면 증상이 사라질 것이란 생각은 맞지 않았다. 나는 충동성과 과잉행동이 아주 심한 편은 아니었지만, 주의력 부족 증상 외에도 꾸준히 '특이할 정도로 활동이 많은 사람'으로 평가받았고, 충동적인 말과 행동들로 애를 먹어왔기 때문이다. 부신피로증후군은 원인이 아니라, ADHD 증상으로 무리한 생활을 하며 오랜 시간 스트레스가 쌓인 결과라고 보는 게 타당했다(몸에 쌓인 알루미늄이나 중금속이 '브레인 포그'를 일으킬 수 있다고 해서 모발 검사도 두 번 해봤지만 문제가 될 만한 수치는 나오지 않았다). 정리하면 성인 ADHD를 진단할 때는 아래와 같은 사항들을 검토해야 한다.

성인 ADHD 진단 시 확인할 것

1. 진단기준 9가지 중 5가지 이상에 해당되는가?(전체 항목이 아닌 어느 유형 – 부주의 진단 항목 또는 과잉행동/충동성 진단 항목 – 내에서 5가지 이상)
2. 12세 이전에 증상이 나타났는가?(부주의 및 과잉행동/충동성을 나눠서 돌아보기)
3. 여러 환경에서 증상이 나타나는가?

4. 사회적, 학업적, 직업적 기능에 분명한 문제를 느끼는가?
5. 내과적 질환이나 다른 정신적 질환에 의한 증상일 가능성은 없는가?
6. 신뢰도 있는 평가 척도를 사용했는가?

ADHD의 유형과 병증 양상은 생각보다 다양하다. 그러니 인터넷의 자가진단 문항이나 주변의 평가는 어디까지나 참고사항으로 삼는 게 좋다. 늘 멍한 상태로 다녀도 계획과 주변 정리는 힘들지 않을 수 있고, 과잉행동이나 충동성이 학습에 따른 억제로 잘 드러나지 않는 경우도 많다. 이 병은 학업이나 직업적 성취, 지능에 따라 판단할 수 없고, 집중을 잘하는가보다 집중에 대한 통제를 잘하는가를 따져봐야 한다.

ADHD인의 10%는 치료 없이도 큰 문제 없이 생활한다고 한다. 하지만 만일 "왜 이렇게 일상적인 것들이 힘들지?"라는 의문을 오랫동안 가져왔다면, 꼭 '성인ADHD' 전문가를 찾아가 여러 검사를 받아보자. 병명을 확인하는 일조차 뜻대로 되지 않을 수 있지만, 큰 산을 넘은 뒤에는 치료를 통해 점차 내 뜻대로 되는 일상의 맛을 느낄 수 있을 것이다.

뇌와 뇌를 연결할 수 없으니

정신적 문제를 정확히 전달하는 일은 몹시 까다롭다. 증상 자체만 나열하면 마치 누구나 겪는 현상 같고, SF 드라마처럼 뇌와 뇌의 연동이 가능한 것도 아니니 말이다. 지금 생각하면 차라리 추상적인 '느낌'을 설명하는 것이 더 전달력이 좋았을 것 같다.

 그대로 보여주지 못해 답답했던 것들을 표현하려면 약간의 문학적 감성을 발동시켜야 한다. 뇌에 안개가 자욱한 느낌, 남들이 100킬로로 달리는 고속도로에서 50킬로로 달리면서 길을 막는 느낌, 머릿속에서 돌아가는 네댓 개의 라디오 채널을 헤치고 간신히 마주 앉은 사람 말을 듣는데, 그 말이 모스부호처럼 끊겨서 들리는 느낌, 필요한 부품이 하나 없어 남들과 사고 과정이 다른 느낌, 초 단위로 다른 시험을 보느라 머리가 혹사당하는 느낌, 여러 불빛이 쉴 새 없이 깜빡이듯 여러 생각이 켜지고 꺼지는 느낌. 공감 진단기까지 갈 것 없이 과거의 내가 잘 표현했다면 공존질환 때문에 나타나는 증상과는 다른 점들이 보였을지도 모른다.

 하지만 그때 상담 과정에서 마음에 새기게 된 것도 있다. 어떤 상황에서도 자신이 자신을 지켜줄 수 있어야 한다는 것. 문제에 대해 실제보다 더 큰 책임을 자신에게 지운다면 그건 가장 중요한 사람을 홀대하는 일이라는 것. 그래서 검사를 미루고 인생의 암흑기를 쭉쭉 늘린 자신을 탓하지 않는다.

 사람이 후회하는 건 살수록 똑똑해지는 증거가 아닐까. 과거에는 고정된 의미가 없다. 늘 현재의 눈으로 해석되기 때문이다. 나는 혼자 헤맨 시간만큼, 비슷한 길을 헤매는 분들에게 들려줄 이야기가 생겼다는 걸 떠올려본다.

 흥미로운 질문을 찾아 던지는 게 취미인 친구 D가 한 번은 이렇게 물었다.

"자기 인생에 점수를 매기면 몇 점을 주고 싶어요?"

"글쎄요, 60점…? D는요?"

"저는 90점이에요. 왜냐하면, 저는 진짜 노력했어요. 어쩔 수 없었어요."

많은 실패를 겪고, 지금도 이런저런 어려움과 함께 나아가고 있는 D의 말을 듣고 나도 말을 바꿨다.

"오, 생각해보니까 저도 90점이에요!"

덧붙이는 말

ADHD와 관련해 처음 진료받으러 갈 때는 아동이 아닌 '성인 ADHD'의 진료도 가능한지 홈페이지 정보나 문의를 통해 확인하고 가자. 성인 ADHD 커뮤니티 '에이앱'(a-app.co.kr)의 '병원 후기' 메뉴에서도 '전국 ADHD 진료 병원 찾기' 서비스를 제공한다. 지도를 통해 병원 위치를 확인할 수 있고, 댓글로 성인 ADHD 환우들의 후기도 볼 수 있다.

멀쩡해 보여서 잔인한 병

성인 ADHD에 얽힌 오해들

ADHD는 "세상 그 어떤 병보다 많은 오해와 편견에 둘러싸인 병"이라는 말이 있다.[4] 내가 모든 병을 겪어본 것은 아니지만 '아니, 뭐 이렇게까지 오해받기 쉬운 병이 다 있나' 하는 생각을 줄곧 했기에 고개가 격하게 끄덕여졌다. 아직까지 성인 ADHD에 대한 정보는 고르게 알려져 있지 않다. 나는 어렵게 진단에 이른 사람으로서 그동안 겪어온 오해들을 정리해보려 한다.

하나, "오히려 집중을 잘하던데?"

"샘은 집중력이 정말 좋은 것 같아요!"

강사로 일할 때 친한 동료 선생님이 말씀하셨다. 강사실에서는 협업하는 강사들끼리 자유롭게 상의하는 분위기가 있었다. 그런데 다른 선생님들은 상황 변화를 감지해 자연스럽게 참여하는 반면, 나는 대놓고 불러도 듣지 못할 만큼 내 일에만 빠져 있을 때가 많았다. 동료 선생님은 순수한 뜻으로 하신 말씀이었지만, 업무 회의 중에는 절반도 집중해서 듣지 못하는 터라 부끄러움이 밀려왔다.

'집중해야 될 때는 안 하고 안 해야 될 때는 하고. 이 자기 의지로 살아 숨 쉬는 집중력은 뭐지?'

한창 ADHD를 의심하고 있었던 때인데, ADHD라면 집중이 거의 안 돼야 맞는 게 아닌가 싶어서 무척 혼란스러웠다.•

ADHD를 가진 경우 환경이나 상황에 따라 주의를 전환하는 데에 문제를 겪는다. 한 ADHD인이 자신의 머릿속을 '다른 사람이 리모컨을 조작하는 TV를 보는 기분'이라고 표현했다. 그 말처럼 내 의지와 상관없이 채널이 돌아가듯 생각이 이리저리 튀고, 지금 상황에서 집중하길 원하는 대상에 초점을 맞추기 어렵다. 집중력이 나쁜 것이라기보다 뜻대로 '조절'할 수 없는 것이다.

당장 관심을 두는 일에만 지나치게 빠져드는 과몰입도 증상에 포함된다. 병명에 '집중력 결핍'이 아닌 '주의력 결핍'이 들어가는 이유다. 슬프도다. 부모님께서 "넌 어릴 때 책을 붙잡으면 다 읽을 때까지 밥도 안 먹었어!" 하셨던 게 영재의 징후가 아니었다니.

• 책 《ADHD 2.0》에서는 이렇게 썼다. "ADHD는 너무나 오랫동안 오해를 받았다. 비극적이라 할 만큼, 끔찍하리만치 심하게 오해를 받았다."[5]

둘, "안 그래 보여."

'정신없이 뛰어다니며 몸을 가만히 두지 못하는 병' '눈에 띄게 산만한 병'으로 고정된 이미지도 흔한 선입견이다.

"에이, 너는 전혀 안 그래 보여."

이렇게 말하는 사람이 있다면, 그 마음은 따뜻하게 받되 병 자체를 상의할 대상은 아님을 알고 산뜻하게 넘어가기를 추천한다.*

DSM-5**의 분류를 보면 ADHD는 부주의 우세형, 과잉행동/충동성 우세형, 복합형으로 나뉜다. 언뜻 보기에 이상이 드러나지 않는 부주의 우세형 ADHD인들은 '조용한 ADHD'로 불린다. 이런 사람들은 주변에서는 물론 상담실이나 진료실에서조차 증상의 심각성이 축소될 수 있다. 과잉행동/충동성 우세형은 '트러블 메이커'로 사회생활에서 고립되기 쉬운데, 부주의 우세형은 진단과 주변의 이해로부터 고립되기 쉬운 셈이다. '과잉행동'은 성인이 될수록 감소한다. 사회 경험이 쌓이고 자기 객관화가 이루어져 어느 정도 스스로 통제가 가능하기 때문이다. 한편, 아동기부터 '조용한 ADHD'인 경우가

* 이런 무의식적 반응이 장애에 대한 사회적 편견을 반영하는 경우도 있다. '정상적 기준'에서 벗어나 보이는 상태를 좋지 않은 것으로 규정하는 전제를 담고 있기 때문이다. 나도 비슷한 실수를 한 적이 있다. 동료가 학창시절 따돌림을 당했다고 고백하자 당황한 나머지 "왜요?"라고 되물은 것이다. 따돌림의 이유를 찾는 것은 따돌림받는 당사자에게 문제가 있다는 잘못된 전제를 내포한다.

** 《Diagnostic and Statistical Manual of Mental Disorders》, 미국정신의학회에서 출판하며, 정신의학계에서 진단을 위해 사용하는 권위 있는 편람. DSM-5는 이 책의 2013년 개정판이다.

있다는 점도 그냥 지나치기 쉽다.

나는 복합형이지만 언뜻 보기에 부주의 우세형으로 보이고, 그조차 겉으로는 잘 드러나지 않을 때가 많다. 그래서 나도 내가 비ADHD에 가까운 ADHD가 아닐까 생각했다. 그러나 태어난 지 38년 만에 받은 종합주의력검사CAT* 와 정량뇌파검사QEEG** 결과가 예상을 뒤엎었다. 종합주의력검사 결과 '전체적으로 단순선택주의력(시각), 억제지속주의력, 간섭선택주의력, 분할주의력에 문제가 있다'고 했다. 각 영역의 결과는 '정상' '경계' '저하'로 표시되는데 전체에서 '경계'와 '저하'가 각각 5개 나왔고, 특히 억제지속력과 간섭선택력은 각각 하위 5%와 하위 16%였다.

뇌가 제대로 기능하고 있는지 보는 뇌파검사 결과도 애매하지 않았다. 결과지를 보니 집중도 지수는 16%로 '낮음', 정보전달 속도는 19%로 '느림'의 지표에 눈금이 올라가 있었다. "민바람 님의 델타파 수치가 상위 5% 이내의 값입니다"라는 문구를 보고 '오, 상위 5%!'라고 생각했는데, 그게 숙면할 때 나오는 뇌파라는 주치의 선생님 이야기를 듣고 웃음이 나왔다. 그제야 "기억 형성이나 인지능력 관련 질병과 관계가 있음"이라는 문구가 눈에 들어왔다. 인지 처리, 의식적 활동, 집중 정도와 관련이 있는 베타파 수치는 하위 5% 이내였다.

* Comprehensive Attention Test. 단순선택주의력(시각, 청각), 간섭선택주의력, 억제지속주의력, 분할주의력, 작업기억력을 여섯 가지 검사로 평가한다.

** Quantitative Electroencephalographic Analysis. 뇌파를 정량화하고 활성도를 분석해서 뇌의 기능적 결함을 파악하는 검사.

서면 검사(ASRS와 DIVA-5)*도 했는데, 모든 문항을 통틀어 아동기의 한 문항에만 '아니오'를 표시했다. 나는 병명에 매우 충실한 ADHD였던 것이다.

성격이 내향적이고 사회적 전략을 잘 습득한 ADHD인들은 자기 안의 문제를 숨기기 위해 고군분투하면서도, 그런 방식이 체화된 나머지 "넌 ADHD가 아닌 거 같아"라는 주변의 말에 흔들린다. '평범'이라는 결과물을 내는 과정의 어려움을 자신이 가장 잘 느끼면서, 결과물밖에 볼 수 없는 타인의 말을 기준으로 삼게 되는 것이다.

셋, "그건 누구나 그래."

똑같이 ADHD를 가졌더라도 증상이 다르게 나타난다. 또 증상이 같더라도 정도와 양상은 다를 수 있다. 다만, 참고를 위해 내가 가진 증상 중에 일상생활에 영향을 크게 미친 것 몇 가지를 꼽아본다.

첫째, '좀비화'. 자신의 행동을 인지하지 못한 채 무작정 움직인다. 버스나 지하철을 열 번 타면 말 그대로 여덟 번은 반대로 타거나 엉뚱한 곳에 내렸다(도대체 무슨 믿는 구석이 있기에 처음 와본 장소에

* ASRS(Adult ADHD Self-Report Scale, 성인 주의력결핍 과잉행동장애 자가보고척도)는 세계보건기구WHO가 주축이 되어 개발한 성인 ADHD 진단 도구로 총 18문항이고, DIVA(Diagnostisch Interview Voor ADHD, 성인 ADHD 진단을 위한 면담)는 네덜란드 DIVA 재단Diagnostic interview for ADHD in adults에서 성인 ADHD 진단을 위해 전문가와의 면담을 구조화해 만든 도구다. DIVA-5는 DSM-5의 ADHD 진단 기준에 근거해 만들었다. DSM에서 제시한 기준 밑에 하위 문항을 여럿 달고 있는 형태여서 문항 수가 많고, 증상을 자세히 검토해볼 수 있다.

서도 당당히 아무 방향으로나 걷는 것일까). 한 달에 한두 장씩 꼬박꼬박 신용카드를 재발급받아서 카드 배송 기사님과 멋쩍게 안부를 묻고, 옷을 여러 개 사고 집에 돌아와 보니 사온 옷이 하나도 없어 말을 잊은 적도 있다. 어제는 6시간 동안 외출했다 돌아왔는데 집 문이 활짝 열려 있었다. 어쩐지 문을 닫은 기억이 없더라니.

둘째, 대화 중 '유체이탈'. 숨 쉬듯 일상화된 이 능력은 면대면 일대일 대화에서도 빛을 발한다. 휴대전화 속 시리도 아닌 내가 "죄송합니다. 다시 한번 말씀해주세요"만 반복할 수는 없는 노릇. 놓친 정보의 공백을 어떻게든 메워보려 고개만 열심히 끄덕인다.

셋째, 뇌의 레이더가 아무 자극에나 주파수를 맞춘다. 소음과 빛, 냄새 등 주변 자극을 거르지 못하고 쉽게 주의가 흐트러지기 때문에 필요한 정보를 놓치기가 더 쉽다. 어렵게 입력된 정보도 새로운 자극의 홍수에 금세 떠내려가므로 중요한 정보를 자주 잊는다.

넷째, 나 홀로 시간의 흐름에서 자유롭다. 5분 안에 옷을 입고 외출해야 하는데 세면대에 낀 물때가 눈에 띄는 순간 어느새 열심히 닦고 있다. 시간 계획은 있으나 시간 감각이 약해서 지켜보는 사람을 속 터지게 하고, 무턱대고 집어넣은 일정들 속에 절규한다.

다섯째, 당장 하고 싶은 것이 있으면 부정적인 결과를 알면서도 잘못된 선택을 한다. 지하철 막차가 플랫폼으로 들어오고 있는데 지루함을 못 참고 자판기에 돈을 넣다가, 상품은 뒷사람에게 선물로 남긴 채 따뜻한 맘으로 지하철을 탄다(그래도 지하철 타기를 선택하게 된 건 순간적인 기지가 늘었기 때문이다). 편의점에서 상품 진열을 할 때는 두 번 손 쓰게 될 걸 알면서 앞에 진열된 상품을 안 빼고 억지로 뒤에 물건을 넣다가 우르르 무너뜨린다.

그 외, 활동성이 좋아 '몸에 모터가 달린 것 같다'는 말을 들을 만큼 일이나 취미활동을 멈추지 못한다. 현재의 관심사는 오래 지나지 않아 다른 곳으로 옮겨간다. 성급하게 움직여 불혹을 바라보는 나이에도 넘어지거나 부딪치고, 이틀에 한 번꼴로 물건을 깨부수는 정도는 이제 스스로 귀엽게 여기는 면모다. 인터넷을 뒤지다 보면 공식적 증상에는 안 들어가지만 ADHD인들끼리 공유하는 경험들이 많아 재미있다. 예를 들면 언제나 몸 여기저기 원인 모를 멍이 들어 있다거나, 주머니 한 가득 쓰레기를 넣고 다닌다거나. 한번은 허리 치료를 해주시는 분이 "또 멍이 드셨네요"라고 해서서 "항상 출처 모를 멍이 있더라고요. 다 그렇지 않나요?"라고 물었는데, 그분이 난감한 듯 웃는 걸 보고 내 생각이 잘못됐음을 깨달았다.

그런데 정도에 차이가 있을지언정 누구나 조금씩은 비슷한 경험을 한다는 게 ADHD의 함정이다. 나 자신조차 덜렁거림을 성격으로 여기며 살아왔다. ADHD와 비ADHD를 가르는 것은 증상의 유무가 아니라 빈도다. 얼마나 자주, 오랫동안 문제를 겪는가다. 한눈에 드러나는 게 아니니 구체적으로 기록해두지 않는 이상 차이를 인지하기가 쉽지 않다. 이렇게 볼 때 ADHD 증상의 일상성과 친근함은 무시무시하다. 마치 그것이 몸을 숨긴 채 ADHD인들이 평생 괴로움에서 벗어나지 못하도록 꽁꽁 얽어매고 있는 것만 같다.

넷, "넌 충분히 똑똑해."

"지적 능력이 우수한데요? 그런데 왜 ADHD라고 생각하셨어요?"
자랑 같아서 좀 재수 없게 들릴 수도 있겠지만 상담센터에서 종합심리검사Full-Battery Test, FBT를 받은 뒤 들은 말이다. 일부 정신건강 전문가도 지능이 높으면 ADHD가 아니라는 오류에 빠진다. 하지만 성인 ADHD를 가진 사람들은 평균 수준의 지능을 가진다고 한다.

ADHD는 지능을 구성하는 일부 기능에 영향을 주기도 하지만, 지능 활용에 미치는 영향이 더 중요하다. 쉽게 말해 ADHD가 있는 경우 잠재 능력을 제대로 발휘하기 어렵다. 그래서 일상생활 기능을 유지하기 위해 에너지를 영혼까지 끌어다 쓰거나 시기에 따라 기능 수행 편차가 크게 나타난다. 이렇게 어느 정도 직업적·학업적 기능을 잘 수행하지만 ADHD 때문에 역량을 충분히, 고르게 발휘하기 어려운 대상에 대해 '고기능 ADHD'라는 용어를 쓰기도 한다.*

* 신재호 전문의에 따르면 '고기능 ADHD'라는 표현은 공식 명칭은 아니나 최근 여러 연구에서 자주 사용되고 있다. 그는 Kooij 교수의 저작들을 참고해 다음과 같은 점들을 역설한다. "높은 잠재 기능을 가진 사람들은 마치 잘 지내는 것처럼 보일지라도 에너지를 과도하게 소모하며 정서적으로 탈진하기 쉽고, 기능 수행 편차가 심해 자책감을 잘 느끼며, 우발적 사고에 휘말리는 경우가 많다. 치료를 간과할 경우 여러 정신건강 문제가 발생하고 생활의 질이 현저히 떨어진다. DSM이 5판으로 개정되면서 ADHD 진단기준이 '사회적, 학업적, 직업적 기능 영역에서 현저한 손상을 초래하는 명확한 증거가 있어야'라는 문구에서 '사회적, 학업적, 직업적 기능의 질을 방해하거나 감소시킨다는 명확한 증거가 있어야'로 바뀐 것도 이런 개념을 반영한다고 본다. 한편 '고기능'은 지능이 매우 높거나 고도의 숙련을 요하는 전문 직종에 종사하는 경우에만 쓰이는 용어가 결코 아님을 주의해야 한다."

지능이 높다고 하면 어떤 면에서는 안심이 되겠지만, 일상생활에서 괴로움을 겪는 현실은 달라지는 것이 없다. 평균 이상의 지능을 가지고도 사는 게 힘들다는 이유로 문제를 엉뚱한 곳에서 찾게 될 수 있다. 그래서 학업 성과나 직업적 성취 등 '결과물'만 가지고 ADHD 여부를 가늠할 수 없다. ADHD가 있더라도 시험 때마다 벼락치기로 괜찮은 성적을 유지하기도 하고, 협업에는 약할지라도 혼자서 시간을 들여 만든 작업물이 좋은 평가를 받을 수도 있다. 개인의 사회적 전략과 부단한 노력으로 높은 직위를 얻는 사람도 꽤 있다.

일상과 전투

'티가 안 나면 그대로 살면 되는 거 아냐?'라고 생각할지도 모르겠다. 하지만 문제는 적절하게 행동하기 위해 사소한 것 하나하나에 철저히 자신을 검열하고 남들의 몇 배로 에너지를 써야 한다는 점이다. 혼신의 힘으로 통제했음에도 만족시키기 어려운 사회규범 앞에서 자신에 대해 느끼는 부적절감 그리고 무력감은 ADHD인들을 무엇보다 힘들게 한다.

그만큼 회복하는 시간이 더욱 중요한데, ADHD 증상으로 충분한 휴식을 갖기 어렵다는 점이 또다른 한계가 된다. 새로운 것을 추구하며 과몰입, 과잉활동을 하고 보통보다 스트레스에 취약하기 때문에 신체적·정신적·정서적으로 쉬기 어려운 것이다. 마치 내려올 수 없는 쳇바퀴 위에 올라가 있는 것처럼 ADHD는 대인관계, 학업,

직장생활, 건강, 수면, 금전 관리 등에 두루 영향을 미치며 일상을 지배한다. ADHD 성인들이 "사소한 일상에도 전투에 가까운 노력을 들이며 살아야"[6] 한다는 신지수 임상심리학자의 표현이 와닿는다.

진단에 이르기까지는 애매함의 늪을 탐험해야 하지만, 우리는 누구도 애매한 존재가 아니다. 여러 정신장애에 대해 다양한 채널을 통해 풍부한 정보가 제공되었으면 한다. 적어도 무엇이 문제이고 어느 쪽이 맞는지 몰라 막막해하는 사람들이 수월하게 길을 찾고, 받지 않아도 될 상처에서 멀어지기를 바란다. 감추기만도 바빴을 삶이 뒷맛이 쓴 농담보다 그늘 걷힌 웃음에 더 가까워지도록.

말 잘 듣는 착한 아이라서

성 역할이 진단에 미치는 영향

한번은 ADHD 진단을 위해 상담센터에서 종합심리검사를 받았다. 검사 후 종합적 평가를 듣는데, 알 수 없는 타격감이 찾아왔다.

"아주 여성스러워요. 차분하고 순종적이고요. 심리적 상태를 신체 증상으로 표현하는 '신체화'도 보이네요."

내가 생각하는 나는 오히려 행동거지가 투박하고 여성성에 갇히기 싫어하는 유형이었다. 내가 여성스러운가? 아니, 그게 문제가 아니라, 이 대목에서 그 말은 무슨 의미를 지니는 걸까? 신체화라면, ADHD 증상에 대한 내 얘기를 심리적 방어기제로 여기신다는 뜻일까? 혼란스러움에도 불구하고 고개는 제멋대로 주억거렸다.

"ADHD는 아닌 걸로 보여요. 그러니까 너무 예민하게 ADHD 진단에 얽매이지 말고…."

이어진 말에도 나는 버튼 눌린 듯 준비된 반응을 보였다. 멋쩍은 웃음, 수줍은 눈빛, 끄덕끄덕. 상담센터를 나오고서야 깨달았다. '아, 뭔가 잘못됐다.' 묻지 못한 것들이 머릿속에 난무하고 속으로 '그런 게 아니라고요!' 하고 포효하면서도 고분고분한 모습만 유지하려 애쓴 거다. 이만큼이나 수동적인 태도가 몸에 배어 있다니. 혹시 선생님께서 말씀하신 '여성스러움'은 이런 건가?

여성이 직접적인 부정적 감정표현을 억누르도록 사회화됨을 지적하는 연구는 많다. 소라야 시멀리는 다수의 문화에서 여자아이들이 "더 순응적이고 덜 적극적이고 덜 지배적이기를 요구받는다"라고 썼다. 타인을 우선시하며 실망과 좌절, 분노, 두려움은 감추라는 기대에 따라 '예쁜 표정'을 짓도록 암묵적으로 교육받는다. "그렇게 여자아이의 미소는 진정성이 부족해지고 자기 이해에서도 진정성이 부족"해진다.[7]

알고 보면 내 그런 태도는 오히려 ADHD 가능성을 재고해보는 단서가 되어야 했다. '말 잘 듣는 착한 아이'로 행동하려는 의지가 클수록 ADHD인의 증상 표현은 감춰질 수 있기 때문이다.

야생마를 숨긴 여자아이들

국민건강보험공단의 'ADHD 질환 진료 데이터'를 살펴보면, 20~30대 젊은 여성의 ADHD 발병률은 최근 10년간 7배 가까이 늘었다. 20~30년 전까지 아동 ADHD의 남녀 비율은 9대 1 정도였다.[8]

세계적으로 전체 성인 인구의 5% 정도가 ADHD를 가졌다는데, 그 많은 ADHD 여아들은 어디 있다가 이제 나타난 걸까?

여러 학자는 '사회나 가족의 기대치가 남아와 여아에게 다르게 적용되는 점'을 하나의 원인으로 꼽는다. 남자아이가 남자다움을 강요받듯, 여자아이는 정신없이 뛰거나 시끄럽게 떠드는 경우 직간접적으로 더 많은 부정적 평가를 받는다.*

'여자아이는 조심스럽게 행동해야 한다'는 사회적 기대를 내면화한 아이는 산만하고 충동적인 성향을 겉으로 드러내지 않는 방법을 찾아낸다. 수업시간에 박차고 일어나는 대신 머릿속으로 온갖 모험을 한다. 눈에 띄게 몸을 흔드는 대신 낙서를 끄적이고 손가락을 꼬물거린다. 하지만 내면에는 좁은 울타리 안을 빙빙 도는 야생마가 있고, 숙제와 준비물을 자주 빠뜨리거나 엉뚱한 말을 하는 등 공동체에서 안정감을 갖지 못한다. 결과적으로 병을 일찍 발견할 기회는 한층 멀어지고 성인기에도 힘든 시간을 보내기 쉽다.

나 역시 몸은 교실에 앉아 있었지만 제대로 수업을 들은 기억이 거의 없다. 창밖을 흘끔거리며 저 너머의 세계를 상상하는 일은 심심풀이가 아니라 천형 같은 느낌이 있었다. 꿈속에 있는 듯한 비현

---

* 소라야 시멀리는 2014년 몇몇 대학의 연구자들이 4개국을 대상으로 젠더와 취학 전 준비상태에 관해 시행한 대규모 연구를 소개했다. "미국의 아이들은 자기조절능력에서 젠더 간 커다란 격차를 보였"고, "연구자들은 젠더에 따른 부모와 선생의 기대치가 아이들이 행동하고 평가받는 것에, 궁극적으로는 자기 자신을 통제할 책임감을 느끼는지 여부에 영향을 끼친다는 것을 알아냈"다. 그는 남녀의 자기통제 차이가 유전적 요소와 사회문화적 기대 사이의 상호작용에서 온다고 밝혔다.[9]

실감, 공허감, 우울감 속에 시간을 보내다 종종 야간자율학습을 빼먹고 2시간 떨어진 집까지 걷거나 행선지 없이 버스를 타면 약간 살아 있는 기분이 들었다.

억누른 충동성은 깨진 바가지에서 물이 새듯 조금씩 새어나왔다. 청소시간마다 책상을 교실 뒤쪽으로 밀 때 아주 폭력적으로 밀쳐서 주위 아이들을 놀라게 했다. 그나마 큰소리를 내며 거칠게 행동할 수 있는 건 청소시간뿐이어서 나는 주변 반응에 개의치 않았다. 뛰쳐나가고 싶은 마음을 꾹꾹 눌렀다가 휴일이면 하루 10시간씩 전단지를 돌리면서 활동 욕구를 풀었다. 시험 때는 의도적으로 계속 펜을 떨어뜨려서 친구가 산만하다며 불평했고, 밤에 친구와 산책을 하다가 제멋대로 사라져버리고, 갑자기 학교를 빼먹고 멀리 떨어진 도시에 번지점프를 하러 가기도 했다.

언제까지나 얌전한 10대 소녀

나처럼 애매한 학생시절을 보낸 분들을 위해 내 얘기를 좀더 해보려 한다. 남들과 다르다고 느낀 첫 경험은 예닐곱 살 때다. 유치원 학예회에서 선보일 부채춤을 연습하는데 지금 뭘 해야 되는지 몰라서 매번 멍하니 서 있었다. 그런데 친구들은 문제가 없어 보이고, 선생님이 계속 나를 움직여주셨다. 아무런 생각이 없던 그때도 '나는 뭔가 이상한가 보다' 싶었던 기억이 난다.

초등학교 때는 대체로 말 잘 듣는 착한 아이였지만 파괴왕이었다. 매일 집에 있는 물건을 넘어뜨리거나 부숴서 등짝을 맞았고, 허리 숙여 인사할 때 손에 물컵을 들고 있으면 물컵도 인사를 시켜 물을 쏟아버릴 만큼 어리바리한 구석이 있었다. 학교에 준비물을 빠뜨리고 가는 일도 매우 잦았다. 1학년 때부터 6학년 때까지 쓴 일기장에는 '나는 정말 덤벙거려서 문제다'라는 내용의 일기가 학기마다 서너 개씩 나온다. "넌 왜 이렇게 덤벙대냐?" "진짜 덜렁거려서 큰일이다"라는 말을 매일 들으면서 '나는 다른 애들보다 야무지지 않고 못 미더운 애구나' 하는 생각을 당연시하게 됐다.•

중학교에 들어간 이후 친해지는 친구는 모두 일대일 관계였다. 아이들이 무리 지어 노는 걸 보면 신기했다. '저게 재밌나? 힘들지 않나?' 여러 명이 섞일 때의 대화 흐름이나 게임 규칙을 따라가는 게 시험보다 어려웠다.

화단에서 커다란 거미를 잡아와 키웠다. 교복 단추를 바꿔 달고 타이에 수를 놓고 책상을 온통 락커로 칠하는 등 교칙의 틈새를 찾아 개성 표현에 주력했다. 직접 만든 머리 장식 때문에 버스를 타면

• 초등학교 고학년이 되면서 나 자신과 분리되어 사는 기분이 생겼다. 마치 현실에서 일어나는 일들에 주체가 아니라 외부 관찰자인 듯, 내가 자신의 주변을 둥둥 떠다니는 듯했다. 이런 비현실감은 점점 심해져서 20대 초중반에 제일 강했는데, 요즘에야 이게 이인증Depersonalization 증상이라는 것을 알았다. 이인증은 일종의 '해리 반응'이다. 어린 시절의 트라우마 경험과 관련이 깊고 우울, 불안, 정신증 등 다른 정신과적 질환이나 신체적 질환, 약물과 관련되어 나타날 수 있다(일시적 이인증 경험은 정상적으로도 흔히 나타날 수 있다). ADHD를 가진 사람 중 이인증 증상을 겪는 경우가 제법 많은데, 전문가들은 ADHD 증상으로 외상적 경험을 겪을 가능성이 높기 때문으로 추정한다.

"쟤 봐" 하며 키득거리는 소리가 들렸다. 나는 나서지 않는 아이였지만 점차 전교생에게 특이한 애로 인식되었다.

"야, 너는….."

선생님들은 인상을 찌푸리면서도 말을 잇지 못하셨다. 교칙에 없는 데다 내가 평소 얌전한 학생이어서 어떻게 혼내야 할지 모르셨던 거다(사실 이 부분을 노렸다). 일상이 공허했지만 그게 좀 즐거웠다. 수업시간에 눈에 띄는 행동을 안 하다 보니 생활기록부에도 이렇다 할 특이사항이 없었다. 매번 지각 직전에 놓이거나 준비물을 잊었는데 부모님이 적극적으로 도와주셔서 크게 티가 나지 않은 거다. 딱 한 번, 내 교묘함을 간파한 한 선생님이 '조용해 보이지만 산만함'이란 예리한 의견을 남기셨을 뿐이다.

대학에 진학해서도 마찬가지였다. 아주 관심 있는 수업에도 20~30% 정도밖에 집중하지 못했다. 늘 지각하거나 졸았다. 친구의 공책을 빌리거나 책만 붙잡고 벼락치기로 성적을 받았다. 겨우 대여섯 명이 원탁에 앉아 듣는 대학원 수업에서조차 내 정신은 용감했다. 한 번은 보다 못한 전공 교수님이 나를 따로 불러 충고하셨는데, 어떤 약속도 드릴 수가 없어 더 면목이 없었다.

모든 것에 참여하면서 마음은 모든 것에서 겉돌았다. 계획 욕심이 많아 쉴 틈 없이 일정을 넣었고, 요일별로 스터디를 하고 밤을 새워가며 발제도 빠짐없이 했다. 벼락치기였지만 과제 제출이 가능했고, 시험 문제도 끝까지 풀 수 있었다. 한편, 신성한 상아탑에서 내가 불순분자라는 느낌도 선명했다. 여전히 나는 현실적인 이야기들이 와닿지 않았고, 자극적이고 강렬하고 환상적인 '어떤 것'(이게 뭔지는 나도 모른다)을 막연하게 갈망했다.

"넌 시체 같아. 대체 네가 원하는 게 뭐냐?"

한 선배가 술기운에 던진 말은 언짢은 한편 몹시 찔렸다. 내 나름대로 흥미가 있는 분야였지만, 대학원이라는 체계는 나와 맞지 않았다. 남에게 관심을 유지하기 힘든 나로서는 동학 간에 서로의 논문을 읽으며 끌어줘야 하는 분위기가 버거웠고, 그런 내가 속물같이 느껴져서 도망치고 싶었다.

가까스로 과정은 마쳤는데 공부 같은 공부를 하지 못한 게 늘 아쉬웠다. 결국 몇 년 뒤 사이버대학원이 생겼다는 소식을 듣고 다시 한번 석사과정을 밟았다. 실시간 화상세미나에서는 딴짓을 하다 질문을 받고 당황하는 일이 많았지만 다행히 기본 수업은 모두 녹화된 영상으로 들었다. 놓친 부분을 몇 번이고 돌려볼 수 있는 게 얼마나 좋았는지 모른다.

학기에 한두 번은 서울로 올라가 오프라인 모임에도 참여했다. 일반 오프라인 대학원처럼 유대관계를 강조하지 않는 분위기여서 그럭저럭 견딜 수 있었다. 처음으로 교육기관에서 만족스럽게 공부한 기억이 생겨서 뿌듯했다. 통제된 교실 상황이 아니라 온라인을 통해 자기주도적으로 공부하는 것이 내게 맞는 방법이었던 거다. 그 후로 웬만한 수업은 다 온라인으로 듣는다. 춤도 요가도 유튜브로 배운다. 시대가 내 편이 되어주니 지금은 아쉬울 게 없다.

진료실에서 겪는
젠더 인식의 문제들

젠더 인식은 ADHD 진단에 큰 영향을 미치고 있지만 그동안 가장 소홀히 여겨졌던 문제다. 뒤늦게 자가진단을 하고 전문가를 찾더라도 여성의 ADHD는 간과되기 쉽다. 신지수 작가는 책《나는 오늘 나에게 ADHD라는 이름을 주었다》에서 여성 ADHD가 정확히 진단되기 어려운 이유를 두루 지적했다. 몇 가지만 이야기하면, 우선 진단기준과 도구에 남성의 경향성이 더 많이 담겨 있다. 진단기준은 남성의 전통적 성 역할인 '목표지향적' 활동이나 '성취'에 치중해 있다[10](DSM의 개발을 주도한 위원회의 구성원은 모두 남성이었다[11]). 그리고 여성은 여성의 방식(과하게 말이 많거나, 정서적으로 예민하고 과장된 반응을 하는 등)으로 과잉행동과 충동성, 공격성을 드러내지만 DSM은 남성적 표현 방식만 반영하고 있어 여성 환자의 증상이 과소 추정된다. 검사 문항들은 주의력에 관련된 '속성' 자체(정보처리 속도, 정확성, 지속성 등)를 묻기보다 겉으로 관찰되는 행동적 특성(충동성, 산만함, 부주의 등) 위주로 고려하는 경향이 있다.*[12]

* 20년간 ADHD를 진단해온 경희대 소아정신과 반건호 교수는 "1950년대 초 미국에서 정신장애 기준을 만들기 시작한 이유 중 하나가 군대 징집 기준 마련이었기 때문에 남성 위주의 기준이 반영된 것도 훗날 ADHD 진단 기준이 남성 편향적으로 치우친 원인이 될 수 있다"라고 지적했다. 또 반건호 교수는 여아가 공존질환에 취약한 환경을 진단의 어려움 중 하나로 든다. 여아가 남아보다 청소년기에 빨리 진입하고, 그만큼 감정적 어려움에 일찍 노출되어 우울증, 불안장애 등을 갖기 쉽다는 것이다.[13]

여기에 또 하나, 정신건강 전문가의 편견도 영향을 미친다.[14] 경험 많은 의사나 상담사, 임상심리학자도 개인의 잠재적 고정관념에서 완전히 자유롭기는 어렵기 때문이다. '여성은 쉽게 불안해하고 예민해진다' '여성은 신체적 고통을 호소해 의존하고 관심을 받는다' 등이 무의식적으로 판단의 방향에 영향을 줄 수 있다. 내 경우는 그 편견이 '예민한 여성→생각 과잉→스스로 ADHD라 주장'이라는 추측 알고리즘으로 이어진 듯하다. 정서적으로 민감하고 주저하는 특성은 ADHD 증상 때문에 발달된 생존 전략인데, 원인과 결과를 뒤바꿔 생각한 것이다.

진료에 암묵적으로 적용되는 성 편견은 여성이라면 따로 근거를 찾지 않아도 알 만큼 공공연하게 지적되고 있다.[15] 여기에 더해서 앞에서 언급한 다른 문제들(공존질환과의 혼동, 증상 유형의 다양성을 간과하는 것, 지적 활동과 사회적 성취 관련 선입견 등)을 모두 한 번씩 겪으며 나는 여러 번 ADHD 진단에서 비껴갔다.

이 경험은 중요한 점들을 깨우쳐주었다. 특별히 여자답지도, 남자 같지도 않다고 생각한 내가 사회가 내미는 성 역할을 얼마나 알뜰하게 흡수하고 이용했는지, 그 결과로 어떤 것들을 감당했는지, 사회의 젠더 인식이 의학 분야에는 어떻게 스며 있는지.

종합심리검사 후 차분하고 순종적인 태도에 대한 평가가 "주의력을 주로 보는 다른 검사를 받아보자"라는 권유로 이어졌다면 더 좋았을 것이다. 하지만 이것을 전문가 개인의 문제로 돌리기보다는 '숨겨진 문제들'을 인지하고 논의하는 분위기가 일반화되어야 한다고 생각한다. 당사자 스스로도 젠더 문제가 의학적 진단과 치료에 어떤 영향을 끼치는지 의식할 필요가 있다.*

날것의 에너지

남성 ADHD인의 어려움을 가볍게 치부하려는 의도는 없다. 여성 ADHD의 발견이 왜 늦어지는지, 현재의 ADHD 진단에 어떤 경향성이 있는지에 집중해 얘기한 것은 잘 알려지지 않은 점들을 비추고 싶어서다. 과하게 눈치 보고 작은 것도 걱정하는 습관은 성별을 떠나 많은 성인 ADHD 환자들이 공유하는 모습이다. 상황을 잘 따라잡지 못해 자기 의견과 결정에 확신이 없고, 민폐될 일을 줄여서 무리에서 배척당하지 않으려 애쓰기 때문이다. 어려서부터 유난히 덜렁대고 산만해 꾸준히 지적을 받는 것 역시 낮은 자존감을 형성하는 요인이 된다.

보통 ADHD를 가진 사람들은 자신이 남과 다른 면모를 갖고 있다는 것을 잘 알고 있다. 그래서 더 노력한다. 말하자면 자기를 탈탈 털어서 쓴다. 타인의 시선으로 자신을 엄격히 감시한다. 의식하지 않

* 마야 뒤센베리는 책 《의사는 왜 여자의 말을 믿지 않는가》에서 "지식이 만든 편견은 남녀 모든 환자에게 영향을 미치"며, 남성도 여성에게 더 흔한 질병을 진단받기 어려운데 "이런 편견은 여전히 여성인 경우 더 극복하기 어렵다"라고 썼다. 또 '남성의 질병'이라는 고정관념이 있는 질병을 앓는 많은 여성이 스스로 병명을 명확하게 알고 있는데도 의사에게 그 가능성을 완강하게 부정당한 경험을 갖고 있다고 밝혔으며, 여성 환자가 다소 예상 밖의 증상을 호소하더라도 의사가 환자의 보고를 신뢰하는 태도가 필요하다고 했다.[16]

은 그 노력 때문에 병은 감추어진다. 자기 욕구를 숨기고 상대방 뜻에 따르는 것, 쉽게 공감하고 쉽게 사과하고 쉽게 웃고, 사람들의 기대에 어긋날 것 같은 모습은 최대한 감추는 것. 조심스럽고 차분해 보이는 만큼 ADHD의 대중적 이미지와는 달라진다.

아니, 잠깐만, 이런 사악한 모순이 다 있나. 환자의 노력이 진단을 방해한다니! '보통'으로 보이려 애쓰는 게 보통 힘든 게 아닌데, 그간 대충 보통으로 보였으니 보통이 아닌 것 같다고 해도 보통으로 넘긴다. 정말 보통 일이 아니다.

살아오면서 '분투'라는 무거운 말을 자주 떠올렸다. 하지만 내가 이 낱말에서 더 크게 느끼는 건 생명력과 생동감이다. 셀 수 없는 '조용한 난관'들을 하나하나 쌓아서 지금에 와 있는 사람들의 힘을 생각하면 좀 소름이 돋는다.

정신질환이나 장애가 있는 경우에만 해당되는 얘기는 아니다. 우리는 평생 자신의 부족함을 감당하느라 그 '감당'을 가능하게 해준 잠재력을 볼 여유가 없었던 게 아닐까. 나를 당당히 드러내는 일은 여전히 어렵지만 "넌 너무 여려"라는 말에 더는 주눅 들지 않는다. 약해질 수밖에 없는 많은 요인을 갖고도 줄기차게 몸부림친 과정을 떠올린다. 그 힘은 천둥벌거숭이 같은 자연 상태의 내가 타고난 순수한 재능일지도 모른다.

태어나 처음 정신과 문턱 넘기

내 발목을 잡은 생각들

내가 다닌 고등학교는 들판 위에 우뚝 솟은 흰 건물이었다. 중학교 졸업 후 같은 학교에 배정된 친구들이 키득거렸다.

"야, 우리 학교 별명 알지? 언덕 위의 하얀 집."

정신병원에 대한 조롱의 뜻을 담은 말이었다. 외딴 시골, 인간미 없는 건물, 공허하거나 공격적인 눈을 한 환자들이 난동을 부리다 제압당해 침대에 묶이는 곳. 당시 '정신병원' 하면 떠올리는 것들이 그렇게 단순했다. 지금도 '정신병원, 정신질환, 정신병자'라는 말 자체가 욕설이나 인신공격에 쓰이는 것을 보면 사회적 인식이 크게 달라졌다는 생각이 들지 않는다.

나도 길에서 '정신의학과' '신경정신과'라는 간판을 볼 때면 미묘한 이질감이 들었다. 편견이 없다고 자부하면서 '저기 다니는 사람들은 아무래도 시선이 의식되겠다' 따위의 생각이나 하던 나는, 10년 뒤 네 개의 정신병을 갖게 된다.

하지만 혼자 힘들어만 하고 있을 때는 모든 게 막연했다. 태어나 처음 정신과 문턱을 넘는다는 게 어쩐지 돌이킬 수 없는 일처럼 느껴졌다. '정체불명'이라는 바다 위를 떠돌다 마침내 저 너머에 ADHD라는 진단명이 보이기 시작했는데, 노를 젓는 손에 힘이 들어가지 않았다. 재고 또 쟀다. 여러 생각이 뭉게뭉게 떠올랐다.

하나, 가만, 그렇게 비싼 검사를 받을 만큼 내 문제가 심각한가?

보통 정신의학과에서는 성인 ADHD 여부를 알기 위해 1~4가지의 검사를 한다. DSM에 기반한 서면 검사, 종합심리검사FBT, 종합주의력검사CAT, 정량뇌파검사QEEG다. 처음에 알아본 총 검사 비용은 40~50만 원. 당시 내게는 너무 큰 돈이었다. 사회생활이 힘들어 죽겠으면서도 비용을 알자마자 "아, 예, 다음에 올게요~" 하는 심정이 되었다. ADHD가 맞으면 맞는 대로, 아니면 아닌 대로 지금 생활에서 크게 나아지는 게 없을 것도 같았다.

그때 나는 정신과를 '들어가면 내 의지를 잃는 성'처럼 여겼던 것 같다. 뒤늦게 알았지만 꼭 여러 검사를 다 해야 하는 것은 아니었다. 어떤 검사가 필요한지는 담당의의 판단에 달렸는데, 비교적 저렴한 주의력검사(10만 원 내외)나 뇌파검사(4~5만 원 수준)만 해도 신뢰도 있는 결과를 얻을 수 있다(종합심리검사는 국민건강보험 적용을 받지만, 치료로 이어지는 경우에 한한다). 물론 나눠서 할 수도 있고 부담이 되면 억지로 받지 않아도 된다.

둘, 우선 새로 가입할 보험부터 알아보고…

보험사에서 내 우울증과 ADHD 진료 기록을 보면 자살 위험군으로 분류해서 가입을 거절할 것 같았다. 진단명이 생기기 전에 보험을 하나 더 들어두고 싶었는데, 평소 관심 없는 분야라서 차일피일하는 사이 증상은 심해져 갔다.

이 부분은 보험마다 차이가 있는데 사보험 가입 제한은 존재한다고 봐야 한다. 하지만 대체로 치료 및 투약 종료 후 5년이 지나면 가입이 된다. 특히 약물 처방 없이 일회적으로 면담한 경우나 단순 불면증으로 짧은 치료를 받은 경우, 우울증이었지만 완치되어 약을 끊은 경우 등은 거절 사유가 되지 않는 게 일반적이라고 한다.

참고로 2016년 9월에 의료법이 개정되어 국민건강보험이 성인 ADHD 치료에도 적용되고 있다. 또 2016년 1월 1일 이후 의료실손보험(실비보험)에 가입한 경우는 우울증, 양극성장애(조울증), 조현병, ADHD, 틱장애 등 정신장애도 진료비와 약제비(건강보험 적용 부분)에 대해 혜택을 받을 수 있다. 보험상품 가입이 거절된 경우 그 이유에 대해 보험사에 공식 답변을 요구할 수 있고, 국가인권위원회나 금융민원센터 등 감독기관에 민원을 제기할 수 있다.

셋, 지금은 알 수 없는 어떤 것이
나중에 발목을 잡을 수도

나름대로 쿨했던 걸까. 정신과 진단명을 받는 것은 괜찮았다. 어떻게든 설명되고 싶다는 욕구가 쌓여 있었으니 분류 가능한 인간이 된다는 게 기뻤다. 하지만 의료 기록이 남는다는 점에는 쿨할 수 없었다. '정신과 불이익'으로 검색해보면 어디나 같은 답변이 보였다. 법률에 관계된 경우가 아니라면 누구도 본인 동의 없이 의료 이용 정보를 열람할 수 없다는 것. 사기업은 물론이고 환자의 부모라도 마음대로 볼 수 없다.

말은 다 그렇게 하는 거 아닌가? 일어나선 안 되는 일도 흔히 일어나던데…. 내가 사회에 불신이 깊은 인간이긴 하지만, 나만의 걱정은 아닌 듯하다. 2021년 보건복지부가 실시한 '국민 정신건강 지식 및 태도 조사' 결과 보고서를 보면, 우리나라 정신건강문제 경험자 가운데 누군가와 상담하거나 병원을 방문한 적이 있는 사람은 겨우 25.3%다.[17]

병원 치료를 받기까지 고민한 이유를 보면 동질감이 느껴지기도 하고 안타깝기도 하다. 가장 많은 답변은 '주변의 부정적 시선 때문'(18.9%)이었고, 다음은 '그냥 두면 나아질 것 같아서'(14.1%)였다. 두려움이 큰 것은 사회 분위기가 그만큼 경쟁적이기 때문일 것이다. 장점만 최대한 키워내도 생존은 점점 더 힘들어지는 상황이다. 특히 취업준비생과 사회초년생들은 취업과 직장 적응 문제에 더불어 '정신과 진료가 평생 약점이 되는 건 아닐까' 하는 불안까지 끌어안는다. 청소년층은 가족의 반대라는 높은 장벽에 부딪히기도 쉽다.

사회적 불이익을 염려해 정신건강의학과를 꺼리는 사람을 위해 정신질환 코드인 'F' 대신 상담코드인 'Z'코드로 진료받을 수 있도록 의료보험제도가 개정되었다. 상담코드로 진료받으면 국민건강보험 혜택은 주어지면서 국민건강보험공단에 질환명은 등록되지 않는다. 다만 이 경우 약 처방이나 일부 검사는 받을 수 없고, 담당 의사에게 상담코드로 진료받겠다는 의사를 밝혀야 한다(Z코드로 진료를 받았는데도 정신과 방문 이력만으로 보험 가입을 거절하는 경우는 위법이다).

약이 필요한데 질환명이 등록되지 않게 처방받아야 한다면 국민건강보험 혜택 없이 비급여로 진료를 받는 방법이 있다. 단, 이렇게 하면 3~5배 많은 금액을 내야 한다. 심리센터는 의료 기록이 남지 않으니 해당 질환에 전문성이 있는 심리센터를 찾아서 상담을 받아볼 수도 있다.

비용이 부담되거나 병원 방문이 내키지 않는다면, 보건소 산하 기관인 정신건강복지센터의 전화 상담이나 대면 상담을 이용해볼 수 있다. 온라인에서 '정신건강복지센터'를 검색하면 내가 속한 구의 정신건강복지센터 위치가 나온다. 무료로 일정 회기 상담도 받을 수 있고 적절한 병원을 추천해주기도 한다. 치료비를 지원하는 '정신질환자 치료비 지원사업'도 있으니 검색을 통해 현재 사업이 진행되고 있는지, 자신이 지원 유형과 소득 기준에 부합하는지 알아본 뒤 정확히 문의해보자. 혼자 고립돼 있는 것보다 안전한 방법들이다.

멀리 보이는 저 땅이 살 만한 육지인지

오랫동안 '웬만한 병은 노력으로 낫는 게 좋다'는 생각을 갖고 살았다. 하지만 더 나아질 수 없다고 여기던 때, 종신형처럼 무거운 우울과 절망을 혼자서 걷어낼 힘이 내게는 없었다. 터널 시야에 갇혀 '나는 노력할수록 나와 주변을 망치는 사람'이라고 생각했다.

그때 필요했던 건 내 마음과 머릿속을 자세히 들여다 봐주는 누군가였다. 병원에 부담 없이 가게 된 뒤 가장 좋은 점은 내 상태를 이해하는 사람이 있다는 걸 알게 된 것이다. 모두가 "에이, 너무 심각하게 생각하는 거 아냐?"라며 넘기던 문제에 대해 정확한 지식을 바탕으로 진지하게 고민해주는 존재가 있다는 것. 그 사실이 현실에 두 발을 디딜 수 있도록 안정감과 용기를 준다. 오늘이 어제와 다를 바 없어 보일 때, 아니 어제보다 더 나빠 보일 때도 말이다.

도움을 청하기로 마음먹은 뒤 '성인 ADHD 전문가'를 만나는 것도 쉽지는 않았다. 정보에 어두운데 판단력마저 부족하다 보니 전문성이 없는 곳에 찾아갔고, 잘못된 정보나 태도에 마음을 다치고 돌아오면 치료에 대한 의지를 잃기도 했다. 지금도 검사와 약물치료가 모든 사람의 문제를 완전히 해결하지는 않는다고 생각한다.

하지만 수평선 끝에 보이는 육지가 살 만한 땅인지 한번 가 보기는 해야 하지 않을까? 기대했던 것처럼 인생을 행복으로 채워주는 파라다이스는 아닐 수 있고, 며칠 묵었다가 다른 곳을 찾아 떠나야 할 수도 있다. 그래도 부서진 배를 타고 그대로 망망대해를 떠돌기만 하는 것보다는 나을 것이다. 어쩌면, 항해에 필요한 물자나 오랜만의 휴식을 얻게 될 수도 있다. 다들 누군가의 도움으로 단 며칠을 항해할 힘을 얻고, 나에게 맞는 다른 환경으로 또 나아가면서 사는 게 아닐까. 두려움과 망설임도 어딘가에 발 딛고 살 수 있다는 희망으로 나아가는 과정일 것이다.

    누구도 자신이 망가질 때까지 고립되어 있지 않았으면 좋겠다. 특히 그 망설임이 '나를 보는 사람들의 눈빛이 더 아프기 때문'은 아니어야 한다. 상담센터도, 정신과도 별종들의 세계가 아니다. 남은 삶에서 무슨 일을 겪게 될지 아무도 알 수 없다. 누구나 아플 수 있다는 것, 그게 사회에 속할 자격이 없다는 뜻은 아니라는 것. 너무 당연한 얘기인가?

2장
열혈 노동자부터 만렙 백수까지

경험욕과 번아웃의 대환장 파티

하고 싶음과 할 수 있음의 간극

몇 년 전, 한 예능 프로그램에서 김영하 작가가 하는 말을 듣고 충격을 받았다.

> 아주 오래전부터, 절대로 사람은 자기 능력의 100%를 다 사용해서는 안 된다, 한 60~70%만 써야 된다, 절대 최선을 다해선 안 된다는 게 제 모토였어요. 인생에는 어떤 일이 일어날지 모르고 그 일을 대비하기 위해서는 능력이나 체력을 남겨둬야 합니다. 집에서는 대체로 누워 있어요. 함부로 앉아 있지 않아요.[18]

내가 그렇게 힘들었던 이유가 이 말에 모두 들어 있었다. 나는 내 능력치를 모르고 영혼까지 끌어다 쓰면서 '인생은 왜 이렇게 힘든가'를 고민했다. 무리한 계획을 세워 조바심에서 벗어나지 못했고, 번아웃과 가족 같은 사이로 살았다.

어려서부터 사람 사는 게 너무 지루하고 밍밍했다. 밥 차리면 밥 먹고, 먹으면 상 치우고, TV 보고, 씻고, 자고…. 어제도 그랬고 그제도 그랬다. '설마, 이게 다일 리가 없어. 기껏 이렇게 태어났는데 세상이 이렇게 시시한 곳일 리가 없어. 어딘가에는 기가 막히게 재밌고 짜릿한 경험도 있고, 눈을 믿을 수 없게 색다른 풍경도 있고, 그런 것들을 마주하면 이제껏 느껴본 적 없는 어떤 굉장한 느낌을 맛볼 수 있을 텐데. 그게 진정한 인생의 맛이지.'

지금이야 산다는 게 더 좋은 걸 찾아 누리기 위한 건 아니라고 생각하지만, 오랫동안 그런 생각을 했다. 그래서 닥치는 대로 새로운 걸 찾아나섰다. 대학 때는 세 군데의 동아리 활동과 아르바이트 두 개를 병행하느라 각종 행사가 겹칠 때면 아침마다 기상과 함께 모닝커피를 쏟았다. 약골 주제에 100이 아닌 200, 300을 하려 하니 몸 여기저기 말썽이 늘었다.

제발 적당히 좀 하자, 깡다구야

처음 아르바이트가 하고 싶어진 건 초등학교 때였다. 엄마가 돌리던 석간신문을 나눠 돌리던 게 재밌어서 중학교에 들어가자마자 본격적으로 구직활동을 시작했다. 교과서보다 〈교차로〉를 더 꼼꼼히 읽었다. 눈에 띄는 카페에 전화해서 내가 할 수 있는 일이 있는지 열심히 물었다. 사장님들은 내 나이를 듣고 실소를 터뜨렸다. 욕하지 않고 좋은 말로 끊어주셨지만 어린 나는 분했다.

그렇게 의욕만 높아가던 고등학교 1학년 때 매력적인 일을 알게 됐다. 엘리베이터를 타고 아파트 꼭대기층까지 올라가서 계단을 빙글빙글 돌며 날쌔게 종이를 붙이는 일. 전단지 배포는 중독성이 있었다. '다다다' 달려서 신나는데 돈도 준다니! 휴일에 공부한다고 나가서는 아침부터 늦은 밤까지 전단지를 돌렸다. 부모님이 알면 뒷목 잡으실 얘기지만, 학교생활도 집안 분위기도 답답했는데 아르바이트를 하면 뭔가는 하고 있다는 느낌이 들었다. 사장 아저씨가 하는 말에도 어깨가 으쓱했다.

"야, 너는 다른 애들하고 다르다. 너는 깡다구가 있어, 깡다구. 그게 뭔지 알아?"

돌아보면 그 '깡다구'는 싫은 것을 견디는 끈기나 인내심보다는 '이때다!' 하고 쏟아내는 과잉행동에 가까웠으나, 그때는 최고의 칭찬 같았다. 엄마의 바람과 달리 나는 은행원이나 공무원처럼 한곳에 오래 있는 직업과는 일찍이 거리를 뒀다. 불안정한 집안 사정을 생각하면 나도 참 철이 없다 싶었는데, 내 힘으로 먹고살 수만 있으면 된다고 생각했다.

등단을 준비하고 싶었지만 민폐가 되지 않게 바로 직업을 갖기로 했다. 선택한 길은 강의를 하는 것이었다. 대학 졸업 후에 한국어 교사가 되어 1~2년 단위로 떠돌아다녔다. 당시 한국어 교사의 계약 단위가 대부분 그랬고, 국내에서는 한 학기만 하고 강의를 잃을 수도 있었다. 한곳이 질릴 때쯤 자연스레 계약이 끝난다는 점에서 내 겐 오히려 좋은 조건이었다.

강사 생활 중간에 일 년 반 정도는 불면증과 상기증(피가 머리로 몰려 열이 상체쪽으로 뜨는 증상. 보통 두통, 홍조, 초조함, 가슴 답답함 등이 잘 생긴다)을 겪으며 사무직을 버텨 보다가 결국 박차고 나왔다. 이때를 제외하고는 늘 부업을 했는데, 강사 일이 박봉이라 그렇기도 했지만 가만히 있지 못하는 불안증과 변화를 추구하는 성향이 더 큰 역할을 했다. 어떤 일이든 제안이 오면 거절하지 못했다. 한 달이라도 시간이 비면 단기 알바를 찾아나섰다.

내 깡다구에는 목표도 방향성도 없었다. 하고 싶어지면 그냥 해야 하는 것이었다. 나는 내 욕망들이 끄는 마차를 타고 신나게 질주한다고 믿었지만, 실제로는 바로 내가 욕망에 채찍질당하며 손발바닥에 불이 나게 마차를 끌고 있었다.

사람들은 끝도 없이 새로운 일을 벌이는 날 신기해했다. "야, 너는 진짜 대단하다." "그건 또 어떻게 알고 했어?" 나야말로 그런 말이 신기했다. '대부분 이렇게 사는 줄 알았는데, 그게 아니라고? 그럼, 내가 의욕만은 정말 대단하다고 해도 좋지 않을까?' 이런 평가를 자부심으로 삼아 부족한 자존감을 채워보려 했던 것 같다.

나의 가혹하고 상냥한 ADHD

그런데 반전이 있었다. 내가 열정부자인 것마저 부족한 도파민의 영향일 가능성이 높다는 것. 많은 전문가가 ADHD를 가진 사람의 특성 중 하나로 '자극과 신기한 것을 추구하는 경향' '열정과 과몰입'을 언급한다. ADHD가 있으면 도파민 체계에 문제가 생겨 도파민 분비를 과자극할 수 있는 대상을 더욱 추구하게 된다.* 그러고 보니 오래전 누군가 이렇게 말한 적이 있었다.

"자꾸 새로운 걸 추구하는 건 뇌 신경이 자극에 둔해서래."

그럴듯한 말이라고만 생각했는데, 어느 정도는 전문적인 이야기였다.**

반가운 한편 묘하게 맥이 빠졌다. 늘 자신의 연구 대상이던 내가 병에 의해 명료하게 설명되는 순간이 올 줄이야. 이 정도로 '나다움'이라고 생각했던 게 병의 증상이었다면, 내 삶에서 증상에 지배받지 않은 부분은 찾기 어려운 게 아닐까?

물론 같은 ADHD라고 해도 사람마다 증상과 경향성이 다르다. 주변의 저평가와 자책 때문에 무기력감으로 고생한 이들도 많다. 그리고 이런 열정에도 불구하고 나 역시 점차 무력감의 늪으로 빠져

---

* 호시노 요시히코 교수는 이렇게 표현한다. "이들은 자극이 없는 심심한 인생은 가치가 없다거나 파란만장할수록 진짜 인생이라는 생각을 갖고 있다."[19]

** 신경전달물질인 도파민은 실행, 운동, 동기부여, 각성, 강화, 보상 등에 관여한다. ADHD인들이 게으르다는 오해와 동시에 호기심과 열정이 많다는 모순적 평가를 받는 것은 도파민 부족 상태에서 기인한 것으로 보인다. 신재호 전문의의 설명에 따르면 ADHD인들은 도파민 부족을 겪기에 즉각적인 보상이나 새로운 자극에 반응해 충동적으로 행동한다. 한편 통제 기능이 약한 탓에 기다림을 통해 보상을 얻는 '만족 지연'에 어려움을 겪는다. 그래서 지루한 일은 시작하기 어렵거나 견뎌내지 못하는 것이다.

들었다. 늘 원해서 일을 시작하면서도, 막상 일을 하면 매번 속을 까맣게 태웠다. 날이면 날마다 눈물을 감추고 콧물을 삼키며 '왜 나만 이렇게 실수가 많지?' '왜 이렇게 눈치가 없어.' '이놈의 것을 해? 말어?' 하며 머리털을 뜯었다. 자신이 대인관계와 의사소통, 임기응변에 심히 서툴다는 것을 새록새록 깨달으면서 선택지도, 마음이 설 땅도 좁아졌다. '하고 싶음'은 그대로였지만 '할 수 있음'은 서서히 작아져 갔다.

바닥과의 일체화가 기본자세인 내 동거인 M, 그리고 할 일을 마치고 드라마를 보면 더 바랄 것 없다고 하시는 엄마를 보며 생각했다. '단순하게 사는 사람이 부럽다.'

특히 M. 내가 무소음 시계 초침을 넋 놓고 보는 게 재밌었다고 자랑할 때, 그는 분침이 한 칸 옮겨가는 찰나를 목격하는 쾌감에 대해 알려주었다. 벽지 무늬를 세는 법과 발가락으로 장롱을 열었다 닫는 놀이가 얼마나 재밌는지에 대해서도. 나는 번데기 앞에서 주름잡은 것에 멋쩍어하며 빈둥거림에도 깊이가 있다는 걸 깨달았다.

그는 늘 더 많은 자극을 누리지 못해 안달인 내가 도달할 수 없는 경지에 있었고, 그것이 진정으로 우러러 보였다. 특별히 이루고 싶은 게 없다면 현실과 이상이 어긋나 괴로울 일도 없을 것 같았기 때문이다. 잡다한 '하고 싶음'에 끌려다니다가 글을 쓰지 못한 것이 아쉬웠고, 정작 중요하게 생각했던 꿈에 쏠 체력까지 탕진해버린 것도 후회스러웠다.

전적으로 어리광이었다. 아티스트이자 유머리스트 이반지하는 이런 말을 했다.

> 원래 남들 잘 되는 건 되게 단순하고 심플하고 한결같이 잘 되는 것 같고, 나는 복잡하게 안 되는 것 같잖아.[20]

이런저런 삶을 들여다보면 정말 그렇다. 어떤 사람들은 '하고 싶음' 자체를 느껴보지 못해 자신에 대해 회의를 갖고 있었고, 여러 가지를 다 잘해내려 애쓰는 내 모습을 부러워하는 사람도 많았다. 사람들은 뭔가에 몰입해서 살아 있음을 느끼고 싶어 했다. 꿈과 욕망이란 건 잘 풀리든 아니든, 녹록지 않은 현생을 버텨나가는 구심점이 되기도 하니까.

마치 모든 날씨가 하루에 공존하듯 요란했던 나날은 '나름대로 할 수 있는 만큼 해봤다'는 느낌을 남겨주었다. 나를 정신 없이 흔든 ADHD 증상이 현생을 버틸 힘도 약간은 만들어준 셈이다. 이 주관적 안정감은 객관적으로 불안정한 현 상태를 지탱해준다. 금융권에서는 내가 비빌 언덕이 없다는 이유로 신용카드 한 장 만들어주지 않지만 서럽지도 부끄럽지도 않다.

남들보다 사리에 한참 어두웠는데 경험욕 덕분에 세상을 배웠고 그나마 사람 흉내는 내게 됐다. 무엇보다 큰 소득은, 무얼 할 때 제일 편안하고 행복한지 더 분명히 알게 된 것. 겨울인 요즘은 방에서 손끝을 비벼가며 타자를 치다가 내킬 때 나가서 방방 뛰어다닌다. 객관적 불안정과 주관적 안정 사이에서 멋대로 몸을 놀리며 사는 것. 그 자체가 나에게 안정을 준다.

삶에 있어 안정성이라는 것도 허상 아닐까. 정확한 설계로 탑을 쌓는다 하더라도 절대 무너지지 않는 탑이란 없다. 어떤 이들에게는 일단 쌓을 돌 하나를 찾는 것이 쉽지 않을 수도 있다. 결국 누구나 눈앞에 있는 돌을 하나씩 집어 들어 쌓을 수 있을 뿐이다.

나 그리고 ADHD

ADHD에 대해 알고 나서는 무엇이 증상인지, 무엇이 기질이고 무엇이 순수한 나인지 궁금할 때도 있었다. 증상을 골라내고 남는 게 진짜 나라는 생각을 했던 것 같다. 이렇게 병의 기전과 증상을 탐구하는 건 내가 가진 생각의 습관과 행동 특성, 세상을 보는 눈만이 아니라 개성이라 생각되는 것들을 이해하는 데도 크게 도움이 됐다.

하지만 ADHD와 나를 정확히 분리해서 보려는 노력은 의미가 없다. 살아오면서 생긴 정체성에서 ADHD를 가진 내 모습만 생선 가시 발라내듯 가려내는 게 불가능하기 때문이다. 증상이 나는 아니지만, 내 장단점 중에는 증상 때문에 고민하고 노력하면서 키워진 것도 많다.*

---

* 신경학자 올리버 색스는 이렇게 썼다. "병력은 개인에 대해 그리고 그 개인의 '역사'에 대해서는 아무것도 말해주지 않는다. 다시 말해서 질병에 걸렸지만 그것을 이기려고 싸우는 당사자 그리고 그가 그 과정에서 겪는 경험에 대해서는 아무것도 전해주지 못하는 것이다. 이러한 좁은 의미의 '병력' 속에는 주체가 없다."[21]

나와 똑같이 생긴 존재에 ADHD의 특성을 집어넣는다고 내가 되지는 않는다. 나만의 기질과 내가 만들어온 경험들, 하나하나 고민하며 쌓아온 선택의 총체가 나다. 삶이라는 요리에 ADHD가 주재료라 할지라도, 요리법을 결정하고 조절하며 맛을 내는 주체가 나라는 건 변함없다.

가끔 인생의 중요한 일곱 장면을 꼽아 떠올려본다. 훗날 눈을 감을 때 떠오를 법한 기억을 하나씩 떠올리다 보면 알게 된다. 내 삶에는 생각보다 눈부신 시간이 많았고, 그때마다 곁에는 나를 아끼는 사람들이 있었다는 것. 그 속에서 나는 ADHD를 가진 인간의 한 표본이 아니라, 나만의 길을 찾아 걸어온 나일 뿐이다.

채웠다, 10년! 근데 왜 똑같지?

복합형 ADHD 성인이 강사로 일할 때

대학교 3학년 때 한 선배로부터 그룹과외 일을 넘겨받았다. 일주일에 한 번, 대여섯 분의 일본 노인분들을 대상으로 하는 초급 한국어 강의. 있어 보이는 알바감을 받아 어깨가 승천했다. '하면 되는 거지! 뭐 그리 어려울라구.' 당시 갑자기 인생이 재밌어진 나는 세상이 나를 중심으로 도는 줄 알았다. 그러나 곧바로 내가 우주 먼지, 아니 규정되지 않은 암흑물질 같은 존재임을 실감하기 시작했다. 토요일마다 수업을 마치고 점심에 돌아오면 벽을 보고 앉은 채로 해가 졌다. 내가 망친 순간들과 실망을 감추는 사람들의 표정이 끝없이 머릿속에 난입해 벽에 '꿍꿍' 머리를 박다 그대로 잠들었다.

'자, 이제 정신 좀 차리고 이야기를 들어볼까?' 할 때마다 학생의 긴 대답은 끝나 있었다. '와, 이거 어떡하지? 내가 한 질문인데 안 듣고 있었다고 할 수도 없고….' 수시로 정신이 다른 차원을 유영하다 오는 당황스러움에 속으로 비 오듯 땀을 흘렸다. 사람들 앞에 선 나는 그렇게 무능할 수가 없었다. 그리고 몇 개월 뒤 완곡한 말로 그 반에서 잘린 걸로 기억한다. 문제는 그게 끝이었어야 했는데 시작이었다는 것.

벽 보고 앉아 있기 10년 후

"졸업하면 뭐 해먹고 살지?"의 늪에서 허우적댈 때 한국어 교원이라는 직업을 떠올리고 말았다. '전공도 살릴 수 있고, 나는 외국어 배우는 걸 즐기니까 학생들 마음을 이해할 수 있을 거고, 아이디어 구상도 좋아하고, 새로운 문화도 경험하고, 돌아다니면서 시도 쓰고… 또… 또….' 이렇게 좋은 점들을 떠올리자 흑역사는 잊히고 금세 신바람이 났다. 솔직히 말해서 외국 사람과의 의사소통은 어차피 완벽하기 어려우니 내 단점이 어느 정도 가려질지 모른다는 희망을 품었다. 같은 나라 사람들 사이에서 내가 이방인 같다는 느낌이 있었기 때문에 차라리 외국 사람을 대하는 게 편하기도 했다. 석연치 않은 생각이 들 때마다 친하게 지냈던 일본 할아버지의 한마디를 떠올렸다.

"선생님이 어울려."

그렇게 이 일은 '천직'으로 임명됐다. '사람들 앞에 서야 하는 게 좀 걸리지만, 바로 그래서 천직인 거야. 그 점이 내 부족한 사회성을

발달시켜주는 것이지!'

아주 틀린 생각은 아니었다. 경험이 쌓이면서 더디지만 나아지는 것도 있었다. 나는 좌중의 분위기를 읽는 감각이 없어서 어느 시점에서 어떤 여담을 할지까지 계획에 넣고 전체 내용을 외웠는데, 5년쯤 지나고부터는 최소한 학생들이 재미없어하는 것들이나 유머와 휴식이 필요한 시점은 감을 잡을 수 있었다. 당황해도 평온한 척, 부끄러워도 당당한 척도 좀 할 수 있었고, 작은 실수는 넉살로 눙칠 줄도 알았다. 그래서 진짜 더는 못하겠다 하다가도 다시 생각했다.

'편하게 일하는 사람이 어딨어? 배부른 소리겠지.'

'전보단 발전했잖아. 언젠간 좀 편해질 거야.'

'일단 10년만 채워보자. 그래도 아니면, 아닌 거지.'

그런데 정말로 10년이 되어가면서 내가 인간 종족이 맞나 싶었다. 한 시간에 몇 번씩 방금 쓴 보드마커를 어디 뒀는지 몰라 20~40명 앞에서 찾아 헤매는 것, 준비물을 빠뜨려 강사실이나 집으로 달려가는 것도 똑같았다. 시간 흐름에 둔감해서 앞부분에 시간을 쏟다 뒤늦게 수업을 몰아치는 것도, 내게만 중요한 정보를 자세히 제공하려 하는 일도. 많이 줄이긴 했지만 여전히 제어가 어려웠다.

한국어 선생인데 한국어 낱말이 잘 떠오르지 않는 것은 기본값이었다. 브레인 포그 속에 손을 뻗어 말 한마디 한마디를 건져 올리는데 잡히는 게 없어 허공만 휘저어댔다. 남의 말을 들을 때는 딴생각이 들어서, 주변 자극에 방해받아서, 듣고 있는데 말소리를 분명히 수집하지 못해서, 소리는 들었는데 의도는 파악이 안 되어서 정확히 이해할 수가 없었다. 내가 하는 말은 단어가 안 떠올라서, 말을 더듬어서, 하던 얘기를 계속 잊어버려서, 다음 순서를 기억할 수 없어서, 생각과 반대로 말해서, 필요한 정보를 빼놓고 말해서, 학생들의 수군거림에 내 목소리가 묻혀서 제대로 전달되지 않았다.

진짜 문제는 이런 일이 강의 내내 반복된다는 것. 혀를 놀려 소리를 입 밖으로 밀어내는 것조차 이렇게 힘들 일인가. 피로나 완벽주의로 설명되지 않는 게 많았다(후에 약을 먹고 발음과 발성까지 잘 되어서 놀랐다. 이 모든 게 ADHD의 영향 아래 있었다니).

조언을 구할 때마다 주변에서는 "샘이 너무 잘하려고 해서 그래요"라는 의견을 냈다. 학생들이 떠들어서 힘들다는 선생님들은 있었지만, 10년 동안 만나본 선생님들 중 누구도 나 같은 고민을 하지는 않았다. 나는 단순한 완벽주의와는 다른 어려움이라는 것을 말하고 싶었지만, 힘든 지점을 몇 마디로 설명할 수 없어서 입을 다물고 말았다. 그렇게 호기로웠던 시작과 달리 나를 팔짱 끼고 관람하는 학생이 늘수록 마음은 엉망이 됐다. 여러분, 제가 오늘도 망쳤군요. 이번 학기 실수 할당량을 벌써 다 썼으니 어떻게 버틸까요?

천적을 만나면 달아나야 해

그래도 내가 강사 일을 지속할 수 있었던 건 이 일을 좋아했기 때문이다. 교실에 확 웃음이 터지는 순간은 공기 중에 금가루가 뿌려진 듯 세상이 아름다웠고, 배운 것을 사용해 농담을 하는 학생들을 보면 이런 게 보람인가 싶었다. 그래서 정말 좋은 수업을 해주고 있다는 느낌을 받고 싶었다. 늘 이런 생각이 맴돌았다. '딱 한 번만 이 머릿속 안개를 걷어내고 사람들 앞에 설 수 있다면!'

미안했다. 학생들은 쾌활한 외국어 선생님을 원했으나 애석하게도 나는 우울과 불안의 아이콘이었다. 언변과 눈치가 부족하다면 내가 줄 수 있는 건 매번 새로운 활동을 통해 자극을 주는 것. 그래서 항상 활동 준비에 집착했다. 그리고 즐거운 활동을 하자고 하면서 내 기분이 처져 있을 수도 없는 노릇이었기에 수업 때마다 교실로 걷는 복도 위에서 난 결연해졌다. 바닥에 껌처럼 눌러 붙은 기분을 뜯어낸 다음 서브를 넣어 풍선처럼 띄웠다. 엘리베이터 안에서 웃는 연습을 하고, 발성 연습으로 목소리 톤을 올렸다. 그리고 마인드 컨트롤. '아, 깜빡 잊고 있었다. 나 지금 엄청 즐거웠지!'

그러면서도 내 음침함이 이 모든 걸 뚫고 생생히 중계되고 있는 건 아닐까 싶었고, 이런 내가 많은 사람에게 정서적 영향을 주는 교사로서 서 있는 게 부끄러웠다. '간절히 염원하면 여기가 강단이 아니라 세상에서 제일 깊은 동굴로 바뀌지 않을까?' 따위의 생각을 했지만 그런 일은 일어나지 않았다.

의사소통에서는 주의억제력, 이해력, 판단력, 작업기억력, 순발력, 구성력, 상상력, 공감능력 등을 적절히 이용하며 중심을 잡아나가야 한다. 문화적 배경이 다양한 다수의 청자를 두고 강의할 때는 그만큼 동시에 생각할 것도 많은데, 내 머릿속에는 이미 여러 개의 라디오 채널이 동시에 돌아가고 있었다. 학생들이 언어 이해에 집중하도록 도우려면 교사가 보편적 맥락에서 보편적 표현을 써야 했는데, 그런 직업적 요구와 나만 알아듣는 맥락으로 말하는 습관이 충돌하는 경우도 많았다. 밥 먹을 때도, 잠자리에서도, 출퇴근길에서도 지난 수업에 대한 자괴감과 다음 수업에 대한 걱정으로 머릿속은 분주했다. 개별 학습자의 특성에 맞는 맞춤형 교육을 하겠다는 닿을 수 없는 이상을 꿈꾸었지만(내가 학창시절 수업에 집중을 잘 못한 학생이어서 그런 것 같다), 현실은 보통의 수업도 벅찬 상황. 학생들이 갖는 욕망과 결핍이 하나하나 눈에 밟히는데 내겐 그걸 채워줄 수 있는 능력이 없음을 거듭 확인했고, 그러면서도 그 일을 어느 정도는 해내야 할 사람의 자리에 서 있었다.

그러던 어느 날 유튜브 영상을 보다가 한 문장이 마음에 훅 들어왔다. "천적에는 맞서 싸울 게 아니라 달아나야 한다." 인간관계와 일에도 천적 관계가 있다는 신기율 마음 치유 상담가의 말이었다.[22] '맞네. 따지고 보면 이건 내 천직이 아니라 '천적' 아닌가?' 좋은 직업이냐 아니냐가 아니라 잘 맞는 일이냐 아니냐가 문제였다. 나를 좋아해주는 학생도 많았지만, 보통을 해내기 위해 지나치게 많은 에너지가 든다는 사실에는 변함이 없었다. 나는 내가 지속할 수 있는 일의 성격을 다시 생각하게 됐다. 절대시간으로 쳐서 15년간을 격렬하게 일희일비하다니, 나는 에너지가 참 많다. ADHD다운 맹목적 고집이었을까? 어리석지만 힘이 다 빠져야 힘을 뺄 수 있는 것이 현실의 원리다. 어쨌거나 군힘이 빠지는 때는 오는 법이다.

ADHD인에게도 '천직'이 있을까?

ADHD가 있는 사람은 통제되지 않는 증상을 겪는다. 그래서 환경에도 자신이 통제할 수 없는 요소가 많은 경우 과부하가 걸리기 쉽다. 기본적인 일상에서 자기효능감을 얻기 어려운데 업무에도 잘 적응하지 못하면 공존질환이 심해질 수 있다.

ADHD인은 유연한 대처나 대인능력이 중요한 직종에 취약하다는 것이 전문가들 견해다. 한편, 반복되는 일에 싫증을 느끼기 쉬워서 강한 자극과 변화가 필요하다는 점도 지적된다. 언뜻 보기에 이 두 조건은 모순되는 듯하다. 하지만 '환자 스스로 통제 가능한 변화'가 필요하다는 점에서 통하는 내용이라고 생각한다.

내가 강사 일을 하며 좋아한 부분도 매번 새로운 아이디어를 내고 바로 시도해볼 수 있다는 점 그리고 다양한 문화권에서 새로운 자극을 받을 수 있다는 점이었다. 이미 가르쳐본 내용을 다룰 때는 혹시 더 재미있는 활동이 없는지 궁리하고 준비하는 시간을 좋아했다. 독특하고 신선한 활동을 할 때는 학생들의 반응도 대체로 좋았다. 동시에 힘들었던 것도 '변화'였다. 한 반 안에서도 학생들의 한국어 수준, 나이, 성격, 종교, 문화적 배경이 섞여 있고, 학기마다 학생, 과목, 한국어 급수가 바뀌었다. 매번 다른 부교재를 활용하는 것은 재밌었지만 그걸 스스로 통제할 수 없는 요소들(예를 들어 짜여진 수업시간 안에 5~10분 단위로 수업의 5단계를 지키는 것, 각각 다른 문법 요소와 어휘들의 복잡한 제약조건을 정확히 기억해 교수하는 것 등)과 함께 해내는 것이 어려웠다.

　오해하지 말아야 할 건 ADHD를 가진 경우 모든 능력이 떨어지는 게 아니라 능력들이 불균형하다는 점이다. 풍부한 영감은 최대 강점으로 언급되고, 자기 주도적·독립적으로 작업하는 일에 뛰어난 편이다. 발상이 독특해서 남다른 방식으로 상황을 개선하기도 하고, 때로는 과몰입 효과로 단시간에 높은 집중력을 발휘한다. 이런 능력은 사실상 ADHD인들의 주력 상품이자 자존감 지킴이가 아닌가 싶다.

　사무직을 맡았던 일 년 반 중 딱 한 번, 참 즐겁게 일한 적이 있다. 행사 때마다 참여자들이 불편을 겪던 진행 방식에 작은 아이디어를 더해 신속하고 혼란 없이 진행되도록 바꾼 일이다. 오래 이어져온 관례를 보고 '꼭 이렇게 해야 할까?' 하는 생각으로 바꿔보니 좋은 반응을 얻었다. 내 경우 기억에 남는 일은 한 번뿐이지만, 변화를 추구하는 ADHD인의 특성이 조직에 기여하는 예는 그런 것이라고 생각한다.

　개인적 특성만이 아니라 병의 특징을 고려한 진로 선택이 필요하다. 하지만 꼭 직종이 중요한 건 아닐 것이다. 모든 분야에 창의성은 필요하고, 각자가 선택한 자리에는 이유가 있다. 중요한 건 자신을 자세히 관찰하고 ADHD의 속성을 구체적으로 파악하는 일이다. 자신의 강점과 약점, 맡은 일에 요구되는 능력, 현재의 기대, 현실적 목표 등을 간단히 써서 정리해보는 것도 좋다. 약점 영역에 대한 기대가 현실적인지 점검하고 틈새의 강점을 살리는 작은 시도들을 상상해본다면 조금은 숨쉬기가 편해질지도 모른다.

'나 사용설명서'를 써나가는 일

사회를 겪는다는 건, 남보다는 자신에 대해 배우는 일이다. 내 강점과 약점, 좋아하지만 잘할 수 없는 것, 비교적 쉽게 개선할 수 있는 일에 대해 냉정하고 객관적인 시각을 갖추는 과정. 나는 현재의 나를 부정하고 새로운 나를 빚어내려 애썼는데, 결국 초점을 맞추어야 하는 방향은 '나다운 나'를 발견하고 꺼내는 길이었다.

강의를 하는 동안은 힘들 때마다 블로그에 비밀글을 썼다. 내가 관찰한 그날의 나를 자세히 기록하고 앞으로의 바람을 적었다. "이러이러한 점을 고치자"는 말을 반복하다가 언젠가부터 이렇게 적고 있었다.

있는 걸 억누르고 없는 걸 만들려 하기보다 가진 걸 잘 살려 쓰며 살고 싶다.

그 생각을 스스로 믿어주는 데 너무 오래 걸렸다.

5년간 써온 블로그를 어느 날 충동적으로 지워버린 건 3년 전 일기들에 오늘과 똑같은 반성과 다짐이 써 있는 걸 봤기 때문이다. 사골처럼 우려내던 자책이 그 순간 단맛을 잃었다. 그래도 ADHD라는 병을 모른 채 나를 분석한 시간이 헛되다고 생각하진 않는다. 그건 끈질긴 자기 관찰 과정이었고 필사의 균형잡기였으니까.

집요했던 고민은 내가 가진 특성을 자세히 파악하도록 도와주었다. 머릿속에 '나 사용설명서'를 구체적으로 써나가면서 자신을 지독히도 미워하고 가여워하던 마음에도 조금씩 거리를 둘 수 있었다. 무작정 나를 사랑하는 건 잘 되지 않았다. 하지만 부분이 아닌 전체로서 내 다양한 면모를 생각해보면 결국 보통의 인간일 뿐인 나를 감싸줄 수 있었다.

아마, 당신의 일상 전투는 더 치열하지 않았을까. 증상이 이쁜 내 새끼는 못 되겠지만, 우리의 증상 아기(순화어)들을 너무 미워하진 말자. 그러는 동안 작은 재능들이 관심을 기다리며 처연히 쪼그리고 있을지 모르니까. 더 낫게 살아보려 애쓰는 우리는 아직 꺼내주지 못한 자신을 발견해나가는 중이다.

> **덧붙이는 말**
>
> 나는 자신이 생활에 큰 어려움을 겪으면서도 겉으로 문제가 잘 드러나지 않는 이유를 TCI(기질 및 성격 검사) 결과를 통해서 이해하게 됐다. 기질 면에서 내 '자극 추구' 점수는 100분위 점수로 100점. 100명 중 1등으로 자극 추구 경향이 높다는 뜻이다. 그런데 '위험 회피' 점수도 96점으로(상위 4%) 상당히 높았다. 나는 뇌의 자극을 추구하는 성향이 아주 강하면서도, 낯설거나 위험하다고 판단하는 것에 대해 지나치게 위축되고 자신을 억제하는 경향성을 가졌다. 사람들에게 환영받지 못할 언행을 피하려 극도로 자기를 통제하기 때문에 언뜻 문제가 없는 사람으로 보이기 쉽지만, 욕

망 추구와 위험 감지 사이의 충돌이 심한 내적 갈등을 일으키고 있었다. 강의나 다인 모임 등 많은 사람을 대하는 상황에서 불안도가 높았던 것도 같은 이유였다.

ADHD의 특성과 자극 추구는 뇌의 기질에서 공통 분모가 있다. 그런데 성인 ADHD에서는 '자극 추구와 위험 회피 성향이 동시에 높은 경우'가 많다(부주의형 ADHD 뇌의 기질적 특징일 수도 있고, 어렸을 때부터 부정적 평가나 실패를 겪어오면서 위험에 대한 민감도가 높아졌을 수도 있다). TCI는 ADHD 진단 검사는 아니지만, 자신의 선천적 기질과 후천적 성격 특성을 살펴보는 도구로 매우 유용하다. 자신이 맡은 업무에 대해 강점과 취약점을 판단할 때도 도움이 될 것이다.[23]

직장생활 허세로 망하기

나를 조종하는 인지 왜곡 혼내주기

긴장된 마음을 진정시키려고 회의실 앞에서 서성거렸다. 첫 출근이었는데 회의가 있었고, 내가 작은 발표까지 맡았다. 통유리창 너머로 상사들의 화기애애한 모습이 보였다. '이번엔 어리바리하게 굴지 않을 테다! 자연스럽게! 당당하게!' 며칠간 경구처럼 암송한 말을 되새기며 서 있는데, 한 분과 눈이 마주쳐버렸다.

'에라, 지금이다.' 나는 유리문으로 성큼 다가섰다. 그런데 몸을 안으로 밀어넣는 속도가 문이 열리는 속도보다 빨랐다. '쿵!' 내 머리는 내 것이 아닌 듯 유리에 던져졌고 아기자기한 공간에 공격적 울림을 빚어냈다.

"아야, 하하. 안녕하세요."

"뭐야, 등장부터 그렇게 허술해도 되는 거예요?"

문 앞에 앉은 두 분은 농담을 던져주셨지만 벌써 나를 안타까운 눈으로 바라보고 계셨다. 나는 환하게 웃어 보이며 생각했다. '괜찮아, 아주 명랑만화 같은 등장이었어! 내 망신력도 짬이 얼만데. 드넓은 곳에서도 벽에 몸을 날리고 책상 모서리에 찔려 몸을 떠는 묘기를 밥 먹듯 선보이는 나다. 이 정도에 굴할라고?'

그러나 그날의 발표는 내가 부담감으로 염소처럼 떠는 바람에 한 번 중단되고, 그 후엔 발표 내용이 산으로 감으로써 급히 정리됐다. 집에 와서 이불을 뒤집어쓰고 울었다. '그래, 나 낼모레 마흔인데 멘탈 쿠크다스다. 근데 이번엔 진짜 잘해보고 싶었다고!'

최악을 궁예했다

"시켜주세요!"

스타트업에서 구인 제안을 듣는 순간, 세상에서 이 회사에 다니는 것보다 중요한 일은 없다는 느낌이 나를 덮쳤다. 담당 업무도 몰랐고 조건도 당장은 열악했다. 하지만 오랜 관심 분야였다. '일을 잘해서 오래 함께할 수 있다면 그동안의 방황은 여기서 열매를 맺기 위함이 아니었을까?' 순식간에 여기까지 생각이 돌진한 나는 예의 그 과도한 쿨함(=내가 가는 곳이 곧 길이다)이 발동해 이사 계획마저 손바닥 뒤집듯 엎어버렸다.

당시 ADHD가 아니라는 상담센터 의견의 여파 속에 있어서 병을 밝힐까 고민이 되지는 않았다. 나도 나에 대해 정의를 못 내리는

데 단점부터 시시콜콜 토로해 상사들을 고민하게 만들 수는 없으니까. 하지만 더 솔직해지자면, 부족함을 감춰 여기서만은 새로운 사람으로 바로 서고 싶은 욕심도 컸다. 나를 써주지 않을까 봐, 잘할 수 있는 일조차 낙인 효과로 평가절하될까 봐 이 '뭔지 모를 병'을 계속 모른 체하고 싶었다.

얼빠진 모습을 들키지 않으려고 혼신의 힘을 다하는 나날이 시작되었다. '아직 망치지 않았어'를 주문처럼 외며. 어느 날은 출근길 전철에서 상사와 연락을 하다 서로 같은 열차를 타고 있다는 걸 알게 됐다. 종종 그랬듯 전철에서 내리면 사무실까지 같이 갈 상황이었는데, 우루루 내리는 사람들을 따라 내리고 보니, 젠장, 또야? 내려야 할 역이 아니라 한 역 앞이었다. 상사에게 허겁지겁 먼저 들어가시라는 메시지를 날리고, 에스컬레이터를 두세 칸씩 뛰어올라 단거리달리기로 큰길까지 전력 질주했다. 아, 밀려오는 기시감. 이런 식의 진땀빼기는… 태어나서 한 1984번 정도 하지 않았을까?

"어디 갔다 온 거예요?"

택시를 탔지만 10분 늦게 도착한 나는 어리둥절하게 보는 상사에게 눈을 맞추지 못했다.

"아, 그게, 일이 좀 생겼어요."

차라리 배가 아팠다고 하지. 일하러 오면서 일은 무슨 일? 실수했다고 고백할 수도 있었지만, 얼마 전 같이 간 출장에서도 내가 비슷한 실수를 연달아 해 길을 헤매게 만든 터였다. 더군다나 늘 다니는 출근길에서, 가만히 있으면 닿는 게 종점인데 똑바로 내리지 못했다는 말은 도저히 나오지 않았다. 귀여운 실수가 모이고 쌓이면 절대 귀엽지 않으니까. '쯧쯧' 소리를 내며 지켜보는 가여운 사람이 되고 말 테니까.

경험의 무서운 면은 그간 겪어온 나쁜 상황들이 '객관적 경험치'라는 이름으로 끝없이 최악을 상상하게 만든다는 거다. 나는 생각했다. 눈치 빠른 내 상사는 평소에도 내가 대중교통을 제대로 타고 내리지 못한다는 사실을 알아챌 것이고, 그 사실은 그동안 내가 선보인 다른 어설픔과 통합적으로 이해될 것이며, 결국 내가 처리하는 모든 일이 못 미더워지게 만들 거라고.

나는 상세하고 우선순위가 분명한 안내 스타일의 지시가 아니면 감을 못 잡았는데 상사는 반대 스타일이었다. 그럴수록 내가 나서서 활발히 소통해야 했지만, 머릿속엔 두 가지 시나리오만 맴돌았다.

① 이것저것 다시 묻는다.
→ 그런 것까지 알려줘야 해? 무능하네.
② 짐작 가는 대로 한다.
→ 왜 묻지도 않고 마음대로 하지? 오만하네.

나는 대부분 무능함보다 오만함을 택했다. 한 가지를 물으려 해도 '이렇게 물을까?' '저건 아닌데' 하고 각을 재다가 혼자 태풍 맞은 나무처럼 앙상해졌기 때문이다. 부지런히 받아적은 업무 지시와 녹음한 회의 내용을 듣다 보면 감이 안 잡히던 것에도 몇 가지 추측은

할 수 있었고, '이건가?' 싶은 것들을 찾아내 대강 넘겼다. 그런데 나중에 보니 이건 '무능한 주제에 오만한 직원'이 되는 지름길이었다.

자학과 허세는 한끝 차이

내 삐딱한 관심법은 손잡고 노는 친구들이 많은데, 그중 하나는 '능력이 없으면 닥치고 열심히'라는 강박관념이다. 그런데 이 강박이 허세를 낳았다. 처음부터 잘 보이려고 내가 해본 모든 것을 '할 수 있음' 범주에 넣은 것. 구멍투성이인 내가 허세만큼은 빈틈이 없었다.

"예! 알겠습니다!"(뭐라고 하신 거지? 무슨 뜻이지?)

"그럼요! 이번 주까지 해서 보여드릴게요."(와우, 지금 쌓인 업무가 열 개예요! 내일의 나여, 부탁한다.)

"하하, 힘들긴요. 다 제가 배우는 건데요."(명백히 힘들다…. 아니 그보다 오늘도 퇴근하고 일만 하면 진짜 애인한테 차일 것 같은데.)

자신 없는 업무도 해낼 수 있는 척, 지시하는 대로 뭐든 척척 처리하고 있는 척. 심지어 트라우마를 벗지 못한 강의 업무에 대해서까지 "예, 그럼 한번 해볼게요!"를 외쳤다가 며칠 후 불현듯 못하겠다고 이메일을 보내 대표님의 정신건강에 위해를 끼쳤다. 한마디로 모두 '저질렀다'.

나는 노력한다는 것에 진력이 나 있었지만, 한편으로 보통의 결과를 내기 위해 남보다 두세 배의 시간과 수고를 쓰는 일에 너무나 익숙해 있었다. 프로 정신이 있는 게 아니라 시간이 많이 드는 게 내 특성이니 마땅히 그래야 했다. 지시를 받으면 일의 성격을 파악하는 데 한두 시간, 거래처와 통화 전에는 생각 정리에 한 시간, 통화 후에는 녹음한 정보를 반복해 들으며 이해하는 데 또 한참이 걸렸다.

문제는 내가 그 모든 걸 동시에 해낼 수 있다고 믿고, 여전히 자신이 무리하고 있다는 사실을 잘 인지하지 못한다는 점이었다. 태엽이 다 돼 톱니가 자꾸 멈추는 생각 공장은 밤에도 주말에도 삐걱삐걱 돌아갔다. 그래야 끝없이 들어오는 업무 물량을 맞출 수 있었다. 예를 들어 여러 거래처와의 실시간 의사소통, 세금 등 낯선 분야의 숫자 다루기, 다양한 정보의 동시다발적 업데이트, 정황을 종합해 결론 내기에 대해, 각각의 일을 할 때는 시간을 더 써서 따라잡는 게 가능했다. 그런데 이들을 동시에 빠르고 정확하게 수행해야 할 때는 금세 뇌의 기력이 바닥나 시간을 더 들여도 머리가 돌지 않았다. 한 사람이 여러 역할을 소화하며 예상치 못한 변화의 파도 위에서 서핑을 즐겨야 하는 스타트업의 특성은, 내가 따라잡을 수 없는 저 너머의 능력을 요구하는 듯했다.

'일을 줄여달라고 해볼까' 하는 고민 앞에는 심판관이 버티고 있었다. 최종 보스, 자격지심. 그 거대한 풍채 앞에서 생각은 급선회했다. '업무량이 많긴 한데, 그게 내 능력 부족 때문이 아니라고 할 수 있을까? 다른 사람이었다면? 아니, 잘 못하는 걸 말하기로 하면 한두 가지가 아니잖아. 내가 쓸모없는 사람이라는 얘기밖에 안 될걸.'

원래 하루 근무시간은 4~5시간이었지만 그 시간은 대부분 업무 전달에 쓰였고, 실제 일 처리 시간은 알아서 해야 하는 영역이 되었다. 그런데 그런 상황들을 기꺼이 받아들인 게 누구냐, 다름 아닌 나였다. 그 후로도 나는 자발적 을의 자세로 갑이 먼저 배려해주기를 망부석처럼 기다리고 있었다. 뒤늦게 내 상태를 전달해보려고 시도했지만 대화는 매번 어긋났다. 나 혼자서 만든 상황은 아니었지만, 상대의 기대치를 제때 조절하지 못하고 기대에 반하는 말도 요령 있게 꺼내지 못한 내 책임을 통감했다.

몇 달 만에 드디어 정식 계약의 순간이 왔고, 자신감을 상실한 나는 허탈한 포기 선언을 했다. 최소 5년을 바라보고 시작한 일이 4개월로 갑작스레 마무리된 것이다. 시점도, 방식도 별로였다. 무조건 기대에 부응하려 한 것은 결과적으로 상대에게 민폐가 되었고, 좋았던 관계마저 잃어버려 한동안 많이 자책했다.*

인지 왜곡 인지하기

《정신병의 나라에서 왔습니다》는 '실용주의자'인 지은이 리단이 조현병, 양극성장애, 우울증, 자해와 자살 충동, 가난, 정신과 치료 등 이 시대의 정신병자들이 겪는 문제에 대해 현실적으로 조언을 건네

---

*ADHD인의 통제가 안 되는 생각들은 회로 작동의 균형이 깨진 뇌의 "고장난 스위치"가 만들어내는 문제다. 작업모드회로Task Positive Network, TPN가 작동할 상황에서 ADHD 뇌는 생각이 자유로이 떠도는 기본모드회로Default Mode Network, DMN에 불이 켜지며 원치 않는 생각을 이어가기 쉽다. 기본모드회로에서 과거를 돌아보는 뒤쪽 영역과 미래를 사고하는 앞쪽 영역을 통해 과거를 곱씹고 미래를 걱정하기도 쉽다.[24]

는 책이다. 여기서 지은이는 자신이 정신병을 가지고 일하면서 얻은 노하우와 잘리는 과정에서 알게 된 것들을 소개하는데, '일을 너무 잘하지 말 것'이 포함되는 게 재미있다. 처음부터 이것저것 할 수 있다고 드러내며 잘하려 애쓰면 오히려 나중에 능력을 의심받게 된다는 것이다.[25]

증상을 완벽히 통제할 수는 없다. 정신병이 있으면 어떤 일도 잘할 수 없다는 뜻이 아니라 관점이 현실적인지 점검할 필요가 있다는 뜻이다. 완벽한 수행은 병이 없는 사람에게도 어렵고, 마라톤을 100미터 달리기처럼 하는 선수가 멀리 갈 수는 없다. 스트레스와 과로는 증상을 악화시켜 앞으로 일할 용기마저 잡아먹기 쉽다.

물론 이상적인 상태는, 진단명이 확실한 사람이 '정신병 프렌들리'한 조직에서 성공적으로 병을 밝혀 강점과 약점을 공유하고, 직무 범위와 업무량을 정한 뒤, 해량과 지원 속에서 일하는 것. 하지만 여기에 들어맞는 경우가 현실에는 많지 않다. 그래서 다른 상상을 해본다. 만일 내게 자격지심과 그로 인한 부정적 예측, 강박이 없었다면 어땠을까. '폭망 아니면 극복'의 흑백 구도에서 벗어나 상황을 균형 있게 봤다면? 제안을 받았을 때부터 내 한계를 터놓고 의논했을 수도 있고, 나를 믿어준 사람들과 더 소통에 가까운 대화를 해볼 수도 있었을 것이다.

내가 일하는 과정에서 겪은 문제들은 ADHD를 가진 사람의 전형적 인지 왜곡을 보여준다. 말이 나온 김에 하나씩 살펴보겠다.

① "'다시 폭망' 아니면 '과거 극복' 둘 중 하나야."
: 중간 상태의 가치를 인정하지 않는 '흑백논리'
② "여러 번 실수하면 누구든 날 무시하게 돼."
: 전에 겪은 사건을 일반화해 모든 상황에 같은 결론을 적용하는 '과잉일반화'
③ "나는 보통 사람보다 능력이 떨어지니까 사람들에게 맞춰야 해."
: 기준이 합리적인지 따져보지 않는 '인위적 추론'
④ "지난 출장에서 난 방해만 됐어."
: 긍정적 측면을 무시하는 '부정적 초점'
⑤ "상사 표정을 보니 분명 내가 맘에 안 드는 거네."
: 사실을 확인하지 않고 해석하는 '속단하기', 모든 걸 자신과 연결 짓는 '개인화'
⑥ "이미지를 망쳤으니 여기서도 안 좋은 일만 남은 거야."
: 결과를 과장하는 '재앙화'[26]

ADHD를 가지고 살아온 경우 이런 부정적 자동사고에 압도되기가 더 쉽다. '다 잘 해내도 보통이 될까 말까인데 자꾸 실수를 하는 나는 쓸모없는 사람이다' '사람들에게 맞추려고 노력하지 않으면 남과 다르다는 게 알려져 배척받을 것이다' 등.*

상담을 받으면서 내 사고 과정이 많은 인지 왜곡을 가지고 있다

---

* 여기에는 충동조절 부족으로 결론을 속단하는 경향이 한몫한다.[27]

는 걸 알았지만, 관성을 끊기는 쉽지 않았다. 나는 현재에 대한 생각을 먼저 바꾸려 노력했다. 눈앞의 사건에 압도되는 대신 그 일이 생각만큼 중요한 게 아닐 수 있음을 인지하고, 사람의 생각을 다 안다고 여기는 대신 가능성을 두루 열어두려 했다. 같은 패턴이 반복되곤 했지만 시간이 흐르며 조금씩 변화를 느꼈다. 현재 겪는 일을 균형 있게 바라보게 되면서 지난 일에 대한 평가나 미래를 보는 눈도 바뀌었다. 과거 - 현재 - 미래에 대한 인상이 달라지자 스스로 붙인 '무능력자'라는 이름표를 뗄 수 있었다.

아직 인지 왜곡에서 완전히 벗어났다고는 할 수 없지만, 이 과정에서 몇 가지 알게 된 것이 있다. 먼저 자신에게 잘못된 사고 패턴이 있다는 점을 직시해야 한다는 것. '나에게 그런 면이 있지' 정도로는 부족하다. 앞으로 마주할 상황에서 잊지 않고 떠올리려면, 어떤 상황에서 어떻게 생각했던 것이 문제였는지 구체적 경험을 생각하는 게 좋다. 또 판단이나 감정과는 거리를 두고 객관적으로 상황 자체만 보려고 애써야 한다.

문장화해서 말해보거나 적어보는 것이 도움이 된다. 예를 들어 "상사가 젊은 시절 직장에서 웃지 않아 잘린 경험을 얘기했다"라는 사실에 대한 인식이 "내가 표정이 안 좋은 걸 지적하고 있다"라는 판단으로 넘어갔다면, '사실 단계'로 돌아가서 생각을 마치는 것이다. 나는 부정적 감정이 자꾸 따라오면 '사실'의 문장을 여러 번 반복해 말해본다. 사람에 따라 다르겠지만 내 경우는 그 방법이 판단과 감정을 부정하는 것보다 효과적이었다.

뭐든 반반이라 생각해보는 것도 필요하다. 내 짐작이 맞을 수도 있고, 아닐 수도 있다고 말이다. 전철에서 잘못 내렸다는 얘기를 들으면 상사가 나를 멍청하다고 생각할 수도 있지만, 어쩌면 자신이 상사로서 완벽해 보이지 않아도 된다는 생각에 한결 마음 편히 나를 대할 수도 있다. 그리고 부정적인 상황에서 의외로 좋은 부산물이 있을 수도 있다. 실수를 했을 때 내가 낮게 평가될 수도 있지만, 나에 대한 이해가 쌓여 장기적으로는 관계가 발전할 가능성도 있으니.

'잘' 망했다는 자부심

마치 생존을 위해 기능해야 할 면역체계가 과민해져 주인을 공격하는 자가면역질환처럼, '망하지 않겠다'는 맹목적 의지는 도리어 자신을 궁지로 몬다. 아무리 인정받고 싶어도 나를 지탱하는 기본들을 무너뜨리면서 뭔가를 이룰 수는 없는 노릇. 요즘은 신체와 정신의 안녕, 보통의 일과와 나를 가장 가까이서 지켜주는 사람들을 떠올리면서 균형을 잡으려 한다.

시도했던 일에 실패했을 때 실패하기까지의 수고를 스스로 알아주는 것은 스스로 바꿀 수 있는 영역이다. 설령 방향이 잘못되었을지라도 어떤 식으로든 노력했다는 사실은 분명하다. '잘' 망했다는 조그마한 자부심은 나아갈 힘이 된다.

트라우마에 젖은 뇌는 부정적 시나리오만 쓰는 AI처럼 굴고, 같은 영역에서 너무 자주 부정적 평가를 듣다 보면 '망치다'와 '망하다'

를 구분하지 못하게 된다. 하지만 새로운 서사를 쓰려면 알아야 한다. 정신병이 있어도, 일을 잘 못해도, 아예 일이 없어도 모든 게 망하는 건 아니다. 살아 있고 생각을 움직일 수 있는 한 사람은 망하지 않는다고 믿는다.

그래서, 나는 다 바뀌었냐고? 무슨 말씀. 당연히 이것도 허세다. 하지만 찬찬히 되짚어보면 솔찬히 바뀌었다. 지금은 나에게 함부로 이름표를 붙이지 않는다. 규정되지 않은 애매한 상태에서 점차 편안해지는 게 변화라는 걸 느낀다.

인지 왜곡으로 삶이 힘들어서 바꿔보고 싶다면 조금씩 재구조화를 해나가자. 그런데 안 바뀐다면, 그것도 나름대로 이유가 있는 거라고 생각한다. 일단은 살 수 있는 대로 살자. 내 삶이 틀렸다고 평가할 수 있는 자격을 가진 사람은 없으니까.

언어 걸린 '궁극의 일자리'

의지와 가능성을 인정받는 환경

'이것도 안 되고, 저것도 안 되고, 뭐 어쩌라고?'

그땐 분명 내 인생의 쭈구리 시절이었다. 사회공포증이 심해져 알바와 전업 일자리를 모두 그만두고, 타악으로 밥벌이를 하겠다고 활동하던 동호회도 같은 이유로 빠져나왔다. 몇 달 쉬니 마음은 편했는데 슬슬 당연한 생각이 올라왔다. '이제 뭘 해먹고 살지?'

어떤 일을 떠올려봐도 '땡'이었다. 한심해 보일 수도 있지만 무작정 긍정적이 되긴 어려웠다. 무리하지 않고 지속할 수 있는 일이 없었다. 작은 스트레스에도 두통과 현기증이 일어 쉬어야 했고, 체형이 전체적으로 틀어져 30분 이상 앉고 서고 걷는 게 힘들었다.

'바퀴벌레 잡을까?' 심부름 앱을 보다가 집에 출몰한 바퀴벌레를 잡아달라는 다급한 요청이 제일 많은 걸 보고 생각했다. 잘 처주면 한 건에 이삼만 원도 준다. 그런데 나도 엄청난 바퀴 강자는 또 아니라서 내가 더 꽥꽥 소리만 지르다 나올지도 몰랐다. 예전에 했던 독서실 총무 일이 용돈벌이로 괜찮았던 게 떠올랐는데, 구인 정보를 보고 전화하면 나이를 듣고 유야무야됐다. '이럴 거야? 독서실 총무까지 나이 따질 거야? 내가 월 삼백을 벌겠다는 것도 아니고 딱 삼십인데.'

동호회 활동을 같이 하던 지인이 아는 편의점을 소개해준 게 그런 때였다. 편의점이라…. 그 특유의 산만한 일처리 방식이 나랑 잘 맞았던 알바지만, 다시 하자니 자신이 없기도 했다. 툭하면 틀린 시재를 맞추느라 일당의 반을 쓰고 괴로워했던 일이 떠오르면서 준비된 걱정이 따라왔다. '사장님이랑 손님들이 내 실수를 이해해줄까? 매일 사람을 대하면 다시 패닉을 겪지 않을까? 교대하는 알바한테 계속 피해 주면 어떡하지? 내 몸이 버텨내려나?'

사실 ADHD 증상과 공존질환, 신체적 지병의 한계를 모두 피하자면 이런 일자리가 필요했다. '오래 앉지도, 서지도, 걷지도, 무거운 짐을 나르지도 않으면서, 혼자서만 일하고, 적응하기 쉬운 업무면서도 너무 지루해서 도망갈 정도는 아니고, 말을 많이 안 해도 되고, 어울려야 되는 사람들이 없으며, 주변에서 내 실수에 너그럽고, 그럼에도 돈을 주는 곳.' 저기, 혹시 일하기 많이 싫으세요?

여기서도 못 버티면 마지막 용기마저 잃어버릴까 봐 두려웠다. 하지만 아무리 쓸모없어 보이는 나라도 길바닥에 던져버릴 수는 없었고, 기회가 온다는 게 감사하기도 했다. 다행히 일단 저지르고 보는 내 특기가 꺼져가는 숨을 다해 튀어나와주었다. 그나마 가장 안정감을 느꼈던 알바가 그 시기에 다시 찾아왔으니, 그게 나와 사회의 마지막 타협점인지도 몰랐다. 그렇게 17년 만에 편의점 계산대에 섰다.

궁극의 일자리

출근 첫날, 불안했다. 초면의 사장님이 보기에도 내 얼굴은 웃는 표정을 그려놓은 벽돌 같았을 거다.

"걱정할 것 없어요. 하면 다 해요."

마음을 읽혀 부끄러웠지만 부드러운 아우라에 긴장이 약간 누그러졌다. 오랜만에 마주한 편의점 계산대는 그간 첨단기술을 갖추어 받을 돈, 내어줄 돈까지 딱딱 화면에 보여주니 커다란 다행이기도 했다.

당연하고도 당연하게 실수는 많았다. 나는 하루에도 여러 번 점포 문을 박차고 나갔다. 답답해서 나간 건 아니고, 손님이 나간 뒤에야 결제 실수를 깨달아서 "손님!" 하고 포효하며 튕겨나간 거다. 초단위 기다림에 민감하신 담배 손님께 무중력의 속도로 응대해서 담배로 답답함을 풀어보고자 온 분들을 복장 터지게 하는 무례도 왕왕 저질렀다.

나는 사람들이 어떤 식으로든 날 공격하거나 비난할까 봐 무서웠다. 방문 후기에 불평을 쏟아내거나, 사장님께 슬쩍 내 흉을 보거나, 동네에 소문이 도는 상상을 했다. 교대할 근무자가 옆에 서 있을 때면 손님이 와도 머릿속이 하얘졌다. 누가 옆에 있다는 것만으로 평가받는 기분에 휩싸여 간단한 손동작조차 남의 손가락이 내 손에 붙은 양 부자연스러웠다.

그런데 시간이 흐를수록 신기하다는 생각이 들었다. 진상손님 천태만상을 각오했는데, 손님들은 내 실수에 대부분 너그러웠다. 내가 워낙 굽신거리기도 했지만, 감정 기복에 굴복해 웃음기 하나 싣지 못할 때도 그랬다. 농담을 걸며 웃음을 주는 분도 많았고, 생면부지나 다름없는 내게 방금 산 물건을 나눠주는 분들도 계셨다. 물론 모든 손님과의 만남이 기분 좋았다고는 할 수 없으나, 대부분이 그랬다는 말이다.

'이상하다. 이제 좀 본격적인 스트레스가 있어야 하는데?' 업무 공책에 적힌 말 한마디에도 부정적 상상을 부풀렸다. 하지만 나 말고는 아무도 나를 힘들게 하지 않는 것 같았다. '무슨 일이 하나 팡 터지려고 그러나?' 평화로우니까 그건 또 그것대로 불안했다.

세 달쯤 지나자 비로소 마음 놓고 생각했다. 정말 '궁극의 일자리'가 있다면 여기가 그에 가장 가깝다고. 운이 좋아도 이렇게 좋을 수 있나? 나는 혼자 일하며 웬만한 실수는 스스로 수습했고, 업무는 공책에 필담으로 전달받아 흘려들을 일이 없었다.

실수가 나오기 쉬운 물건 입고 업무 대신 청소와 매대 정리를 맡았고, 옛날과 달리 짬짬이 앉을 수도 있어 힘들지 않았다. 그야말로 운이었다. 야간 시간에 번화가 대형 점포에서 일했다면 이런 얘기를 할 수는 없었을 거다. 그런데 여기가 궁극의 일터였던 진짜 이유는 따로 있었다. 놀라지 마시라. 세상에는 '알바들이 힘들까 봐 일을 더 하는 사장'이 실재한다.

사장님 부부는 닮고 싶은 어른이었다. 점포 사정이 어렵고 두 분 몸이 더 안 좋으신데도 알바들 건강부터 걱정하셨다. 내가 받은 배려를 다 적을 수는 없지만, 대타로 내가 물류 상자를 나르게 될 때는 매번 미리 발주량을 줄여주시던 것, 청각과민증으로 점포 내 음악 소리가 힘들 때 흔쾌히 음악을 끌 수 있게 해주신 것이 참 감사했다. 사장님과 교대할 때 정산을 하려고 하면 "에이, 뭐 맞겠지. 얼른 가!" 하며 등을 떠미셔서 나는 사장님이 오기 5분 전에 혼자서 정산을 했다. 의욕이 과해 눈치 없는 실수를 반복할 때도 도움이 되고 싶어 하는 마음을 더 봐주셨고, 부족한 점을 지적할 때는 업무 공책에 부탁 형식으로 적어두시는 게 다였다. 선물을 받아 감사 문자를 드리면 꼭 이런 말씀이 돌아왔다.

"덕분에 주말에 마음 놓고 쉬어요. 항상 고마워요."

그런 친절은 일을 잘해주길 바라는 마음 때문이 아니었다. '이런 데도 있구나. 이런 분들도 있구나. 평생 여기서 주말 알바하면서 글 쓰고 살까?' 생각했다. 이런저런 이유로 그만두게 되었을 때는 가슴이 죄는 느낌에 얼마나 말을 더듬었는지 모른다. 두 분은 "그렇다고 평생 일할 수는 없을 거잖아"라며 오히려 날 다독이셨다. "잘 돼서 보자"나 "연락해"가 아닌 "만나지긴 어렵겠지"라는 인사에서 부담을 주지 않으려는 마음이 느껴졌다.

어딘가에 존재하는 곳

일터로 헤아려보면 지금까지 40여 곳에서 이런저런 단기 노동을 했다. 그런데 왜 이 편의점에서 제일 행복했는지 생각해봤다. 처음에는 여력이 다한 나를 구제해주어서, 일이 편해서라고 생각했다. 물론 그것도 맞지만, 그것뿐이었다면 다행과 안도를 넘어 행복하다고 느끼지는 못했을 것이다. 작은 안전감들이 반복되고, 사소한 선량함을 꾸준히 마주하는 일이었기 때문이다. 인간계라는 복잡계에서 ADHD라는 통제 불가능성을 가지고 살면서, 위험도를 낮추고 나를 방어하는 데에 온 힘을 쏟았다. 편의점에서도 마찬가지였다. 부족한 면을 물질로라도 메워보려고, 요구하지도 않은 손님들께 굳이 내 돈으로 서비스를 드리면서 머리를 숙였다.

하지만 잠시 다가왔다가 평온하게 멀어지는 사람들의 모습이 하루하루 나에게 쌓였다. 나는 자주 손님의 말을 못 알아들었지만 정해진 말 몇 마디로도 사람들과 소통할 수 있었고, 손놀림이 느려 불평을 듣긴 해도 기다려주는 사람이 훨씬 많다는 걸 직접 확인했다. 마음에 둘러친 벽의 두께가 종잇장 한 겹만큼씩 줄어들었다. 내가 쓸모없지 않다는 생각이 커졌다.

누군가 나를 믿어준다는 느낌에 목말랐었다. 그런 면에서 가장 큰 지분은 사장님께 있다. 결과에 따라 조정되는 믿음은 쉽다. 하지만 살갗에 닿는 안정감을 주는 건 어렵다. 그런 믿음은 더 좋은 성과보다 상대의 평화를 더 중시하는 데서 나오기 때문이다. 나 역시 인정에 목말랐으면서도 남을 쉽게 믿지 못하는 모순을 자주 깨닫는다.

그 어려운 일을 해내는 두 분을 보면서 생각했다. 믿음의 핵심은 '존중'일 거다. 상대방의 모습, 행동, 판단에는 그럴 만한 연유가 충분히 있으리라고 여기는 태도 말이다. 그래서 사람들이 막연하게 "나는 너를 믿는다"라고 할 때 그건 기대되는 성과를 믿는다는 게 아니라 "너의 이유들을 존중한다"라는 의미일 것이다.

사람의 전체를 받아들이는 마음. 그런 믿음을 받는 사람은 점점 단단해진다. 상처를 치유하기도, 잠재력을 꺼내기도 쉬워진다. ADHD인들의 실수를 주변에서 무조건 받아줘야 한다는 뜻이 아니다. 노력과 의지, 가능성을 봐주는 환경에서 사람은 진가를 발휘한다.

다시 이 질문으로 돌아간다. '이제 뭘 해먹고 살까?' 지금은 글만 쓰지만, 나중에 궁극의 알바를 새로 찾아내기는 쉽지 않을 것 같다. 그런데 '설마, 하나도 없겠어?'라는 생각도 스을쩍 든다. 내가 받은 호의 덕분이다. 그런 장소, 그런 사람이 어딘가에 존재한다는 걸 겪어서 아니까. 적어도 그 온기에는 24시간 불이 켜져 있을 것 같다.

> **덧붙이는 말**
>
> 일 년 후, 지역을 옮겨 다른 편의점에서 일하게 됐다. 놀라지 마시라. 세상에는 알바생에게 극존칭을 쓰고 주휴수당을 주기 위해 근무시간을 늘려주는 사장님도 실재한다. 도전이란 두려운 것이지만 해볼 가치가 있다.

성공은 양보할게

프리랜서와 백수, 그 사이의 안빈낙도

ADHD인의 금전 관리 능력에 있어 나도 예외가 아니어서, 30대 중반까지도 통장 잔고는 0으로 만드는 게 당연한 줄 알았다. 창피한 얘기지만 카드가 연체되지 않은 달은 다행이었다. 맹세코 사치를 한 적은 없다. 간이 작아 큰돈은 쓸 줄 몰랐다. 대부분이 배우고 싶은 것들을 배우거나 충동적으로 나가는 자잘한 돈들이었다. 정정하겠다. 생각해보니 사치가 맞는 것 같다. 아무튼 하루살이가 인간으로 태어난다면 그중 하나는 나랑 비슷하게 생겼을 거다.

뒤늦게 2년쯤 돈 모으기에 열 올린 시기가 있었다. 뼈 빠지게 일해놓고 월세 보증금도 없다는 게 억울했다(물론 그 돈을 다 쓴 사람은 나고). 돈을 좀더 벌면 선택지가 넓어질 줄 알았다. 그런데 막상 일상을 들여다보면 아니었다. 투잡, 쓰리잡을 해서 벌수록 낱낱의 소비에서 노동의 가치를 느낄 겨를이 없었다.

나에게 맞는 음식인지, 꼭 필요한 물건인지, 날 위한 만남인지 판단할 여유가 없어서 남이 만든 걸 먹고, 아무거나 사고, 바람직한 인간관계의 고정관념에 끌려다녔다. 툭 하면 택시를 타고, 불안 때문에 충동구매가 심해지고, 자연스러운 만남을 못하는 미안함에 자꾸 선물을 하거나 밥을 샀다.

돈은 마일리지 같은 것이라고 생각한다. 게임처럼 계속 판을 깨면서 레벨을 올려야 하는 것이 아니라, 재화나 서비스를 남에게 제공해 마일리지를 쌓아뒀다가 그 마일리지로 원하는 재화나 서비스를 적절히 얻는 게 내가 아는 쓰임새다. 누군가는 "돈은 안 쓰는 것이다"라고 했지만 내 머릿속에서 돈은 너무나 '쓰는 것'이다.

시계를 보지 않는 품위

막연히 이런 생각을 가졌다. 그럼, 안 벌고 안 쓰면 어떨까? 다음 달 숨 쉴 만큼씩만 마일리지를 모으면 어떨까? 돈이 너무 없을 땐 단기 아르바이트로 반짝 일하면 되지 않을까? 책은 도서관에서 빌려 읽고, 영화는 공유받은 넷플릭스 아이디로 보고, 지역 미술관과 박람회장에서 무료 관람을 하고, 산책하고, 자전거 타고, 요리는 해먹고.

삶에는 계획한 일만 일어나는 게 아니어서 돈을 전혀 모아놓지 않고 살 수는 없다. 하지만 살아보니 나란 사람은 돈을 번다고 무리할수록 정신이나 몸을 고치러 다니는 돈이 더 든다는 것이 밝혀졌다. 당장은 부양해야 하는 가족이 없다는 게 큰 다행이기도 하다.

그렇지 않은 사람이 있을까마는, 한량 생활은 오래 꿈꿔온 것이었다. 왠지 해야 할 것 같아서 원한다고 착각한 것들 말고, 진짜 원해온 걸 하는 생활. 시간을 팔아 돈을 얻고 또 돈을 써서 시간을 사지 않는 생활. 무릇 노동은 인간의 본성에 반하는 것이거늘, 안 죽기 위해 죽을 때까지 일해야 하다니, 뭔가 이상하지 않은가?

건강이 상해 제약이 많아지면서 내게 남은 시간을 실감하게 됐다. 어째 뉘앙스가 살날이 얼마 안 남은 것 같은데 그런 것은 아니고, 책상생활자로 살다 보니 침대생활자가 된 시기가 있었다. 신체와 정신의 에너지가 달리는 사람에게 시간은 전과 다르게 흐른다. 자는 데 열 시간, 자기 전후로 몸 푸는 데 두 시간. 앉아서 일할 수 있는 건 하루 서너 시간인데 중간중간 눕고, 걷고 오면 또 한두 시간 눕고, 사람을 만나고 오면 어떤 일도 더 할 수 없을 때 하루는 24시간이 아니었다.

'여기서 더 미룰 거야?'

그제야 알맹이가 뭐고 쭉정이가 뭔지 보였다. 다른 장에서 적었듯 내가 문어발식 경험 욕구 때문에 우선순위를 못 보게 된 것은 ADHD 때문일 가능성이 높다. 그렇게 보면 삶의 곁가지를 솎아내고 맥을 짚어준 것도 ADHD다. 비록 몸과 마음을 혹사해서 포기시키는 방식이었지만, 그렇게 해서 결국은 한 가지에 집중할 수 있게 만들었으니까. 욕망의 범위가 줄어드는 일은 내가 줄기차게 기다려온 것이기도 했다. 병 주고 약 준다는 말이 이렇게 맞아떨어질 수가 없다.

지금 최소한의 생존 수단으로서 돈을 대할 수 있는 건 그 과정을 하나하나 겪어서다. 일상에 빈 곳이 생기고, 정말 원하는 것들을 거기 채우면서 비로소 우울과 멀어졌다. 몸도 나아졌다. 꿈꾸던 한량 생활을 완벽히 하고 있으니 이 정도면 미안할 정도로 신선놀음이다.

어느 휴일에 식당들이 문을 닫아서 동네 백화점으로 밥을 먹으러 갔다가 명품매장 유리에 비친 나를 봤다. 두툼한 파카에 묻혀 모나리자 눈썹으로 서 있는 내가 웃겼다. 왜 이런 건 또 안 부끄러울까. 영화 〈아가씨〉에서 신분 세탁에 여념이 없는 후지와라 백작(고판돌)은 말했다.

내가 탐하는 건 뭐랄까, 가격을 보지 않고 포도주를 주문하는 태도? 그 비슷한 어떤 거예요.

내가 탐하는 건 뭐랄까, 시간을 보지 않고 전시회를 보는 태도? 발길 닿는 곳 아무 데서나 책을 읽는 태도? 그 비슷한 어떤 거다. 물론 가격을 보지 않고 포도주를 주문하기는커녕 책 한 권을 사자면 가진 책 세 권을 팔아야 될 때도 있지만. 자신에게 잘 어울리는 품격 하나쯤 누구나 가질 수 있다고 믿으면서 속으로 이렇게 외쳐보는 것이다. 미래지향적 존재이자 창조적 존재인 백수여, 당당하라. 나도 프리랜서든 자유기고가든 백수 한량이든, 그 어드메쯤에서 충분히 나답게 살고 말 테다.

적당한 악조건과 적당한 행운

"다른 사람들은 다 위로 올라가려고 하는데, 넌 어째 계속 아래로 내려가려고 하는 것 같다."

영혼 없이 대학원에 몸담고 있을 때 한 교수님이 안타까움을 담아 말씀하셨다. 그 말을 듣는 순간 생각했다. '정말 그런가 보다.' 왜냐하면 위와 아래라는 개념 자체에 묘한 거리감을 느꼈기 때문이다.

내 영혼이 굉장히 순수해서는 아니다. 나도 출세욕이 전혀 없진 않으니까. 이왕이면 더 많은 사람이 내 글을 읽어주는 게 신날 것 같다. 돈이 많아지면 마음 놓고 글만 쓸 수 있을 것이고, 몸과 마음의 치료도 충분히 받고, 주변에도 베풀고. 팔자주름에 불독살까지 관리받는 상상을 하면 속이 다 시원하다.

하지만 내 행복의 필수조건은 분명하다. 내게는 내 삶을 이해하는 한 사람과 글을 쓸 수 있는 시간, 남에게 폐를 끼치지 않고 살 수 있을 정도의 돈이 필요하다. 나는 셋째 조건을 충족하기 위해서만도 자칫 잘못하면 첫째와 둘째를 잃기 쉬운 특성들을 가지고 있다. 그러니 그 이상을 바란다면 행복의 조건들이 와르르 무너질 수 있다.

삶에 직선적 개념은 어울리지 않는다. 삶은 강굽이 같은 곡선과 어울린다. 각자 다른 모양과 각도로 돌아 흐르면서 늪도 품고 물오리도 껴안는 강.

한두 달이면 흥미의 유통기한이 다하곤 하는 ADHD인으로서 평생 질리지 않을 흥미를 가졌다는 것에 감사한다. 또 그게 마침 자본금도 장비도 필요 없는 '글쓰기'라니. 절대자가 있다면, 내 인생에 여러 소수자성과 생애주기별 지뢰를 심으면서 시험 삼아 당근도 하나 심어준 것 같다. 적당한 악조건과 적당한 행운이 주어지면 인간이 어떻게 살아남는지 지켜보려고.

월 300이 아닌 30만 원으로 살 때 누리는 가장 큰 이득은 '반짝이는 찰나의 순간들'이다. 그러니, 나는 거하게 성공하고 싶지 않다. 능력 이상의 만남과 인터뷰와 청탁에 응하느라 그 찰나의 순간들을 놓치기는 싫다. 그래서 안 한 거다, 성공. 진짜다(더 묻지 말자).

그런데 이 책이 엄청 잘 팔려버리면 어떡하냐고? 많이 팔릴수록 이 글도 많이 알려질 거 아니냐고? 만에 하나 그런 일이 일어난다면 그때는 모른 척해주시기 바란다. 뭐, 사람이 생각이 바뀔 수도 있고 그런 거지.

열 우물 파기의 즐거움

신명이 이끄는 길

내가 어릴 적 엄마는 자주 말씀하셨다. "열 우물 파면 굶어죽고 한 우물 파면 먹고사는 거야." 하지만 나는 '한우물파'보다는 '열우물파'에 가까웠다. 모든 걸 동시에 하고 싶어서 아무것도 할 수 없는 게 ADHD인의 딜레마라는 우스개가 있는데, 매우 공감한다.

정확히 말하면 나는 아무것도 할 수 없다기보다 계속 한눈을 파는 쪽이었다. A 전공을 하면서는 B나 C 전공을 하지 않은 게 아쉬워서 집중이 안 됐다. 전주에 머물기로 하고서 서울에 있는 나를 상상하고, 기타를 배우면서 바이올린을 켜보고 싶어 하고, 한국무용반에 들어가서는 북춤반을 흘끔거리는 식으로. 한 달 전에는 피아노가 너무 치고 싶어 당근시장에서 건반을 구해왔는데 딱 일주일 친 뒤 방치했고, 그다음 관심사였던 연날리기는 한 번의 비행으로 끝났다.

이름도 두 번 바꿨다. 원래 이름에 큰 불만은 없었지만 새로운 느낌으로 살아보고 싶었다. 새 이름으로 산 지 5년이 되자, 점차 이전 이름의 장점들이 그리워졌다. 내가 무슨 짓을 한 건가. 결국 원래대로 이름을 바꾸고, 뒤통수를 긁으며 주변에 알렸다. 사람들이 신기하게 보며 웃었다. "넌 이름 갖고도 장난치냐?" 할 말이 없었다. 이놈의 변덕, 이놈의 충동성, 이놈의 욕심.

패터슨처럼

이도 저도 아닌 나여서 한 가지는 확실하다는 생각이 들었다. 주변에서 바라는 대로 살아서는 행복할 수 없는 재질이라는 것. 한길을 쭉 가서 보기 좋게 성과를 쌓아올리는 직선적인 삶은 안 맞는다는 거다. 그래도 여기저기 헛다리를 짚게 하는 욕망 중에 독보적으로 일관되고 묵직한 욕망이 있긴 했다. 바로 '쓰는 데 몰입하는 삶'을 살고 싶다는 것이다.

영화 〈패터슨〉 속 주인공 패터슨의 삶을 지향한다. 그의 생활은 지극히 단조롭다. 버스 운전을 하고, 아내가 싸준 도시락을 먹고, 퇴근하면 반려견을 산책시키고, 종종 단골 펍에 들러 주인과 얘기를 나눈다. 다음 날도, 그다음 날도 똑같다. 영화 속 오늘과 어제의 다른 점이 뭔지 틀린 그림 찾기를 해봐도 괜찮을 정도로.

그런데 한 가지 변화가 있다. 패터슨이 쓴 시가 늘어난다. 그는 버스 운전을 하면서도, 밥을 먹으면서도 머릿속에 시를 쓰고 틈틈이 공책에 적는다. 유일한 독자는 아내 로라. 로라는 패터슨이 시집을 내길 바라지만 패터슨은 오로지 쓰는 데만 관심이 있다. 로라도 컨트리 가수가 되겠다는 꿈이 있다. 돈이 없어 기타 하나 사는 데에도 깊이 고민하는 둘이지만, 각자 좋아하는 것을 하고 사는 것만으로 넘치도록 행복해 보인다.

몸과 마음이 따로 노는 나와는 너무도 다른 삶. 하지만 언젠가는 그렇게 살 수 있으리라는 생각으로 득시글거리는 욕망의 늪을 오래오래 지나온 것 같다. 그리고 마침내 그에 가까운 생활을 시작한 지 2년 반이 흘렀다. 내 노트북 바탕화면을 보면 2년 반 동안 찔러본 것들이 한눈에 보인다. 블로그 포스팅, 시 번역, 네이밍 공모전, 미디어 크리에이터, 전자책 편집디자인 등. 디지털 노마드가 되겠다는 포부로 글쓰기와 겸업할 일을 찾아 헤맨 흔적들이다. 부업이라고 쉽게 보고 시작한 것 중에 만만한 건 없었다. 그래서 대부분은 확 타올랐다가 흐지부지됐다. 블로그 포스팅의 경우 '디지털 노가다' 대열에 빠르게 합류했다. 처음에는 하루 10개씩 글을 올리다가 금세 힘이 떨어져 지금은 블로그를 사진 저장용으로 쓴다. 10개월간 모은 수익은 귀엽게도 과자 한 봉짓값.

그래도 '글 부스러기' 폴더는 꿋꿋이 몸집을 불려왔다. 독립근로자가 된 뒤로 쓴 글이 담긴 폴더다. 오래전 아버지가 권해주신 게 떠올라 인터넷 언론매체에 글을 보낸 게 본격적 집필노동의 시작이었다. 신용카드 이벤트에 참여하겠다고 우왕좌왕한 초보 프리랜서의 하루를 담은 글이다. '헙. 진짜 올라갔잖아!' 며칠 뒤 글이 게재됐다는 알림이 왔을 때 나는 다급히 M에게 알림을 링크했다. M은 화장실에서부터 소리를 지르면서 뛰어나왔고 우리는 얼싸안고 빙글빙글 뛰었다. 첫 원고료는 1만 5000원. 어~쩌면 이렇게 글을 써서 생활할 수도 있겠다는 실감이 왔다.

기타를 치는 다른 방법

쓰는 게 느린 나는 시간이 많이 필요했다. 매주 연재를 하게 되면서는 다른 이유와 겸해서 주말 편의점 알바까지 그만두었다. 여길 그만두다니 미친 게 아닐까 싶었지만, 글쓰기를 최우선 순위로 두자 처음으로 열 우물이 한 우물로 모이는 느낌이 생겼다.

헛발질이라 생각한 경험들이 글을 쓸 때는 하나하나 재료가 되었다. 비록 글이 산만하다는 평도 듣고(이 평은 일부분 홍시에서 홍시 맛이 나는 이치와 비슷하게 느껴져서 재미있어하며 새겨들었다), 아직 생활비보다는 용돈에 가까운 수입이지만 걱정되진 않는다. '필요할 때는 또 잠깐 다른 우물을 파지 뭐' 하는 안일하고도 안일한 생각.

기고 활동도 흐지부지될 뻔한 적이 있고, 지금도 한 편씩 쓸 때마다 도대체 지난번에는 어떻게 썼는지 신기하다. 그런데 이런 생활로 다가오기까지 긴 과정을 거치고 보니, 슬럼프가 오더라도 '쓸 수 있음'이 감사하고 소중하다는 것만은 떠올릴 수 있다.

'쓰고 싶다'와 '쓴다'의 거리는 꽤 멀다. 생업과 가사 노동에 치이면 사치처럼 느껴지고, 앉아 있을 체력과 마음을 들여다볼 일말의 정신력도 있어야 한다. 재능의 한계를 확인하는 일이 두려울 수도, 덜 중요한 다른 관심사에 자꾸 밀려날 수도 있다. 쓰고 싶은 마음을 쓰는 행동으로 옮길 수 있다는 건 축복이다. 쓰는 삶을 살고 싶다는 꿈이 실제 삶 속으로 들어오기까지 무려 30년이 걸렸으니, 앞으로 그 축복을 충분히 누리는 게 내 목표다.

사는 게 재미없어질 때 가끔 대학 선배 O의 모습이 떠오른다. 그는 남과 다른 방식으로 기타를 쳤다. 모임 자리에서는 으레 의기양양하게 기타를 둘러메며 순진한 후배들의 기대감을 잔뜩 높였다. 그러고는 갑자기 기타의 몸통을 아무렇게나 두들기면서 제 흥에 겨워 노래를 불렀다. 사람들이 야유하면 기세등등하게 외쳤다.

"왜? 기타 '친' 건데!"

O는 기타를 칠 줄 몰랐다. 하지만 칠 줄 알았다. 기타를 치는 목적은 즐거움을 얻는 것이고, O는 충분한 즐거움을 얻으며 주변까지 즐겁게 하고 있었으니까. 그냥 웃긴 선배라고 생각했는데, 지금 생각해보면 본질을 아는 사람이었던 것 같다.

나로 돌아가는 길

뭔가를 마음껏 할 때의 신명과 환희 속에서 우리는 살아 있음을 잊는다. '경험'이 목적이 될 때는 그 일을 하는 것 자체가 보상이 된다. 미하이 칙센트미하이는 《몰입의 즐거움》에서 이런 사람은 외부의 보상이 필요하지 않기에 더 자율적이고 독립적이라고 했고, 이것

을 "삶의 흐름에 깊숙이 빠져들 줄 안다"고 표현했다.[28]

　사람은 평생 자기자신으로 돌아가는 길을 찾아 헤맨다. 어릴 적 막연히 품고 있다가 잃어버린 자기다움을 되찾는 방법을. 나는 직관과 무의식이 이끄는 방향이 있다고 생각한다. 몰입이 길어 올리는 흥을 따라가면 언젠가 찾고 싶은 길에 닿을 수 있다고 믿는다.

　제대로, 제멋대로 뭔가를 펼쳐보고 싶은 마음. 지인 중 한 사람은 자신 안에 '불'이 있는 것 같다고 표현했고, 누군가는 '용'이 있다고 했다. 나는 내 속에서 윙윙거리는 걸 '바람'으로 생각한다. 불어야만 바람으로 존재할 수 있는 바람처럼 계속 움직여야만 하는 무언가. 불, 바람, 용. 오글거리기도 하고 무슨 '캡틴플래닛'인가 싶지만(땅, 불, 바람, 물, 마음의 다섯 가지 힘을 모아 악당을 물리치는 애니메이션이 있었다), 사람의 깊은 곳에는 그보다 강력한 게 들어 있는지도 모른다.

　직선적인 삶을 살려 하는 사람조차 단순하게 한길로만 가지 않는다. 설령 겉보기에 그렇게 보이는 사람일지라도 내면에서 겪는 과정까지 단순하리라 생각할 수 없다. 알면서도 잊기 쉬운데, 모든 삶은 입체적이다. 타인의 경험과 내면에도 수많은 사연이 거미줄처럼 엮여 있다. 그걸 받아들이는 게 자기 삶에 진정으로 몰입하는 출발점이 된다. 글을 쓰면서, 각자가 이 복잡한 외부와 내면세계를 떠안고 보이지 않게 분투하며 살아간다는 사실을 언어가 아닌 '감각'으로 깨달았다. 이 감각을 유지할 때만이 내가 만든 마음의 틀에서 벗어나 삶의 주도권을 쥘 수 있다는 것도 알았다.

　내가 만난 ADHD인들은 모두 ADHD가 있어서 자신과 세상을 이해하는 능력을 더 갖출 수 있었다고 말했다. 나도 그랬다. 나를 파헤쳐보면서 점점 인간 그 자체를 이해하게 됐다. 머리로 안다고 꼭 삶이 바뀌는 건 아니지만, 안다는 건 중요하다. "풍부한 감각경험에 깊은 통찰력이 더해질 때 비로소 우리는 균형 잡힌 인간으로서 진정으로 성숙할 수" 있다.[29]

지금 생각하기에 '열 우물 파기'는 ADHD를 가진 사람의 가장 큰 자산 같다. 경험이든 생각이든 어떤 자리를 파보고 싶어지면 일단 파본다는 것. 쓸모없어 보이던 경험의 조각들은 서로 만나 작은 통찰을 완성해간다. 작은 통찰은 인격의 부분 부분을 변화시키고, 그 긴 과정을 통해 사람은 새로워진다. 한 분야를 깊이 파는 게 사회적 기준에서 실용적인 삶을 만들어준다면, 넓은 시야와 다양한 깨달음은 삶을 풍요롭고 충만하게 만들어준다.

엉뚱하고 신선한 것을 좋아하는 ADHD의 특징은 틀에 갇히지 않는 사고가 중요한 4차 산업혁명 시대에 딱 맞는다. 과장 같을 수 있지만 나는 그렇게 생각한다. 만일 타고나게 매우 창의적이지 않더라도, 서로 다른 영역을 연결해볼 기회가 많다는 점에서 ADHD는 노력형 창의인재가 되기도 쉽다.

'니트족 철학자'로 불리는 파pha는 이렇게 말했다.

> 세상에 존재하는 진짜 좋은 것들은 노력을 한다거나 열심히 한다거나 하는 식의 억지로 만들어진 것이 아니고, 좀더 경쾌하고 자연스러운 형태로 만들어진 것 아닐까.[30]

내키는 대로 두드리고 퉁기는 게 날 위한 최고의 연주가 되듯, 신명을 따라가며 마음 깊은 곳의 목소리를 듣는 생활. 그렇게, 자신을 찾아 헤매기보다 안에서 조금씩 꺼내주며 살아가면 좋겠다. 여러 우물 파기의 다채로운 즐거움을 누리면서 살아 있음을 체감하는 시간을 늘리는 것. 내가 아는 '짧은 인생을 길게 사는 방법'이다.

3장
힘든 건 힘든 거다

제가 좀 가지가지 합니다

엄살 같은 공존질환

몸살이 심하진 않았지만 혹시 코로나면 어쩌나 싶었다. 상사에게 아무래도 일을 빠져야겠다고 말했는데, 핵심을 찔렸다.

"가지가지 한다, 가지가지 해."

'으악! 결국 이 말을 들어버렸어!'

그분의 평소 스타일과 우리의 친분을 생각할 때 그리 잔인한 농담은 아니었다. 단지 어떻게 감춰볼까 하던 게 이미 적나라하게 드러나 있었다니, 좀 충격이었다.

그런데 생각해보니 나쁠 것도 없는 말이었다. 가지가지. 내 상태를 압축적으로 전달하기에 이보다 유용한 말이 없었다. 구질구질하다는 잔병치레의 본질을 순화해주는 말인 데다 맛있는 가지가 두 번 나오니 발음도 귀엽다. 그래서 이제는 머쓱할 때마다 그 말로 눙쳐

본다.

"제가 좀 가지가지 해서요."

"사실 제가 좀 가지가지 하는데…."

평소 뭘 그렇게 가지가지 했길래? 가만 지켜보니 몸도 부실한데, 일하면서 다른 문제도 하나하나 드러난 것이다. "제가 사실은" 뒤에 붙은 말들이 좀 다양하긴 했다. 사람들 앞에 나서는 일은 잘 못한다, 누가 듣고 있을 때 전화 통화를 못 하니 나가서 하고 오겠다, 지켜보고 있으면 가위질을 못 한다…. 내가 상사라도 얄미울 것 같다 (내가 직원을 뽑았나 상전을 뽑았나).

ADHD는 왜 정신병 종합선물세트가 될까

대한소아청소년정신의학회의 'ADHD 바로알기' 사이트를 살펴보면, 성인 ADHD의 84%에서 최소 한 가지 이상의 정신질환이 동반된다. 두 가지 이상 동반되는 경우가 61%, 세 가지 이상이 45%다. 흔히 동반되는 질환으로는 품행장애와 간헐성 폭발장애 등 '행동 문제', 알코올이나 약물남용 등 '중독 문제', 범불안장애와 사회공포, 공황장애 등 '불안 문제', 주요우울장애와 양극성장애 등 '기분 문제'가 있다. 공존질환이 많을수록 직장과 가정생활, 대인관계 등에서 기능적인 어려움이 많고, 식생활과 수면, 과로 등으로 비롯되는 건강 문제도 커진다.

ADHD가 있는 사람들은 스트레스 내성이 떨어지는데, 여기에는 생물학적으로 뇌의 취약성이 영향을 미친다고 알려져 있다. 호시노 요시히코 교수는 ADHD를 가진 경우 전두엽, 미상핵, 대뇌변연계 등에 기능장애가 있으며 이 부분은 우울장애, 불안장애 등과 밀접한 관계가 있다고 지적한다.[31]

심리사회적 요인도 있다. 발달장애가 있는 경우 압력이 적은 환경에서 따뜻한 지원을 받아야 하는데, 현실에서는 반대로 가정, 학교, 직장 등에서 계속 낮은 평가를 받거나 따돌림을 당하기 쉽다. 인간관계에서 안정감과 신뢰를 얻지 못하고 사기 저하와 비난이 지속되는 등 심리적 트라우마를 경험했을 때 타고난 공존질환의 요소가 더 잘 발현된다.*[32]

정신병 하나 안 키우는 사람 드문 현대사회에서 각 잡힌 '병 자랑'은 만용일 것 같다. 다만 오랫동안 진단과 치료를 받지 못하고 살아온 한 ADHD 성인의 사례를 보여드리고자 지금의 상태를 밝혀본다. 나에겐 사회불안장애(사회공포증), 복합 외상후스트레스장애 CPTSD,** 선택적 청각과민증(미소포니아)이 있다. 힘든 것에 답을 찾다 보니 하나씩 이름이 붙었다. 우울장애로는 청소년기부터 기분부전

---

* 어린 시절 반복적인 트라우마를 겪으면 위협을 인식하는 뇌의 편도체가 민감해지고 위협에 반응하는 교감신경계가 활성화돼 만성적 긴장 상태에 놓인다.[33]

** "최근 미국 등에서 이루어진 연구에 따르면, 본래 발달장애가 있는 사람은 건강한 사람에 비해 사소한 스트레스나 트라우마(심적 외상)로 외상후스트레스장애에 걸리기 쉽다는 결과가 나왔다고 한다. 외상후스트레스장애까지는 가지 않는다 하더라도 발달장애가 있는 사람은 과거의 괴로운 경험이 사소한 일로도 쉽게 상기되는 플래시백Flashback 현상 때문에 기분이 언짢거나 불쾌해지는 경우가 많다."[34]

장애가 쭉 이어지다가 강사 일을 하며 몇 년간 주요우울장애로 번진 적이 두 번 있었다. 지금은 대부분 기분부전 상태다. 진료 때마다 우울 정도를 검사하는데, 수치가 주요우울장애 수준으로 올라갈 때가 종종 있어서 지켜보며 약을 쓰고 있다. 사회불안장애와 외상후스트레스장애는 상담치료를 받고 있고, 청각과민증은 특별한 치료법이 없어 자가치료 중이다.

낱낱이 고민하고, 아주 사소한 사건에 오래 잠식되고, 생활 패턴과 기분이 한 바퀴 돌아 제자리로 오는 일을 반복한다. 한눈에 알아보고 피해가야 할 진창에 굳이 하나하나 발을 담갔다가 빼고는 매번 발을 씻으면서 걸어간다. 모든 순간이 힘든 건 아니다. 그저 좀 수고로울 뿐. 계속 발을 담그고, 또 대충 씻고, 어떤 때는 그냥 그대로 걸으면서 하루를 사는 것으로 충분하다. 누구나 각자의 어려움을 가지고 비슷하게 살고 있을 거라 생각한다.

필터 없는 생활

"근데 집이 왜 이렇게 어두워요?"

집에 놀러 온 친구들은 커튼부터 홱 열어젖힌다. 나는 실내에서 불빛이 밝으면 체감상 레이저빔으로 공격받는 것 같다. 밤에도 형광등을 잘 켜지 않고 작은 등을 쓴다.

감각과민 역시 ADHD의 한 증상이다. 모든 사태의 시발점인 우리의 도파민은 불필요한 자극을 걸러내 필요한 데만 주의를 기울이

게 하는 기능도 한다. 그래서 도파민이 부족하면 소리, 빛, 냄새, 촉감 등 외부 자극으로 쉽게 주의가 흐트러진다. 한마디로 있어야 할 필터가 없으니 온 세상이 자극 덩어리가 된다.[*]

나는 청각에 제일 민감한데, 총체적 소음 난국인 한 원룸에서 3년간 지내고부터 증상이 심해졌다. 특히 오토바이 배기 소음에 과민해서 심할 때는 외출 자체가 모험이었다. 소리는 마치 살을 찢으며 몸속으로 뚫고 들어오는 듯했고, 아무리 들어도 매번 정신이 산산조각나는 느낌이었다.

이게 무슨 '내로남불'인지. 보통 나는 소음의 주범이다. 부딪치거나 물건을 떨어뜨려 주변을 자주 놀라게 하는데, 본인은 조용해야 살 수 있다니 좀 행패 같다. 소음은 안 걸러지는데 필요한 얘기는 신경을 곤두세워도 잘 못 듣고, 인생이 지루해 자극을 추구하는데 생활 자극은 힘들다니. 도파민 핑계 그만 대라고? 쩝, 그게, 정말로 역지사지가 안 되는 건 아닌데요….

청각과민 증세가 있을 때는 해당 소음 지역을 벗어나는 것이 가장 좋다고 알려져 있다. 증상이 심해진 뒤 처음에는 소음만 들으면 침범당하는 기분에 휩싸였고 분노와 짜증의 역치가 갈수록 낮아졌다. 그러다 무력감이 찾아와 배기음만 들으면 눈물이 줄줄 흘렀다.

답이 없다는 생각에 답답했는데 2년, 3년이 흐르면서 생각을 바

---

[*] '필터가 없다'는 건 여러모로 ADHD를 잘 설명하는 말이라고 생각한다. 생각 없이 저지르는 듯한 말과 행동도 그렇고, 말뜻을 문자 그대로 받아들이는 것도, 하고 싶은 게 있을 때 신중한 고민 없이 밀어붙이는 것도 그렇다. 그리고 감각 자극이 여과 없이 들어온다는 점에서도 그렇다.

꿨다. 듣는 순간 저절로 불편감이 드는 걸 막을 수는 없지만, 불편을 불편 그 자체로 받아들이기로 했다. 이 현상을 내가 가진 '반려 불편' 중 하나로 받아들이기로. 차라리 외부와 나의 경계를 지우고 소리가 나를 통과해 지나가도록 놔두면, 불편을 불편 이상으로 키우지 않을 수도 있지 않을까 하는 생각이다. 득도한 게 아니라 쌍욕이 너무 늘어 위기감을 느낀 탓이다. 최대한 조용한 환경에 자주 머물되 기대치를 낮추고, 전부 통제할 수 없는 환경을 자연스러운 것으로 받아들이는 게 내 자가 치료의 지향점이다.

얼마 전에는 ADHD 동료의 추천으로 차음기능이 있는 헤드폰을 샀다. 카페 옆자리 사람들이 열띤 토론으로 용암 같은 분노를 뿜어낼 때, 나는 이어폰 위에 헤드폰을 덧끼고 '고래의 언어' ASMR의 볼륨을 올린다. 주변이 고요할 수 없다면 마음이라도 고요하게 유지하는 수밖에. 매일 명상을 하고, 싱잉볼이나 풍경 소리처럼 좋아하는 소리들로 귀를 정화한다(행복하게도 하루 두 번 동네 절에서 치는 종소리가 내 방에서 들린다. 종이 울리면 반사적으로 일어나 종소리를 흡수하는 기분으로 3분 요가를 한다). 감각과민은 몸과 기분 상태에 영향을 많이 받기 때문에 잠도 많이 잔다.

중요한 건 내 감정을 어떤 식으로든 자주 표현하는 거다. 그간 넘치는 생각들을 억누르기 바빴는데, 몸과 마음의 소리를 잘 들어주다 보면 바깥소리가 담기지 않는 현상도 조금은 나아질 거란 믿음이 있다. 증상은 구질구질할지라도 내 의지는 영롱하리라.

부족한 게 뭐예요?

강박증은 ADHD로 진단된 사람의 3분의 1에서 동반된다.[35] 불안 상태를 견딜 수 없어 불안의 크기를 줄여보려는 시도가 완벽주의와 강박으로 나타난다.*[36] 실수를 많이 지적받다 보니 실수 방지에 집착하게 되는 것도 한 원인인데, 많은 ADHD 환자들이 불안 성향을 함께 타고난다는 가설이 더 우세하다.

나도 전에는 사소한 일로 기분이 바닥까지 떨어지는 일이 많았고, 모든 걸 좀 가볍게 받아들이라는 조언을 자주 들었다. 어떤 이들은 내가 '우월'하고 싶어 해서 우울해진다고 생각했다.

직장에서 한창 애를 먹던 시기, 문제의 원인을 찾던 나는 나만큼 업무에 어려움을 겪는 사람이 한 명도 없는 건지 궁금했다. 그래서 동료들과 사적으로 만나 가까워지면 내가 수업을 할 때 편치 않다는 걸 은근히 드러내곤 했다. 사회생활의 속성을 잘 몰랐다기보다 그때는 그렇게라도 해야만 했다. 그러다 보니 내가 풍기는 고민의 향기를 불편해하는 사람도 있었다.

"겉보기 멀쩡하고, 직업도 있고, 못 배운 것도 아니고. 그러면 됐지 뭐가 부족해서 그래요?"

* "불안한 ADHD 아동은 자신이 있는 곳이 어떤지 알기도 전에 불확실성과 불안정성에 기반해 세상과 상호작용하는 방식을 발달시킨다. 불안이 일반화되면 그들이 시도하는 바가 성취될 것이라는 신념과 자신감에 영향을 미친다. 이로 인해 그들은 흔히 다양한 역할과 기능을 수행하는 자신의 능력 수준을 의심하거나 지나치게 걱정하게 된다."[37]

정말 별 얘기 안 했는데 그런 말이 돌아와 깜짝 놀랐다. 속으로는 '아니, 저로 살아보셨어요?' 하고 외치고 있었지만, 이미 답이 정해진 느낌이 들어 대충 수긍하고 말았다. 어른스럽지 못함에 대한 자격지심도 있었다. 그는 거친 표현으로 내 마음을 잘 상하게 했던 사람이었는데, 아마도 평소 내 어떤 점이 그의 취약점을 건드렸던 것 같다. 이 경험은 내 모습이 타인에게 어떻게 비칠 수 있는지에 대한 좋은 정보가 되었다. 그렇게 보일 수 있다. 내가 너무 괜찮아 보여서, 잘 살아왔고 잘 살고 있는 것으로 보여서 사람들이 내가 어렵게 꺼내놓는 마음을 외면하고 지나칠 수 있다. 고의였든 실수였든 중요한 건 우리가 살면서 그런 일을 얼마든지 마주할 수 있다는 것이다.

자신이 겪은 시간의 진정성을 타인이 의심한다면, 그건 자신이 노력해서 바꿔야 하는 영역은 아닐 것이다. 다만 몇 가지 정보를 더 얻었다고 생각하면 된다. '상대방이 타인의 고통을 마주하는 자세가 어떠한가.' '고통을 재단하는 태도에 반응하는 내 마음은 어떠한가.' 그리고 '나는 타인의 고통을 어떻게 대하고 있는가'를 돌아볼 기회가 되기도 한다.

남이 살아온 과정을 고스란히 알 수는 없다. 얼핏 사소해 보이는 일이 상대에게는 인생을 통틀어 반복된 아픔일 수 있다. 그렇기에 우리에게 필요한 것은 자신이 모르는 삶 앞에 겸손을 잃지 않고 다른 세계를 궁금해하는 태도다. 그렇지 않은 태도를 만나 마음을 다쳤을 때는 솔직히 말하는 게 제일 좋겠지만, 만일 그럴 수 없는 상황이라면 '저 사람은 지금 자기 문제로 마음의 여유가 없구나'라고 생각하는 게 낫다. 타격감을 피할 수는 없어도 깊은 상처로 키울지 말지는 스스로 결정할 수 있다. 세상일을 다 통제할 수 없는 우리가 자신을 위해 할 수 있는 최선이다. 불편감을 주는 소음이 나를 통과해 지나가도록 놔두듯이.

ADHD와 함께 살아오면서 많이 했던 생각 하나는 '어떤 고통이든 절대적으로 괴롭다'는 것. 그리고 '세상에 힘들지 않을 수 있는데 힘들어하는 사람 같은 건 없다'는 것. 트라우마 심리학자 쉘리 우람 박사에 따르면 우리 뇌는 겉으로 잘 드러나는 충격적인 경험과 은밀하고 사소하고 조용한 경험을 구분하지 않는다.* 그러니 괴로움의 모양은 다를지라도 크거나 작다고 말할 수 없다. 자신의 고통을 두고 '이런 일로 힘들다고 해도 될까?' 하고 의심하지 않았으면 좋겠다. 통증의 주인마저 통증을 외면하면 나아질 길을 찾기 어려우니까.

'실마리'를 찾아가는 사람들

영화 〈실버라이닝 플레이북〉에서 주인공 '팻'은 양극성장애와 분노조절장애로 문제를 일으키고, '티파니'는 사별의 슬픔을 타인

---

* "하버드대학 출신 심리학자 쉘리 우람Shelly Uram 박사는 대부분의 사람이 교통사고나 재난 같은 큰 사건만 트라우마를 남긴다고 여기면서, 똑같은 뇌 생존 반응을 일으키는 작고 사소한 트라우마는 간과하는 경향이 있다고 지적한다. … 우람 박사의 설명에 따르면 우리 뇌는 겉으로 잘 드러나는 충격적인 경험과 은밀하고 사소하고 조용한 경험을 구분하지 않는다. 그냥 둘 다 똑같이 '우리가 통제할 수 없는 위협'이라고 받아들인다."[38]

과의 성적 친밀감으로 해소하다가 사회적 낙인이 찍혀 있다. 그런데 어째 주변 사람들 상태가 더 불건강해 보인다. 스포츠 도박에 중독되어 강박증에 휘둘리는 팻의 아버지, 숨 막히는 결혼생활을 하면서도 철저히 감추기만 하는 팻의 친구 '로니'. 소문을 듣고 티파니를 이용하려 드는 경찰도 제정신 같지는 않다. 영화는 정신적 문제라는 게 특별히 잘못된 소수의 일이 아니라는 것을 보여준다.

'완벽한 건강'이라는 강박처럼 '강인한 정신'이란 것도 닿을 수 없는 신기루 아닐까. 마치 광고 속 햄버거와 똑같은 햄버거를 손에 받아들 수 없는 것처럼 말이다. 병든 몸이 비정상적인 몸은 아니다. 모든 병이 나을 수 있는 병도 아니고, 병과 함께 사는 삶도 틀린 삶이 아니다.

다만, 많은 경우에 병은 안내자가 된다. 아픈 사람들은 '실마리'를 찾아가는 사람들이다. 통증은 지금의 생활방식이나 사고방식이 너를 해친다고, 지금 만나는 사람이나 마주하는 환경에 변화가 필요하다고 알려준다. 신체와 정신이 어떻게 작동해왔는지 들여다보고 살아가는 방향을 점검하게 하는 것이다.

병의 원인은 다양하므로 한 개인이 잘못 살아온 결과로만 보는 시선도 폭력적일 수 있다. 병인에는 유전적인 것만이 아니라 사회구조나 문화적인 문제들도 얽혀 있다. 이렇게 내로남불에 가지가지 하는 나를 오냐오냐해달라는 말은 아니다. 만일 상대의 말 못한 아픔을 전제하지 않고 단순히 자기 불행을 전시하기 바쁘다면 그건 무례에 더 가깝겠지만, 해결의 실마리를 찾으려는 의지를 가진 사람들에게는 충분한 격려가 있으면 좋겠다. 병이 삶을 더 나은 방향으로 이끌어줄 신호라면, 우리가 그 신호를 놓치지 않기를 바란다.

"미묘하다고 작은 문제는 아니다."[39] 오은영 박사의 말이다. 오히려 미묘함 때문에 혼란과 오해 속에 놓여온 시간이 깊은 상처로 남을 수 있다. 그리고 같은 고통이 여러 사람에게 반복될 때, 그건 사람보다 사회의 염증을 보여주는 표지일 수 있다. 다양한 ADHD인들, 다양한 정신질환자와 장애인, 사각지대에 있는 많은 사람의 이야기가 들려오기를. 그래서 서로가 다 알 수 없는 '빈칸'을 응시해주는 태도가 사회에 정착되었으면 좋겠다.

"안 그래도 힘든 인생 좋은 얘기만 하자"며 입을 막는 말을 섣불리 내면화하지 말자. 나도 그게 참 어렵지만, 다들 어려우니까 같이 안 어렵게 만들어보자. 아픈 걸 말하지 못하는 사회가 '아픈 사회'다.

끊어지지 않는 '당'과 나의 연결고리

당 중독 탈출 여정

새로 발견한 빵집 앞에 한참 서 있었다.

'거 되게 맛있어 보이네…. 아니야, 빵 끊은 지가 언젠데. 게다가 여긴 쌀빵도 아니잖아.'

몇 걸음 더 가니 다른 빵집이 나온다.

'뭐야! 여기 쌀빵 전문점 왜 생기는데?'

들어가서 구경만 할까 하다 가까스로 '모든 종류의 가공 탄수화물을 끊으라'던 의사의 말과 필연적으로 찾아올 염증 반응을 떠올렸다. 떨치듯 고개를 돌리니 옆집에서는 수제 찹쌀 고로케를 팔고 있다. 난이도가 높다. 꼭 그렇게 수제와 찹쌀과 고로케를 조합시켜야만 했나. 길을 건너 달아나자 곱게 기름 바르고 누운 색색의 떡들과 눈이 마주친다. 꼬마 때부터 '떡순이'였던 내 머릿속에서 참새 백 마리가 짹짹거린다.

'못 알아보는 거니? 여기가 방앗간이잖아!'

모든 관문을 통과하고 집에 도착하면 인내심이 아주 넝마다. 몇 년 전만 같았어도 지체 없이 들어가 끌리는 대로 질렀을 테지. 잘 참아낸 나에게 포상을 해주고 싶지만 원하는 상으로 탄수화물 주전부리 말곤 떠오르지 않는 게 슬프다.

글루텐 불내증이 생긴 지는 오래되었는데, 꿩 대신 닭으로 삼던 타피오카 전분이나 쌀국수, 떡마저 최근 몸에 안 맞기 시작했다. 뭘 먹고 사냐고? 밥과 반찬, 가공하지 않은 구황작물을 먹는다. 지구상에 밤, 호박, 고구마, 옥수수가 있어서 다행이다. 맞다. 어쨌든 달아야 한다.

중독의 변명들

달콤함의 배신은 아마 밥 대신 가나초콜릿 세 개를 까먹던 고등학생 때부터, 아니, 집에 들어오는 종합과자선물세트에 눈이 멀던 꼬꼬마 시절부터 예견된 일이었으리라. 내가 사랑한 빵, 과자, 케이크, 초콜릿, 생크림 등은 '초기호성식품Hyperpalatable food'이다. 말 그대로 엄청나게 기호를 자극하는 식품. 정제 설탕과 밀가루, 지방, 소금 함량이 높아 큰 쾌락적 보상을 제공하고 도파민을 급증시키는 음식이다. 신경과학자들은 단맛에 '내인성 아편유사물질계'(엔도르핀 같은 아편 유사물질의 체내 분비체계)를 활성시키는 기능이 있어 중독성과도 연결된다고 지적한다.*⁴⁰ 강한 자극을 통해 도파민을 분비하다 보면 뇌 속 보상회로 체계의 항상성이 파괴되어 중독으로 이어지는 것이다. 진작 누가 좀 알려주지!

사실은 대충 알면서도 모른 척했다. 왜냐하면 정말이지 자기 비난도 가공탄수화물도, 둘 다 달아서 끊을 수가 없었다. 어디 갖다 놔도 어정쩡한 자신에 대해 수치심이 들면 우울감이 딸려왔고, 그런 때 초콜릿을 입에 넣으면 내면의 아이는 칭얼대길 잠시 잊었다. 달콤함은 가장 빠른 보상이자 보장된 위안이었다.**

ADHD가 있는 경우 기호품에 의존하는 경향이 강하다. 정신분석학자이자 약물의존 전문가인 칸치안Edward J. Khantzian 박사는 이를 '자기투약Self-medication' 현상으로 본다. 니코틴과 카페인 등으로 각성 수준이 떨어진 뇌를 스스로 자극해 주의집중력을 높이려 하거나, 알코올처럼 각성 수준을 떨어뜨리는 물질로 불안을 해소하려는 것이다.⁴¹ 충동성, 감정의 불안정성, 낮은 스트레스 내성, 자극 추구 성향 등 내가 매번 소환하는 변명들은 중독 문제와도 뗄 수 없는 관계다.

* 키마 카길 교수는 책《과식의 심리학》에서 중독성 물질과 초기호성식품의 유사성을 상세히 지적한다(178~179쪽). 그중 일부에 따르면 당 지수와 탄수화물 함량이 높은 음식을 섭취하면 인슐린이 증가해 에너지를 지방으로 축적하지만, 식욕 촉진 호르몬인 그렐린이 억제되지 않아 여전히 허기를 느낀다(174쪽). 또한 '지복점'(어떤 소비가 주는 만족도의 최대치)을 자극하도록 정교하게 설계된 식품은 대개 식욕 억제 호르몬인 렙틴을 파괴해 결코 포만감을 느끼지 못하게 만든다(171~172쪽, 176쪽).

** 수치심이 중독을 부른다는 사실은 브레네 브라운의《수치심 권하는 사회》와 록산 게이의《헝거》를 통해서도 확인할 수 있다.

약골인 게 이런 면에선 다행이다. 나도 커피, 담배, 술을 두루 사랑했지만, 이 종잇장 같은 몸이 소량의 카페인, 니코틴, 알코올에도 흠씬 두들겨 맞는 덕분에 저절로 멀어졌다. 대신 활력을 높이고 기분을 띄워주는 당분의 특성에 그만큼 의존했다. 티가 바로 안 나서 더 문제인 줄은 미처 모르고.

여기에 '정크 채식'이 더해지자 마침내 문제가 드러났다. 5년간, 단백질이 부족해 찾아오는 공복감을 쭉 인스턴트와 밀가루 음식으로 달랬다. 채식으로 환경을 위한다는 취지는 좋았는데 방식이 엉망이었다. 삼시세끼, 간식, 후식, 야식은 빵–과자–면–빵–빵–과자. 이 정도면 채식이 아니라 '당식'이다.

중독될 바에야 담배나 술, 마약, 도박보다는 음식이 나아 보이지만, 해악은 예사가 아니다. 아기 엉덩이 같던 내 얼굴에 성인 여드름이 창궐한 스물일곱 때부터 만성위염, 위경련, 다낭성난소증후군, 비알코올성 지방간 등과 오래도 지지고 볶았다. 웬만큼 먹었어야지. 몸의 균형이 깨져서 더 피곤하고 멍해지고, 그럼 실수가 늘어 우울해지고, 우울해서 또 단 걸 찾는 완벽한 악순환.*

지금은 자가면역질환의 오케스트라가 몸 여기저기를 돌아가며 연주한다. 작년에는 이런 식습관 때문에 수술까지 했으면서 여전히

---

* 에드워드 할로웰Edward M. Hallowell 박사와 존 레이티John J. Ratey 박사는 공저 《ADHD 2.0》에서 "아주 중요한 조언"으로서 "설탕을 피하라"고 말한다. 그리고 설탕이 도파민의 생성과 방출을 촉진하지만 도파민이 유입될 때의 쾌감을 유지하려면 설탕을 계속 섭취해야 한다고 지적하면서 설탕이 ADHD 아동의 증상을 악화시킬 수 있음을 암시한다.[42]

내 뇌는 파블로프의 개다. 사둔 과자를 버리려다가도 뜯어서 한 입을 넣고야 마는 나. 씹다가 뱉을지언정 기어이 달콤함을 혀에 휘감아야 평온을 찾는 나. 그 후에 떠오른다. '맞다, 지금 파는 거 내 무덤이었지?' 한때 '단 거[당기]'를 'Danger'로 표기해 읽는 농담이 유행했는데, 말장난이지만 뼈를 때린다.

바쁘니까 파프리카

'슬슬 끊어지는 것 같은데?' 싶을 무렵, 편의점 알바를 시작했다. 매일같이 출시되는 신박한 상품들은 간장 종지만 한 인내심을 탁탁 깨뜨리고, 유독 군것질에 더 불타오르는 호기심을 부채질했다. "골라 먹으면 되지"라는 생각에 '글루텐 프리'나 '오가닉' 등의 이름이 붙은 상품을 찾는 분들께는 신중하시라 말하고 싶다. 중요한 건 명칭이나 일부 성분이 아닌 영양 균형이다. 나도 이런 '건강 후광' 현상에, 식품 전성분 표기를 정독하고 검색해도 알 수 없는 모호한 영양 정보에 매번 타협하곤 했다.

그래서 고개만 돌리면 유혹투성이인 환경을 조금씩 바꾸기로 했다. 되도록 마트에 가지 않고, 지역 농산물 정기배송을 이용해 냉장고를 채웠다. 자꾸 식재료가 쌓이니 귀찮지만 요리를 할 수밖에. 내 요리는 '괴식'으로 불렸지만 어쨌든 내 입맛에 맞았다. 알바하러 갈 때 도시락을 싸게 됐고, 군것질 횟수를 줄이면서 단맛에 절었던 미뢰가 차츰 살아났다.

처음에는 식품을 식품으로 대체하는 것만 생각했다. 입이 심심해지면 초코바 대신 채소스틱, 견과류, 과일을 먹는 식으로. 바쁘니까 간편식 대신 '바쁘니까 파프리카!'라는 자기 암시를 걸며 와작와작 파프리카를 씹었다. 그런데 한계가 있었다. 스트레스를 받으면 다시 당이 확 당겼기 때문이다. 생활에서 뭔가를 빼내며 참고 있다 생각하니 결핍감이 들었다. 그래서 또 허기가 지고, 좀비처럼 단 음식을 찾아 움직였다.

즐거움의 알고리즘

최근에 중요한 답이 하나 더 있음을 알게 됐다. 다른 걸 먹는 것만이 아니라 다른 방식으로 즐거워지기. 도파민은 자극적 기쁨을 갈구하게 한다. 그러나 원하는 걸 가졌을 때 도파민이 주는 기쁨은 강렬한 만큼 짧다. 또 같은 수준의 보상에는 도파민이 더이상 분비되지 않아 점점 더 강한 자극을 찾게 된다. 이것이 중독 행동이 된다.

반면 현재지향적 신경전달물질들(세로토닌, 옥시토신, 바소프레신, 엔도르핀 등)은 지금 가진 것에서 안정감과 행복감을 느끼게 한다. 이 물질들이 나올 때 도파민은 자리를 비켜준다. 명상을 하고, 햇빛 아래에서 걷고, 밥을 천천히 꼭꼭 씹어 먹을 때, 이 순간 여기서만 느낄 수 있는 소소하고 단단한 기쁨에 집중할 때, 말하자면 인생을 함께한 가공 탄수화물을 떠나보내는 일은 삶의 태도에까지 걸쳐 있는, 사이즈가 큰 문제였던 거다.

요즘 나의 대체 쾌락은 '산책하면서 오디오북 듣기'다. 사실 이것도 내겐 '1년에 100권 읽기'라는 목표로 향하는 도파민의 활주로다. 하지만 읽고 싶었던 책에 빠져 있는 동안은 그 상태 그대로 만족감을 느낀다. 외부에서 오는 감각적 경험보다 내적 경험에 집중하는 습관도 만들어진다. 마음의 여유가 좀 생기니 선택에 앞서 얻을 것과 잃을 것을 따져볼 수 있었다. 건강, 돈, 시간의 효율성으로 나를 설득하며 더 나은 선택을 하는 횟수가 늘었다.*

이 단계에 이르기까지 치른 값이 크다. 그래도 어휴, 정말 살았지 뭔가. 이런 식탐에 ADHD 특유의 대책 없는 금전 감각까지 한편을 먹고 있으니, 몸이 제동을 걸지 않았더라면 월셋집 보증금도 못 모으고 와플 1000개를 사 먹을 뻔했다.

생활 속 '쾌락의 중심'을 조금씩 밀어서 옮기는 일. 돌아보면 이건 마음 근육을 단련하는 일이었다. 거창하게 말해 모든 걸 소비자의 선택에 책임 지우는 자본주의의 그림자로부터 나를 보호하는 근육이기도 하다.

그래서 어렵다. 일상을 둘러싼 '세상'과 종일 싸우는데 어떻게 매번 이길까? 사실, 아직도 빵집 앞에서 망부석이 된다. 어떤 땐 거침없이 사서 위장에 넣어버린다. 끝날 때까지 끝난 게 아니라서 말이다. 아, 어째서 세상엔 이다지도 참아야 할 게 많은가.

---

* 모르고 한 일이지만, 내가 채소스틱을 먹은 건 중독치료 시 대상을 비슷한 것으로 대체하는 '대체기법', 걷기와 책 읽기는 '주의분산기법'에 해당한다. 《청소년 및 성인을 위한 ADHD의 인지행동치료》의 지은이 Young과 Bramham은 이 두 가지를 적절히 병행할 때 신체적 갈망과 충동을 해소할 수 있다고 했다.[43]

분위기 파악이라는 필생의 목표

잠재된 충동성과 자기검열의 늪

스무 살 무렵, 친한 친구가 밤중에 전화를 걸어왔다. 목소리가 안 좋은 게 무슨 일이 있었나 싶었다. 자세한 얘길 들어보려는데 친구가 말했다. "됐다. 다음에 전화할게." 말투가 차가웠다. 전화를 끊고 깨달았다. 나는 핸드폰을 어깨에 끼운 채 계속 컴퓨터 키보드를 두드리고 있었다. 내 목소리보다 바쁘게 전해진 '타닥타닥' 소리는 "난 네 상황에 관심이 없어"라고 해석되기에 충분했다. 스스로 당황스러웠다. 나한테 이 정도로 공감능력이 없단 말인가?

나는 눈치를 엄청 본다. 애초에 눈치가 꽝이라 눈치를 보게 됐지만, 한시도 긴장을 놓지 않는 데 반해 상식적이지 않은 행동은 심심찮게 일어났다. 마치 백신이 안 깔린 컴퓨터에서 광고창이 연신 팝업되듯이.

모든 행동에 ADHD만을 원인으로 지목할 수는 없지만, 기억에 남는 것들을 몇 개만 적어보면 이렇다. 고등학교 때는 하늘 같은 동아리 선배들과의 첫 회식에서 친구 무릎을 베고 누워버려서 분위기가 험악해졌고, 대학 때는 강의에 한참 지각해 들어오면서도 매번 의자까지 번쩍 들어 옮기며 앉고 싶은 자리에 앉느라 눈총을 받았다. 학원 강의 면접에서는 내가 앉은 의자를 휘휘 돌리다 "성격이 털털하신가 봐요"라는 말을 듣고도 칭찬인 줄 알았다(연락을 주겠다고 했지만 물론 연락 같은 건 오지 않았다). 눈치가 생명인 공항 보안팀 일을 할 때는 협업이 시작될 때 맞춰 화장실에 가려 해서 레이저 눈빛을 받았고, 새로 들어간 직장 사람들이 모인 자리에서는 "하하하, 글쎄요. 여긴 또 얼마나 있을지?"라고 말해 좌중을 고요하게 만들었다.*

한번은 비 오는 날 야근하다 우산도 없는 상사만을 남겨둔 채 차를 얻어타고 가버렸다. 집은 같은 방향이었고, 상사는 전에 나를 여러 번 태워다주기도 했다. 당시에는 이상한 점을 모르다가 한참 지나서야 어딘가 찜찜함을 느꼈다. 그러곤 기함했다.

"와! 나 미쳤네?"

내 눈치 없음을 처음으로 진지하게 받아들일 무렵, 궁금해서 알바 선배에게 물어봤다.

---

*ADHD가 있는 경우 빈약한 주의통제력 때문에 주변의 단서를 인식하지 못할 가능성이 높다. 특히 상대방의 기분 상태를 추론할 정서 단서를 잘 놓치다 보니 사회적으로 적절하게 행동하기 어려울 수 있다. 그래서 진지하지 않거나 무례하거나 무심하거나 무책임하다는 인상을 줄 가능성이 높다.[44]

"저 눈치 많이 없어요?"

"어."

질문이 끝나기도 전에 돌아온 단호박 써는 대답. 민망하면서도 신기했다. 내가 이렇게 쉼 없이 눈치를 보는데도 눈치가 그 정도로 없다면, 도대체 남들은 어떤 감각을 가진 걸까? 눈치 빠른 사람으로 사는 기분은 어떤 걸까? 인간으로 환생하고 싶지는 않은데, 그런 사람 시켜준다고 하면 생각해볼 것도 같다.

내 안의 빅브라더

성급함과 산만함은 전체적 상황을 제대로 보지 못하게 만든다. ADHD를 가진 사람이 상황에 적절하게 대처하지 못하는 데는 주의 통제, 작업기억력 문제와 함께 만족의 지연을 견디지 못하고 눈앞의 보상에 집중하는 충동성 문제가 작용한다(상사를 남겨두고 훌랑 퇴근하던 때, 나는 이제나저제나 내 퇴근을 기다릴 애인 생각에 더 맘이 급했다). 나는 내가 소시오패스일 거라는 생각을 몰래 품고 살았는데, 나처럼 ADHD 진단을 받기 전 '내가 사이코패스인가? 소시오패스인가?' 고민한 사람들이 많다는 걸 나중에 알았다.

사회 경험이 적었던 20대 때는 이른바 '과잉' 행동과 충동성이 다소 직접적으로 나타났다. 대화 중 제 흥에 겨우면 탁자를 '텅!' 하고 내리쳐 사람들을 깜짝 놀라게 하고, 친구와 있다가 구경거리를 따라 사라지거나 혼자만 성큼성큼 앞서가버려서 사람을 서운하게 하고, 편한 상대에게는 너무 많은 말을 한 번에 쏟아내 사람을 질리게 만들었다. 그런데 30대 중반에도 간혹 튈 때가 있었다. 직장동료들과 발맞춰 걷다가 불쑥 나는 달려야겠다며 마구 달려나가고, 신발 가게에서 새 신을 신고 너무 빨리 걸어보는 바람에 점원들이 도망가는 것으로 착각하는 식으로. 갑자기 몸이 너무 근질거리고 생각할 겨를도 없이 행동이 과감해지는 것이다.

예의 없고 상식이 부족한 사람으로 비치는 게 항상 겁났다. '지금 내가 어떻게 행동해야 하지?' '이런 말이 이 상황에 어울리나?' '방금 또 눈치 없이 군 거 아냐?' 이렇게 자기검열을 하다 보니 모든 게 하나하나 의심스러웠다. 눈치를 USB처럼 딱 꽂을 수 있다면 좋으련만. 할 수 있는 건 모든 눈치의 조각을 힘껏 끌어모으는 것뿐이었다. 그래서 '버전 업'된 나는 어딘가 딱딱하고 어색했다. 말 한마디, 작은 몸짓, 찰나의 표정까지 내 안의 빅브라더에게 결제받았다.

스물아홉 때 한 지인이 건넨 말이 기억난다. "샘이 너무 조심스러우니까 나도 무슨 말을 못하겠잖아." 그분은 4년 전 모임에서 당차게 자기소개하는 나를 보고 "저 샘, 눈빛이 참 좋다"라고 했던 분이었다. 스물다섯은 내가 불안을 감추기 위한 허세로 눈에 힘을 빡 주고 다니던 마지막 시기였고, 극적인 자존감 찌그러짐을 겪은 뒤, 빛나던 눈빛은 냉동 생선의 그것이 되어 있었다.

사람들은 나에게 긴장을 풀고 편하게 마음먹으라고 하지만 그건 안 될 말이었다. 긴장을 하는 이유는 그나마 집중을 유지할 방법이 긴장밖에 없기 때문이다. 긴장을 풀면 완전히 멍해져 어떤 언행을 할 줄 모르니 차라리 긴장해서 깡통 로봇이 되는 게 남는 장사였다. 나는 오해로 쌓아올린 돌무덤 밑에서 사회적 죽음을 맞이하도록 자신을 놔둘 만큼 정신줄을 놓지는 못했던 것이다. 게다가 "생각을 하고 말을 꺼내야지" "넌 왜 이렇게 엉뚱한 소릴 잘하냐?" "분위기 이상하게 만드는 덴 뭐 있지" 같은 말은 바닥에 붙은 자존감을 지구 심층부로 끌고 들어가곤 했다.

과도한 자기검열의 부작용

어금니를 꽉 깨무는 오랜 버릇이 있는데, 치과에서 "지금도 이가 많이 상했다"며 여러 번 지적받았지만 잘 고쳐지지 않았다. 최근에 책을 통해 이게 충동성과 과잉운동성, 불안을 억누르기 위한 강박행동이라는 걸 알았다.* 재미있는 일이다. 비유가 아니라 정말로 이를 악 물고 살다니! 이 버릇에 대한 얘기를 자조모임에서 했더니 누군가 말했다. "고생이 많으세요…." 그 말을 듣고서야 내가 얼마나 참았는지를 깨달았다. 이런 자기검열에는 역효과가 있었다. 따져볼수록 더욱 뭐가 뭔지 모르게 되어 모든 인간관계가 모의고사 수리영역 같았다. 직관을 버리고 판단에만 의존하다 보니 오히려 과장되거나 어

---

*나는 이 행동을 인지했을 때 마구 달리거나 몸 어딘가를 흔들고 나면 더이상 같은 욕구가 들지 않는다. Young과 Bramham은 ADHD가 있는 사람의 대부분이 안절부절 못하는 '내적' 느낌을 갖고 있으며, 이것이 왔다 갔다 하기, 손가락 두드리기, 발 까딱거리기, 자세 바꾸기, 물건 만지작거리기, 몸을 좌우로 흔들기, 흥얼거리기, 지나치게 말 많이 하기 등으로 나타난다고 말한다.[45]

색한 행동을 하기도 쉬웠다.

내 경우 불안은 내가 뭔가를 잘못하고 있을 것이라는 막연한 느낌에서 오기도 했지만, 정신을 바짝 차림으로써 자꾸만 끊어지는 집중력과 좁은 시야를 보완하려는 노력이기도 했다. 그런데 이런 노력이 무색하게도 심리학자 Young과 Bramham은 이렇게 지적한다. "불안이 주의력 문제와 충동성을 증가시키고 합리적 추론 능력을 억제한다." 애초에 인지적 취약성을 가진 ADHD 환자에게 불안이 공존할 때는 "최대한 집중해야 할 때 ADHD 증상이 훨씬 더 두드러지곤 하기 때문에 '2배'로 인지장애를 겪는다".*[46]

불안하면 작업기억력도 약화된다. 정보를 처리하고 저장하는 과정에서 필요한 힘이 분산될 수 있기 때문이다.[47] 나는 '또 분위기 싸해지면 어쩌지?' 하는 걱정 때문에 내가 하던 얘기도 방금 들은 얘기도 자주 잊었다. 악성코드 잡으려고 백신을 깔았는데, 이게 다른 프로그램의 실행을 방해하고 자료도 멋대로 삭제하는 꼴이다. 이렇게 해서 부정적 결과가 늘면 '나는 부적절하고 멍청하다'는 역기능적 신념은 강화됐고, 머릿속 빅브라더는 외쳤다. "그래? 그렇다면 감시체계를 강화해야겠군!"

모든 사람에게 지나치게 조심하는 데 대한 보상심리인지 가까

---

* 참고로 Young과 Bramham은 집중하기 힘든 이유를 두 가지로 설명한다. 한 가지는 창문을 지나가는 사람 등 관련 없는 세부 정보에 신경 쓰는 '외부 주의분산', 또 한 가지는 안절부절못하는 느낌과 무언가 더 자극적인 것을 하려는 충동 등 '내부 주의분산'이다. 불안은 이 두 가지를 모두 강화해 주의통제력을 떨어뜨린다.[48]

운 사람들, 특히 애인과 얘기할 때는 필터가 작동하지 않는다. 정작 솔직해야 될 때는 상처가 될까 겁나서 말을 못하는데, 평소에는 무심코 튀어나온 말 때문에 의도치 않게 상처를 주었다. "그건 이런이런 맥락이었어"라는 설명을 납득할 수 있는 건 자신뿐이었다.

부적절한 말에 애인에게 크게 혼이 날 때마다 그저 미안하다는 말을 반복했다. 의도가 좋아도 표현 방식이 자기 위주였다면 이해를 요구하지 않는 게 그나마 챙기고 싶은 어른다움이니까. 사실 마음 깊은 곳에서는 억울할 자격이 없다는 것을 슬퍼하며 그런 뜻이 아니었음을 알아주길 바랐지만, 요즘은 완전히 받아들였다. 원인이야 어쨌든 내가 하는 말과 행동에는 '오롯이' 책임져야 한다는 진리를. 이유는 단순하다. 언행의 주체가 나이기 때문이다.

감정적 사고를 친 뒤에는 억울함도 슬픔도 재빨리 포기하고, 가늘게 뜬 인자한 눈으로 내 어리석음을 관조할 뿐이다. '그래, 네가 거기 그렇게 있구나. 아직도, 여전히, 그대로. 이 웬수야.'

ADHD와 자기 대화

ADHD 스펙트럼에 속하지 않는 경우라도 모든 상황에서 완벽히 '사회적으로 안전함'의 영역에 들어가기는 어렵다. 만일 그게 가능하다면 '진짜 나'를 끊임없이 소외시키고 있다는 뜻이 된다. 나는 내 눈치 없는 실수보다도 머릿속에 탑재된 과도한 자기검열 프로그램 때문에 행복을 느끼기 어려웠다. 내가 뭘 하든 사사건건 감시하고 꾸짖는 사람이 속에 들어와 온종일 따라다니는 셈이니까.

나에게 '나'는 팔짱을 끼고 명령할 대상이었다. 상대의 감정에 관심을 두었을 뿐 한 번도 자신에게는 제대로 말을 걸지 않았다. 그러나 야생의 습성을 채찍과 감금으로 없앨 수는 없으니, 나에게 정말 필요했던 건 조련사가 아닌 조력자였다. 발전한 사회 기술을 칭찬도 해주고, 실수도 죄는 아니라며 안심시켜주는 존재 말이다.

ADHD 아동들은 일반 아동보다 '속말하기Private Speech' 혹은 '자기대화Self-Talk'의 발달이 늦다고 한다. 증상으로 인해 부모에게 통제받는 경우가 많아서 반성적인 사고, 곧 내면적인 대화를 할 충분한 경험을 갖지 못하는 것이다.[49] 자기대화를 하더라도 '제발 똑바로 좀 해.' '역시 난 안돼' 같은 자기 비난 안에서 맴도는 경우가 많다.

자책에서 한 걸음 빠져나오니 투명하게 보였다. 안 되는 머리를 굴리며 주위를 살필 때 내 마음이 아팠다는 게. 그렇게밖에 할 수 없었던 것도 이해할 수 있었다. 불안과 자기통제는 살아남기 위한 본능적 노력이었고, 기본적으로 공동체에서 배척당하지 않는 안전장치가 되었다. 좋은 사람으로 인정받고 싶은 욕심, 따돌림에 대한 공포, 역지사지로 인한 죄책감도 잘못된 게 아니다.

다만 내가 몰랐던 건 이런 것이다. 관계 속에서 안정되는 것도 중요하지만, 내가 나에게 소속되는 게 더 중요하다. 가장 두려워해야 할 것은 두려움에 삶이 종속되는 것이다. 그건 살아 있는 상태를 삶도, 죽음도 아니게 만들어버린다. 요즘 나는 '그거 하나 제대로 못해?' 싶을 때 소리 내어 반박한다. "뭐! 그럴 수도 있지."

A/S 평생 보장

나는 내 말이 오해받을 거라는 부정적 예견 때문에 더 오해를 불러일으키곤 한다. 빨리 피하고 싶은 순간일수록 문장이 뇌에서 구강으로 이동하다가 주어와 목적어를 슬쩍 흘린 채 나오고 만다. 쓸데없는 조사나 부사를 붙여 말하기도 한다. 그러면서 의미가 왜곡된다. 서둘러서 상황을 빠져나온 뒤에야 내 말이 필시 오해를 받았을 거라는 직감에 안절부절한다. 그 자리에서 알아차렸다면 해명을 했을 텐데, 설명하겠다고 다시 찾아가거나 전화를 거는 것도 이상해 보일 것 같아서 난감하다. 한두 번은 가능하겠지만 같은 대상에게 요구받지도 않은 해명을 자꾸 하는 건 더욱 망설여진다.

A/S를 해가면서 산다고 생각하기로 했다. 마음에 크게 걸리는 게 있을 때, 정정이나 사과를 할 수 있는 수단이 있는 한은 그냥 하기. 그래야 완전하지 않은 의사소통이라도 마음 놓고 당당하게 할 수 있고, 그런 마음이 오히려 실수를 줄여준다. 좀 창피하긴 하다. 하지만 나를 어떻게 생각할지가 마음에 걸려서 오해를 풀고 싶은 건데, 오해를 풀려는 시도 때문에 나에 대한 생각을 또 신경 쓴다면 정말 답이 없지 않은가. 솔직하게 얘기하고 나면 마음이 더 편하다.

나는 ADHD와 나의 특성을 객관적으로 이해하면서 많이 자유로워졌다. 내 안의 천둥벌거숭이가 불시에 튀어나올 때 약간 너그럽게 지켜보고, "저한테 이렇게 말 안 듣는 자식새끼가 있어요"라는 느낌으로 눙치는 여유도 생겼다. 무리하게 애쓸수록 잘못되는 것들이 더 많다는 걸 아니까. 나란 인간의 부족함이 만천하에 드러나도 상황을 받아들일 용기가 조금은 생긴 걸까.

개선의 방향성을 정한 뒤 배우고 의식한다면 분명 진전은 있다. 좋은 콘텐츠가 넘치는 시대라 최근에는 온라인 강의를 들으면서 상대방의 핵심 감정을 추측하는 법, 여럿이 대화할 때 참여하고 반응하는 요령에 대해 많이 배웠다. 완벽해질 필요도 없고 그럴 수도 없지만, 어제보다 아주 조금 나은 나를 꿈꾸는 일은 의미가 있다.

생존본능이 넘치는 우리에게 노력하지 않는 일이란 얼마나 어려운가. 노력하지 않아도 어느새 노력하고 있는 우리가 애써 노력했음에도 실패한 일이라면 그 일은 어쩔 수 없었던 일이다. 자신을 위해 써야 할 노력에 잠식당하지 않기를, 목표보다는 그 주체가 되는 자신의 손을 잡아줄 수 있기를 바란다. 이번 생에 눈치는 없지만, 똥배짱은 있는 걸로. 둘 중 하나만 있어도 그럭저럭 든든할 것 같다.

외국어가 들리면 귀를 막고 뛰었다

일상을 좀먹는 수치심

강사 일을 그만두기 전 2년 정도, 일종의 공황 상태를 겪었다. 강단에서 머릿속이 하얗게 날아가고 숨이 가빠지며 근육들이 떨렸다. 그대로 모든 게 끝장나버릴 것 같은 기분. 아래로 떨어지면서 동아줄을 찾아 손을 휘젓는 듯도 했고, 수시로 지옥에 머리를 담갔다 쳐드는 듯도 했다.

촉발제는 외국인 대학생들의 '앞담화'였다. 내가 여러 외국어를 어설프게 알아듣는 게 독이 됐다. 처음엔 나름대로 당당하고 카리스마 있는 교사였다. 그런데 비판적 반응에 신경 쓰기 시작하면서 불안정한 자존감이 금세 정체를 드러냈다. 날 따르고 칭찬하는 목소리보다 지적하는 목소리를 믿었다.

가짜 감정은 쉽게 간파된다. 쿨해 보이려 애써도 어설프고 예민한 사람이 눈앞에서 4시간 동안 떠들고 움직이는 일은 불안해 보이기 마련이다. 어느 학기에 합이 꽤나 안 좋은 반을 만나 수업 내내 나를 무시하고 비난하는 분위기를 참다가 공황 증세에 이르렀다.

그 후로 일 년. 매분 매초가 아슬아슬하던 어느 날이었다. 학생들을 인솔해 체험학습을 나갔다. 나는 같이 버스에 탄 여러 학생이 내 얘기에 열중하고 있다는 걸 알고 애써 듣지 않으려 했다. 버스에서 내리기 직전 기어코, 옆에서 두 학생이 나누는 대화가 귀에 꽂혔다.

"사람들 앞에만 서면 사춘기라니까."
"역량이 안 되는데 자꾸 이것저것 하려고 하잖아."

수많은 앞담화를 들으며 지냈지만, 이 순간 10년간 꾹꾹 누른 수치심이 산사태처럼 몰려왔다. 그건 나 자신에게 제일 많이 해오던 말들이었기 때문이다. 마지막 잎새같이 붙어 있던 일에 대한 애정이 산사태에 밀려 흔적도 없이 사라졌다.

도망과 회피

ADHD가 있는 사람들은 타인의 비난을 무비판적으로 받아들이는 도식이 있다.[50] 또 거절이나 거부에 대한 높은 민감도도 ADHD의 일부일 수 있다.* 속닥거리는 목소리, 웃음소리, 곁눈질, 들킨 듯한

---

*에드워드 할로웰·존 레이티 박사는 이를 '거절 민감성 불쾌감'이라고 했다. 거절 과민성 불쾌감과 ADHD를 가진 경우 지나치게 불안해하며, 이런 감정을 줄이려고 무척 애를 쓴다. 그래서 "다른 사람의 신호를 잘못 읽거나, 예상되는 모욕을 피하기 위해" 일상적인 생활에 거리를 두게 될 수 있다.[51]

표정, 싸우는 소리와 불만에 찬 목소리 등은 나에게 '정서적 플래시백Emotional Flashback'(현재의 사소한 자극으로 과거의 괴로운 기억과 감정이 재현되는 현상)을 일으켰다. 길을 걷다 외국어가 들리면 내 얘기를 하는 것만 같아 귀를 틀어막고 냅다 뛰었다. 일을 그만둔 뒤로도 몇 년간 피해의식에 시달렸다. 방금 나와 대화한 사람들끼리 귓속말을 나눌 때, 모임에서 화장실에 다녀왔는데 분위기가 미묘할 때, 모르는 사람들이 누군가를 흉볼 때 어김없이 낭떠러지에서 떨어지는 아찔함을 다시 느꼈다.

수업 때문에 고민이라는 점을 동료 선생님들에게 에둘러 드러낼 때, 사람들은 대부분 조금씩 당황했다. 용기를 주려고 애쓰는 사람들도 있었지만 일희일비하는 나를 답답하게 보기도 했고, 어쩔 줄 몰라 하며 화제를 바꾸고 싶어 하기도 했다.

그들이 나쁘다는 건 아니다. 수치스러움을 얘기하는 상황 자체가 낯설어서가 아니었을까. 수치심은 약점이라는 게 사회 통념이다. 나도 어려서부터 부끄러운 순간은 서둘러 회피했다. 겉으로만이 아니라 내면에서도.

그런데 억누른 감정들은 마음속에 남아 작은 단서만 있어도 수시로 머리를 쳐든다. 일할 때는 내 기분 때문에 매번 수업 분위기를 망칠 수 없어서 못 들은 척, 들어도 아무렇지 않은 척하며 즐거움을 꾸며냈다. 꿀꺽 삼킨 마음들이 병이 됐다. 내가 보내주지 않은 감정은 어디로도 가지 않았다.

수치심 직시하기

브레네 브라운 박사는 책 《수치심 권하는 사회》에서 '수치심 회복탄력성'을 기르는 방법들을 상세하게 제안한다. 첫 단계는 스스로 수치심을 인정하는 것. 수치심은 "자신에게 결점이 있어서 사람들에게 거부당하고 어디에도 속할 수 없다고 느끼는 극도로 고통스러운 경험이나 느낌"[52]이다.

왜 그렇게 자신이 창피했을까. 첫 수치심의 흔적을 더듬었다. 휴대전화에 수치심 연대기를 적어 내려갔다. 날 예뻐하던 선생님이 심하게 무안을 준 순간, 사촌동생들 앞에서 발가벗겨진 순간, 친척 어른이 나를 만졌던 행동의 의미를 깨달은 순간, '정신병자'란 말을 들은 순간,* 썰렁한 농담으로 반 전체에 정적이 흐른 순간, 처음 보는 교수님이 후배들 앞에서 내 '맥락 없음'을 꾸짖은 순간…. 기억들은 같은 목소리를 냈다.

'너는 부적절한 사람이야. 진짜 모습을 드러내선 안 돼.'

대부분 나를 재단하는 타인의 기준을 성급히 내면화한 결과였다. 내향형 인간에게 강요되는 외향성, 부정확한 판단과 몸놀림 등 불완전함으로만 인식되는 지표들, 여성은 고분고분하면서도 신체적 자기 결정권에서 빈틈없어야 한다는 이중잣대, 이성애 규범에서 벗어날 때 붙는 비정상이라는 꼬리표, 건강하지 못함을 드러낼 때 따

---

* 이 말을 쓰는 것 자체가 문제는 아니다. 오히려 이 말이 '객관적 맥락에서' 자주 쓰여야 정신병 자체를 모욕으로 인식하는 분위기를 바꿀 수 있다고 생각한다.

라오는 평가들, 나이다움이라는 기준, 학생들에게 휘둘리는 교사라는 단정적 시선.

한 발만 잘못 떼면 수치였다.* 옳음을 검증받지 않은 것들이 나를 틀린 존재로 규정하고 있었다. 일상 자체가 되어버린 이 현상에 대해 한 번도 터놓고 이야기한 경험이 없었다니, 놀라웠다. 이유는 간단하다. 수치스러워서다. 그리고 세상을 바꾸는 것보다 나를 감추는 게 쉽다고 여겼기 때문이다. 이렇게 단단히 뭉친 수치심은 '수치심이 많다는 것에 대한 수치스러움'으로 코팅까지 되어 있었다.

먼저 약해지기

학생들과 헤어졌지만 아직 일정이 두 개나 있었다. 지하철을 타고 보이스 트레이닝 수업에 갔다. 보이스 트레이닝은 강의 중 듣는 내 목소리에 혐오를 느껴 목소리를 바꾸려 다니고 있었고, 그날이 마지막이었다. 훅 불면 흩어질 것 같은 상태였지만, 혼자 있을 때 몰려올 감정을 감당할 자신이 없어서 예정대로 출석했다.

한 명씩 앞에서 발표를 하고 난 뒤 강사 선생님이 나를 보며 단호하게 말씀하셨다.

"기분이 안 좋을 수 있어요. 하지만 사람들 앞에서는 표정을 바꿔야 합니다. 열여덟 살이면 그래도 되지만 이제 어른이잖아요."

---

* 브레네 브라운 박사는 이를 '수치심 거미줄'이라고 표현하며 이를 도식화한 표를 제시한다.[53]

수치심은 배터리가 다 됐을 법도 한데, 사람들 앞에서 가장 약한 부분을 지적당한 타격감은 똑같았다. 평소 선생님께 우울증이 있음을 고백했기에 단호한 태도가 더욱 아팠다. 그러나 웃으면서 감사했다는 인사만 남겼다. 어른스럽지 못함을 지적당한 마당에 그 믿음을 강화하는 행동을 하고 싶지 않았다.

이제 막 친해지기 시작한 지인과 등대를 보기로 한 약속이 남아 있었다. 그를 만나서는 평소보다 과장되게 웃다가, 헤어질 시간이 되자 다시 모든 게 두려워졌다. 그때, 난생처음 타인에게 안겨 울었다. 숨죽여 흐느끼는 나를 그 사람은 말없이 토닥여줬다. 서로 잘 알지도 못했고 무슨 사정인지도 얘기하지 않았지만, 등을 두드리는 손끝의 느긋한 박자가 부끄러움을 누그러뜨렸다. 소리 대신 공기로 전해진 말의 온도가 방치된 마음의 온도를 넘어섰다.

'불완전한 건 틀린 게 아니에요. 너무나 당연해요. 나도 그렇거든요. 자기 존재를 의심할 필요 없어요. 당신은 옳아요.'

내 마음엔 그렇게 들렸다. 차라리 좌초되고 싶던 순간, 멀리서 깜빡이는 등대 불빛을 언뜻 본 듯했다.

수치심은 고립에서 나오고, 고립을 강화한다.* 반대로 수치심 회복탄력성의 핵심은 공감과 연민, 유대감이다. 자신에게 갖는 유대감은 취약성을 당당히 드러내는 힘이 되고, 타인에 대한 유대감으로 확장된다. "사실은 나도" "네가 그럴 만해"라고 말할 수 있을 때 우리

---

* 인간은 유전적, 감정적, 사회적, 인지적으로 타인과의 관계를 갈망하는데, 수치심은 '단절에 대한 두려움'에서 비롯된다.[54]

는 치유된다. 적어도 수치심에 대한 수치심은 벗겨낼 수 있다.

정말 강해지는 방법은 마음껏 약해지기로 결심하는 게 아닐까. 자신에게도 타인 앞에서도 마음 편히 약해지기. 글쓰기 플랫폼에 올려놓은 내 소개말은 이렇다. '꼭 단단해지지 않아도 좋다는 단단함.' 난 내가 지은 이 말을 참 좋아한다.

시작은 표현되지 못한 감정들에 다가가는 것이다. 눈덩이처럼 불어난 수치심을 쪼개보면 당혹감, 죄책감, 굴욕감, 단절감, 무력감 등이 섞여 있다.* 혼자 꺼내 보고 정리하는 것만으로 수치심의 무게는 반으로 줄어들 수 있다. 우리에게는 감정을 충분히 응시하고 제대로 이별하는 일이 필요하다.

누구의 말을 믿을지 결정하기

수치심은 사회가 개인의 입을 막고 행동을 제한하는 수단으로 기능한다. 우리는 사건의 원인에 자신의 특성이 섞여 있다는 이유만

---

* 책 《수치심 권하는 사회》에서는 수치심이 당혹감, 죄책감, 굴욕감과 어떻게 다른지 설명한다. '당혹감'은 네 가지 중 가장 약한 감정으로 "남들도 똑같은 상황을 경험하며 그 상황이 금방 지나가리라는 걸" 안다. '죄책감'은 수치심과 가장 자주 혼동되는 단어인데, 죄책감은 "자신의 윤리관, 가치, 믿음에 반하는 행동이나 태도를 취할 때" 생기는 반면 "수치심은 내가 무엇을 했는지보다는 내가 어떤 사람인지에 초점"을 맞춘다. 말하자면 죄책감은 행동에 대한 것이고, 수치심은 존재에 대한 것이다. "죄책감은 변화를 이끌어낼 수 있는 긍정적인 동기인 반면 수치심은 더 나쁜 행동을 부추기거나 아예 아무것도 못하게 만들 수도" 있다. 한편 '굴욕감'과 수치심의 차이는 '자신의 그 감정을 당연하다고 느끼는가'다. "굴욕감을 느끼는 상황이 반복되면 수치심으로 바뀔 수" 있다.[55]

으로 나를 비판하는 이들의 생각이 모두 옳다고 믿기 쉽다. '상대의 반응을 분류하라.' 브라운 박사가 제안하는 또다른 시도다. 그는 한 강연에서 이렇게 말했다.

> 요점은 누구의 의견을 받아들일지 구체적으로 정해야 한다는 거예요. 누가 뭐라든 상관 안 할 게 아니라 일부의 생각에만 상관하지 마세요. 그리고 좋은 의견을 주는 사람한테 의견을 구하세요. 당신이 불완전하고 취약하지만 당신을 사랑하는 사람들 말고, 당신의 그런 면들 때문에 사랑하는 사람들요.[56]

이건 아무에게나 권력을 주지 않기로 결정하는 일과 같다. 내가 원하는 걸 상대가 가졌을 때 상대는 권력을 갖는다. 그런 면에서 내게 상처를 준 이들을 미워하는 일도 동조하는 것과 비슷하다. 나는 그들을 미워하며 내 가능성을 피해의식에 묶어두고 싶지 않았다.

문득 이런 생각이 들었다. 그들은 어디론가 달려가고 있었고, 나는 그 길에 웅크리고 앉아 있었다. 그들은 달리는 데 목적이 있었지 처음부터 나를 걷어차려 한 건 아닐 거다. 난 비킬 여력이 없었던 것이지 걷어차여 마땅한 인간이었던 건 아니다. 그들과 나는, 삶의 한 지점에서 서로 그렇게 만났던 것뿐이다. 장담하건대 모르는 사이 내가 가해자가 된 적도 많을 것이다. 내 삐딱하고 모난 마음, 서툰 표현 방식을 생각해보면 관대해진다.

이제 나는 자신을 한결 강한 존재로 느끼게 하는 사실을 많이 알고 있다. 사람들 말로 재단되고 조롱당해도 난 여전히 살아 있다는 사실. 나로서 할 수 있는 모든 노력을 하고 있고, 내 취약성을 받아들이고 있으며, 고통을 표현할 힘을 가졌다는 사실. 이해를 구하기 어려운 삶이라도 세상의 누군가는 다른 이에게 잠시 어깨를 내어준다는 것. 그리고 나도 누군가에게 그렇게 할 수 있으리라는 것.

덧붙이는 말

전문가들은 공황에서 벗어나려면 그 상황을 사랑하거나, 바꾸거나, 떠나야 한다고 말한다. 공황 증세를 겪던 당시 나는 그 상황을 사랑하거나 바꾸기 위해 다양한 노력을 기울였다. 강의를 분석하고, 스피치 학원, 보이스 트레이닝, 상담에 참여하고, 심리와 교육 서적을 읽고, 출근 전 아이돌 춤을 추며 기분을 바꾸고, 자신감을 준다는 파워포징Power-Posing을 연습했다. 그렇게 해서 극복되지 않은 이유는 많은 사람에게 면전에서 평가받는 환경 자체가 나의 공황 촉발제여서다.

공황은 몸과 정신이 보내는 강렬한 경고신호이자 보호장치다. 오래전에 시도했어야 할 변화를 억눌러왔거나 잠재의식을 너무 오래 무시했을 때 공황이 찾아온다고 한다.[57] 공포에서 벗어나려면 공포를 일으키는 환경과 생각, 신체 반응을 자세히 관찰하고 그 패턴을 차단할 필요가 있다. 돌보지 못한 몸과 마음이 공황을 일으킨다면, 무리하게 참기보다 전문가의 도움을 꼭 받아보시길 권한다.

엄마 아부지, 저 ADHD예요

가족에게 병을 이해받는 일

성인 ADHD를 가진 사람들에게 '가족'은 공통된 화두다. 커뮤니티 게시판에는 이런 고민글이 꾸준하게 올라온다. "검사 비용이 필요한데 부모님께 밝혀야 할까요?" "미성년자인데 부모님이 병원에 가지 못하게 해요." "형제도 ADHD인 것 같은데 부모님을 설득하고 싶어요."

고민되지 않을 수 없다. "그동안 혼자서 힘들었겠다"라고 위로하는 부모님도 간혹 계시지만, 대부분은 의지 부족에 핑계를 댄다거나 의학계의 상술에 넘어갔다 여기고, 정신병 혐오 발언을 하거나 윽박지르는 경우도 있다. 설령 이해받더라도 부모님이 상심과 자책에 빠지진 않을까 걱정스러운 게 당사자들 마음이다. 그래서 계속 숨겨왔고 앞으로도 비밀로 하겠다는 사람들도 있다.

부모님 세대 입장을 생각해보면 이렇다. 자식이 '정신병원'에 다녀야겠다고 하는데, 증상이라는 것들이 집중이 안 된다, 실수가 많다, 일을 잘 못한다 따위다. 멀쩡히 지내다 어른이 된 것 같은데 갑자기 그게 아니었단다. 웬만큼 열려 있지 않고서야 곧바로 믿기 어려울 것이다.

내 경우도 비슷했다. 서른 살이 넘어 ADHD라는 말을 접했을 때 괴로움의 원인을 찾은 기쁨에 넘쳐 엄마에게 소식을 전했다. 엄마는 농담처럼 넘기셨다. "넌 그렇게 환자가 되고 싶냐?" 가족은 가까운 듯해도 서로의 중요한 문제는 쉽게 지나치는 관계가 아닐까 생각했다.

내가 왜 이럴까

병을 인정받지 못하는 ADHD인은 가족 대신 스스로의 지원자가 되어야 하고, 가족에게 병을 이해시키는 교육자 역할까지 맡기 쉽다. 때로는 취업이나 퇴사 문제에서, 때로는 비혼을 택하거나 아이를 갖지 않는 이유를 설명하기 위해 질병 서사를 꺼내들어야 한다. ADHD와 공존질환의 무게, 이해받지 못한 외로움을 혼자 버티는 동시에 병 자체도 그리고 이 병과 함께 살아가는 모습도 지속적으로 이해시키는 것까지 당사자의 몫으로 떨어진다.

나에게도 내 상태를 이해받아야 할 이유가 있었다. 내가 고장이 나버린 것이다. 몇 년 전부터 가족들의 말 한마디에도 며칠간 가슴을 쳤다. 나도 모르게 소처럼 벽에 머리를 들이받기도 했다. 친척이 안부를 물을 때도, 지인들과의 관계에서도 마찬가지였다. 요청하지 않은 조언을 받을 때, 누군가 습관적으로 날 걱정하거나 가르칠 때 발작적인 반응이 일어났다.

내가 왜 이럴까. 순전히 내 낮은 자기효능감이 문제라는 걸 알면서도 심하게 불안해지고 분노가 올라오는 걸 어쩌지 못했다. 그건 '넌 부족한 사람이니까 누군가 채워줘야 해'라는 암시가 되어 평생 나를 어엿하게 살아갈 수 없는 사람으로 묶어두는 것만 같았다.

부모님은 완벽주의 성향과 통제 욕구가 강하셨다. 그리고 나는 어려서부터 지금까지 나사가 하나 빠져 있다. 밥 먹듯 부수고, 잃어버리고, 다치고, 지각하고, 돈을 허투루 쓰는 나를 부모님은 얼마나 바꾸고 싶으셨을까.

하지만 이 조합은 위험하다. 부모가 자주 개입할수록 자식의 문제해결 능력은 떨어지고, 그럴수록 부모는 자기 역할에 책임감을 갖는다. 일상을 나누려 꺼낸 이야기에 매번 옳은 것, 더 나은 것을 추구하는 반응이 돌아오면, 아이는 진짜 생각과 감정을 숨기게 되고 인간관계에 회의감을 쌓는다. 가장 문제인 것은 자기 자신을 믿지 못하게 된다는 것이다. 아이들은 부모가 자신을 보는 눈으로 스스로를 바라보기 마련이고, 열등의식을 안고 살아가는 삶은 행복하기 어렵다. ADHD 당사자인 존스홉킨스대학 소아정신과 지나영 교수는 ADHD 아동을 대하는 방법에 대해 이렇게 말했다.

아이는 자존감을 타고납니다. 뭉개지만 않으면 돼요.[58]

아이의 관심사에 맞장구를 쳐주고 긍정적 메시지를 전달하는 것이 자존감의 발판이 되며, 좀 내버려둔다는 마음으로 키우는 게 좋다는 설명이다. 마찬가지로 ADHD를 가진 위스콘신대학 특수교육과 교수 로버트 저젠은 자서전《리틀 몬스터》에서 다음과 같이 당부한다.

자기의 에너지를 생산적인 방식으로 쓸 수 있도록 지도해주고, 자주 쉴 수 있도록 해주자. 위험하지 않은 말이나 행동은 너그럽게 넘어가주도록 하자. 사실 크게 보면 아무것도 아닌 일들이 대부분이다.[59]

지은이는 자신이 전문가로서 성공했음에도 여전히 어린 시절 들었던 부정적인 말들이 자신을 괴롭힌다고 고백한다.

곁에 서서 내 몸짓 하나하나를 지켜보며 지적하던 부모님의 존재를 나는 사회에서도 느끼고 있었다. 누구든 나를 미덥지 않게 볼 거라 생각했고 의심하거나 탓할 것만 같았다. 정신을 차려보니 나는 말끝마다 근거를 대며 변명하듯 말하는 사람이 되어 있었다.

'넌 틀렸어. 네 판단은 내 확인이 필요해.'

이런 암시들이 내면화되어 끝없이 속삭였다(애석하게도 변명은 그런 관계 구도를 더 공고히 한다. 상대에게 검토와 승인의 권력을 주는 일이니). 내 감정의 타당성마저 의심하는 습관 때문에 무례한 사람을 만나고도 자기주장을 하지 못할 때가 많다.*

슬프게도 그것은 사랑의 결과였다. 상대가 무엇을 필요로 하는지 생각하기보다 살아 있는 동안 최대한 많이 가르치고 많이 주는 방식만을 배운 부모 세대의 사랑.

정서적 돌봄의 수행

그래서 죄책감은 이중의 괴로움이 된다. 성인이 되어도 지속되는 과도한 잔소리에 저항할 때 자식은 자신이 나쁜 아이라고 느낀다. "부모는 다 그래"라는 내리사랑의 고정관념과 "날 위한 건데"라는 효의 강박 사이에서 자식은 자식이 되기 위해 자신을 잃는다. 남은 삶의 가장 중요한 밑천인 정서적 안정감, 주도성, 자기 확신을 잃는 것이다. 부모는 언젠가 자식 곁을 떠날 것이기에 자식이 안정적 자존감을 가지고 남은 삶을 잘 살아갈 수 있도록 정서적 바탕을 만들어주어야 한다.

어릴 적부터 부모님의 인생을 연민했다. 두 분 삶에 뚫린 큰 구멍을 내가 조금이라도 메우고 싶었다. 그래서 소울메이트처럼 모든

---

* 이승욱 정신분석학자는 책 《마음의 문법》에서 이렇게 말한다. "분노 문제가 있는 사람이 자기주장에 어려움을 겪을 수 있다는 사실이 이상하게 들릴지 모른다. 그러나 이들 문제는 양립할 수 없는 것이 아니다. 그들은 자존감이 부족하기 때문에 항의하거나 변화시키고자 노력하는 대신 상황을 수용할 가능성이 크다. 그들은 남에게 좌우지되고 자립하지 못하는 자신에게 화가 나고 자신을 이용하는 것 같은 타인에게 화가 나기 때문에 안으로 분노가 쌓인다."[60]

인생 이야기를 들어드렸고, 갈등을 중재했고, 자녀에게 도움이 됨으로써 얻는 존재감을 지켜드리려 했다. 그런데 어느 날, 심리상담에서 선생님의 말을 듣고 깜짝 놀랐다.

"거꾸로 됐네요. 아이가 어른을 보살피려고 한 것 같잖아요."

생각해보니 그랬다. 이혼하신 부모님은 서로에게서 받지 못한 공감을 내게서 얻길 바랐고 나도 그게 내 몫인 줄만 알았다. 부모님은 나의 신변을 세심히 돌보았지만, 정서적인 돌봄에 있어서 나는 나 자신과 엄마, 아버지 3인의 몫을 수행해왔다는 것을 깨달았다. 손 많이 가는 어른아이라는 생각에 항상 부끄러웠는데, 나는 의존적인 사람이 아니었다. 한편, 집안에서 있었던 일들에 악영향 따윈 받지 않았다고 믿으며 살아왔는데 그게 자기암시이자 자기기만이었음을 깨닫고 충격을 받았다. 그 후 교육이 심리에 미치는 영향을 공부하며 부모님이 내게 미친 영향도 두루 알게 됐다. 내 정신적 특징과 한 남녀의 특성 사이에 깨알 같은 접점을 발견할수록 모든 게 그들 탓인 것만 같았다. 무의식 차원에서 분노를 감당할 수 없게 된 뒤에야 의식적으로 내 마음구조를 들여다보았고, 머리로 이해하는 과정에서 잠재된 감정들이 바깥으로 흘러나오게 된 것이다.

하지만 사람 일에 원인이 하나인 경우가 얼마나 될까. 여러 원인 중 자신에게 감정적 이득을 주는 것을 골라 전체인 양 믿기 쉬운 것이 인간이다. 내 문제도 여러 곳에서 온다. 타고난 기질, 성장 환경, 사회 경험, 그 속에서 생겨난 내 의지. 자기 몫이 아닌 것까지 떠안거나 감당할 몫을 회피하는 것보다, 모든 요소를 최대한 그대로 바라보는 시선이 마음을 자유롭게 한다.

하지만 나에 대한 믿음을 키우는 일은 내 힘만으로는 어렵다. 그래서 이제라도 주변의 도움을 받는다. 부모님과 애인에게 다른 평가 없이 "그렇구나" "그랬구나"라고 말해달라 부탁하기도 했고, 어느 저녁에는 친구 J에게 이런 말도 해봤다.

"믿음직한 사람이라는 말이 너무 듣고 싶은데, 넌 해줄 수 있을 것 같아서."

J는 내 뜻을 정확히 알아듣고 공을 들여 말해주었다.

지지와 수용의 과정

자식은 부모로부터 긍정적·부정적 영향을 모두 흡수하며 자란다. 성인이 된 자식은 긍정적 영향을 이용해 부정적 영향을 스스로 지워갈 수 있어야 한다. 그 과정을 어느 정도 해냈을 때 진정 독립된 존재가 되는 것이다. 부정적 영향을 극복하려고 애쓰고 있는데 계속 같은 영향이 쌓여갈 때는 한 개인으로서 사는 데 쓸 에너지가 위태로워진다.

죄책감을 무릅쓰고 변화를 시도하는 것은 자기 정체성을 바로 세우는 과정이다. 가능하다면 가족의 어떤 행동에 자신이 어떤 생각과 감정을 갖게 되는지 반복해서 전달해야 한다. 부모 자식의 관계가 10년간의 문제였다면 다시 10년은 조정이 필요하다고 한다. 성인이 된 이후만 문제라고 쳤을 때 나는 정말로 10년 정도 걸렸다. 관계의 문제점을 수없이 호소했지만 가벼이 넘겨지고 잊히는 과정이 되풀이되었다. 지칠 대로 지쳤을 때 그간 심리학 영상과 책을 통해 알게 된 것과 직접 느껴온 것을 A4 한 장으로 개괄해 엄마에게 전송했다. 기대하지는 않았는데 힘든 모습을 많이 보여서 그런지 잘 받아주셨고, 더 용기를 내 만화로 된 성인 ADHD 안내서를 보내드릴 수 있었다.

결정적으로 가족들이 병을 직시하게 된 것은 ADHD 이야기를 연재하면서다. 부모님은 첫 연재 글을 읽고 "글로 보니 훨씬 이해가 된다"고 말씀하셨다. 엄마는 몰라줘서 미안하다면서 날 안아주기까지 하셨으니, ADHD 성인 중에서는 크게 복 받은 경우가 아닌가 한다. 길고 시시콜콜한 얘기에 집중하지 못하는 것도, 가족 모임이 있을 때면 쏟아지는 자극에 금세 방전돼 방에 틀어박히는 것도 이제 조금은 배려받을 수 있다. 무엇보다 가까운 사람이 내 상태를 알아준다는 느낌 그 자체가 힘이 된다.

그 후로도 문제 상황은 반복됐지만, 부모님의 소통 방식도 조금씩 변했다. 특히 엄마는 습관적 간섭을 자제하고, 탓하는 말보다 공감적인 표현을 쓰려고 많이 애쓰신다. 하루에 집안 물건을 세 개나 망가뜨렸을 때도, 심지어 대문을 열고 외출했을 때도 웃으면서 "몰랐구나?" 할 정도로 달라지셔서 "누구세요?" 할 뻔했다. 노력해주시는 데에 나도 자주 감사를 표한다.

삶의 서사는 이해를 끌어내는 힘이 있다. 만일 병과 관련해 소통이 꼭 필요하다면 ADHD를 겪어온 이야기를 정보와 함께 정리해

보는 것도 도움이 되지 않을까 싶다. 물론 읽지 않는 부모님도 있고 오히려 관계가 악화될지도 모른다. 가족 문제에는 딱 떨어지는 답이 없고, 아직은 당사자 혼자서 이렇게까지 해야 하는 것도 아쉬운 노릇이다. 하지만 진짜 혼자는 아니다. 사정은 달라도 비슷한 고민을 나누는 사람들이 있다고 말하고 싶다.

허무하게도, 당신이 조금도 덜지 못하고 살아온 어려움에 대해 죄를 물을 대상이 없다. ADHD의 원인이 유전에 있다 해도 유전인자를 부모가 빚어낸 건 아닌 데다, 우린 물려받지 않은 병도 많으니까. ADHD라는 병의 존재를 모르고 정신적 문제에 시야가 좁았던 것도 그들 탓은 아니다. 굳이 찾자면 삶과 시대의 속성이 죄라고 해야 할까. 그러나 그건 당신 탓도 아니다. 우리는 우리의 수고를 안다. 혼자서 감당한 것들을 자체 해독하며 삶에 대한 면역을 키워온 과정을. 이제 우리에게는 자신을 지킬 힘이 있다.

부모님께 받은 도움이 많다. 세련된 방식은 아닐지언정 일관적이었던 애정은 나의 일부가 됐다. 살아가는 날보다 살아내는 날이 많았을 부모님을 나는 여전히 연민한다. 그러나 내 괴로움을 외면하고 희생하는 일이 부모님께 진정으로 좋은 일이 될 수는 없다.

부정적 자기인식을 갖기 쉬운 ADHD인에게 가까운 사람의 지지와 수용은 특히 중요하다. 까놓고 말해보자. 사랑하는 건 사랑하는 거고, 힘든 건 힘든 거다. 고통인 줄도 모르고 마음을 다 갉아먹는 고통도 있는 법이다. 그 '가까운 사람'이 꼭 혈연일 필요도 없다. 어떤 분류를 떠나 우리 모두는, 나를 더 나은 나로 만들려 애쓰는 사람이 아니라 현재의 나를 그대로 받아들이는 사람 곁에 있어야 한다. 그래야 더 나은 내가 된다. 아주 자연스럽게 말이다.

> **덧붙이는 말**
>
> ADHD는 유전되는 병이다. 부모 가운데 한 사람이 ADHD 진단을 받을 경우 자녀들이 ADHD를 가질 확률은 57%라고 한다.[61] "일부 연구에서는 부모 자신이 ADHD를 가지고 있을 경우 그렇지 않은 부모보다 양육 스트레스가 심하고, 자녀에게 비일관된 반응과 분노 폭발 등과 같은 역기능적 행동을 할 소지가 높다"고 보고한다.[62] 부모에게 ADHD가 의심되는 경우 늦게라도 치료를 시작한다면 가족이 서로를 이해하고 삶의 만족도를 높이는 데에 도움이 될 것이다.

이 불편들이 소중한 이유

증상과 더불어 살기

정보를 나만의 맥락으로 해석할 때가 많다. 한번은 동료들과 제주도에 놀러 가서 한 카페에 들렀다. 가게에 주인은 없고 작은 칠판에 이렇게 쓰여 있었다.

나는 아마도 근처에 있을 거예요.

나: "아마도가 어디지?"(근처의 어떤 섬 이름일 거라고 생각함.)
일행들: "…"

'사오정'이라는 별명에 딱히 불만이 없다. "부케 받아본 적 있어?"라는 질문에 "북해 바다가 어딘데?"라고 대답하니까. 식당에서 점원이 말할 때도 일행 중 나만 못 알아들어서 나에겐 언제나 통역사 역할을 해주는 사람들이 있었다. 이런 특성은 뇌의 에너지 자원이 부족해 상황에 따라 유연하게 의미를 탐색하지 못하고, 새로 들어온 정보를 머릿속을 떠도는 생각과 즉시 연관 짓는 데서 오는 듯하다. 지금은 많이 나아졌지만, 말을 할 때도 듣는 쪽 입장을 잘 고려하지 못한다. A를 말하다가, B와 C는 머리로 생각만 하고 바로 D로 넘어가 말하는 식이다. 가까운 사람의 표현으로는 '맥락 없이 논리정연'하다고 한다.

언젠가 지인과 통화 중에 또 그런 일이 생겼다. 나는 머쓱해져서 이런 내 특성에 대해 털어놨다. 그러자 지인이 감동한 목소리로 하는 말.

"그래서 시를 잘 쓰는구나. 너무 멋지다."

잠시 벙쪘다. 혁신적인데? 내가 진짜 시를 잘 쓴다고 생각했거나 칭찬에 우쭐해진 건 아니다. 그런데 난 한 번도 이 특성을 장점으로 생각해본 일이 없었다. 일반적인 생각의 흐름을 뛰어넘는 게 시에서는 시다움이 된다는 말. 일리가 있었다. 부적절함이 적절함이 될 때도 있는 것이다.

ADHD, 여러 방향에서 빠짐없이 둘러보기

ADHD를 미화할 생각은 없다. 외출 준비를 하다가 딴짓에 꽂혀 빠듯한 시간에 집을 나서고, 허둥지둥하다 반대 방향으로 뛰고, 뛰다가 신용카드를 잃어버리고, 오는 버스를 확인도 없이 타고, 딴생각에 빠져서 갈아탈 곳을 놓치고, 도착할 때쯤 물건을 안 가져온 게 생각나고, 만날 사람에게 급히 연락하다가 이상한 말투를 쓰고, 다시 돌아가다 보니 겉옷을 정류장에 놓고 온 걸 깨닫고…. 이런 식으로 종일 문제를 수습하며 사는 게 지치지 않는다면 거짓말이다.

사회에서 일관되게 긍정적 시각과 극복의 서사를 강조하는 건 도리어 병을 가진 사람들을 병에 가두는 결과를 낳기도 한다. '병과 싸워 이겨낸' '장애를 극복하고'라는 단골 수식어는 희망을 준다. 하지만 한편으로 노력에 의한 성공 스토리에 초점을 맞춰 개인을 둘러싼 다른 문제들을 지우고, 하루를 다스리기 벅찬 이들의 걸음을 저만치 앞질러 여기에 깃발을 꽂아야 한다고 채근한다.

그렇다면 ADHD를 뭉뚱그려 아픔으로만 여겨야 할까. 그것 역시 '병'이라는 분류가 주는 이미지에 갇혀 우리가 겪는 현상의 여러 면모를 지나치는 일이 될 것이다. 병을 넘어야 할 산, 증상을 원고의 오탈자 같은 교정의 대상으로만 본다면 넓은 가능성을 탐색하기 어렵다. 병을 현상으로서 빠짐없이 둘러보는 태도도 필요할 것이다.

지나영 교수는 ADHD 증상이 갖는 각각의 장점을 '동전의 양면'으로 역설한다. 모든 성향에는 장단점이 공존하니 ADHD 증상도 조금 다른 시각으로 볼 필요가 있다는 것이다. 예를 들어 ADHD인은 늘 실수가 많으니 문제가 생겨도 당황하지 않고 대안을 찾을 줄 안다. 정리정돈을 못하는 점은 주변 여건이 엉성할 때도 적응하는 능력과 같고, 흥미 없는 대상에 집중을 못하는 것은 진짜 관심 분야를 찾는 데 도움이 된다.[63]

반건호 교수는 이분법적 시각이 아닌 중립적 시각으로 바라보면 ADHD 특성은 긍정적 성과로 연결될 수 있다고 말한다. '과잉행동'은 잠재된 에너지가 많은 것으로, 강력한 추진력과 지구력이 될 수 있다. '주의산만'은 다양한 연상이나 백일몽, 다중과제 등과 관련이 있어 사고의 틀과 범위가 넓어질 수 있다.[64]

나를 길들인 불편들

내 경우 물건을 하도 잃어버리니 물질에 대한 집착은 줄고 정신 승리 기술은 늘었다. 나는 '잃어버린 물건들의 나라'가 있다고 믿는다. 방금 책상 위에 있던 펜, 눈앞에 놓아둔 시계, 서랍에서 꺼낸 적 없는 금목걸이 등은 다른 차원으로 떠난 것이다. 이 현상을 현대과학으로 설명하려 하거나 자책할 필요가 없다.

한 달에 7만 원은 '나답기 비용'으로 두고 있다. 부주의 때문에 생기는 금전 손실은 ADHD가 가진 장점에 대한 세금이다(왜 7만 원이냐 하면, 구멍 나는 단위가 대체로 7만 원 선이었기 때문이다. 그러나 이것은 7의 배수가 될 때도 많다. 두 배수, 세 배수, 네 배수…). 나답기 비용을 설정한 뒤로는 마음이 편하다. 행운의 7은 이런 교훈을 주었다. "인생 날로 먹으려 하지 마라." 그래서 탈세 없이 잘 내고 있다.

움직이고 싶은 욕구는 건강에 도움이 된다. 집에서 일할 때는 내 킬 때마다 계속 자리를 옮긴다. 책상 앞에 있을 때는 발로 마사지볼과 요가링을 굴리며 일하다가, 실내자전거 위로 가서 노트북이나 책을 보면서 운동을 한다. 강한 움직임이 부족해서 초조해지면 밖으로 나가 욕하는 느낌으로 전력 질주한다. 여의치 않으면 단 10초라도 몸을 마구 흔들어 에너지를 발산한다. 이럴 때 난 내가 봐도 좀 미친 여자다운 무서움이 있지만 혈액순환에는 좋다.

이 밖에도 우리가 '증상'이라 부르는 현상들의 부차적 이득은 많다. 틈만 나면 지루함이 파고드는 만큼 소소한 경험들을 많이 쌓았고, 산만해서 멀티태스킹을 사랑한 덕에 인생을 네다섯 배로 즐기는 듯한 행복도 있었다. 같은 일을 해도 남보다 시간이 많이 드니 점차 중요하지 않은 일과 관계에서 자유로워졌다.

현실 감각이 떨어지는 건 좋은 점이 없다고 생각했다. 그런데 부족한 현실성을 나는 공상 세계에서 구축하고 있었던 것 같다. 교실에서 선생님 얼굴 대신 창밖을 쳐다보며 상상하던 세계는 언젠가 쓸 소설의 재료가 될 것이다. 찾아낼수록 하나씩 더 떠오른다. 여태껏 잃은 것에 시선을 뺏겨 얻은 것의 가치를 몰라줬던 걸까?

아무것도 달라지지 않더라도

증상은 제자리를 돌고 도는 듯 보인다. 사소한 실수에도 좌절했던 건 그 때문이다. "나는 발전이 없다"는 ADHD인들의 무의식까지 잠식하는 명제다. 하지만 시간이 흐르고 돌아보니 행동에 나아진 것이 정말 많았다. 나선처럼 되돌아가면서 미세하게 앞으로 움직여온 느낌이다.

지금은 일행과 걷다가 구경거리를 따라 사라지지도 않고, 신호를 기다릴 때 횡단보도까지 성큼성큼 나가 있지도 않는다. 전에는 휴대전화를 정신없이 눌러 화면이 활어처럼 펄떡댔고, 요리할 때는 불난 집에서 귀중품 챙기듯 허둥댔지만, 요즘 나는 훨씬 평화롭다.

나는 ADHD 확진을 늦게 받아서 빙빙 돌아 길을 찾은 것들이 많다. 주변의 지적과 자기 비하와 다짐의 결합으로 행동 방식이 조금씩 바뀌었다. 책과 명상의 도움도 받았다. 행동이 바뀌는 건 증상과 마음이 서로를 길들일 만큼 투닥거렸을 때 자연히 이루어지는 현상인 것 같다. 무리해서 증상을 통제하려 하면 증상이 다른 질환까지 불러들여 온 정신을 점거하기 십상이다. 애초에 통제가 잘 되는 증상들이었다면 뭐가 문제였겠는가. '반드시'와 '결코'가 들어간 극단적 사고는 에너지를 소모해 증상을 악화시킨다. "안 되는데 어쩌겠어"와 "나아지겠지" 사이를 하릴없이 오가는 게 차라리 나았다. 달라지지 않는다고 자책하지 말자는 뜻이다.

자신에게 관대해져도 좋은 이유는 또 있다. 개인이 겪는 불편의 영역은 자신을 둘러싼 환경의 요구에 어디까지 부응할 수 있느냐에 달려 있다. 지금의 사회가 생산성과 집중력, 사회성을 지나치게 요구하는 것이 개인의 신경다양성을 교정의 대상으로 만드는 데 일조하는 건 사실이다(이를 근거로 ADHD를 과도한 분류의 산물로 보는 사람들도 있는데, 이 얘기는 뒤에서 하겠다). 불편에 책임이 있는 게 당사자들만은 아니다. 적절한 남 탓은 삶의 지혜인 걸로.

진짜 긍정을 하기 위해

나는 애써 부정성을 배제하는 것이 오히려 부정적인 것이라고 생각한다. 부정적인 상황에서 긍정적인 면을 찾아내는 태도는 정말 중요하지만, 모든 부정성을 회피하거나 억압하는 건 오히려 문제를 낳는다. 인간의 뇌는 생존을 위해 부정적인 면에 더 잘 반응하게 되어 있고, 사회를 이끌어가는 건강한 비판의식과 도전도 이런 특성에서 나온다. 사회에서 일관되게 긍정적인 시각만을 강조하면 부정적 감정을 억압하는 분위기가 강해지고, 부정성이 억압되면 더욱 부정적인 상황으로 흘러간다. 특히 어려서부터의 경험으로 의지와 관계없이 '부정적 뇌'를 갖게 된 사람들에게 억지 긍정은 자기 부정으로 이어지기 쉽다.* '지금의 모습에도 좋은 점과 나쁜 점은 공존하고 조금씩 더 균형을 잡아가면 된다'는 생각이 필요하다.

'삶을 긍정한다'는 것도 삶의 좋은 면만 보는 것보다 삶을 전체로서 받아들이는 것에 가깝다. 봄가을은 지내기 좋다고 살고 여름과 겨울은 덥고 춥다고 살지 않을 수 없는 것처럼, 나에게 득이 되는 것과 실이 되는 것이 원리를 보면 한 덩어리임을 아는 것. 그렇게 해서

---

* 한 번 끓어오른 부정적인 감정을 억지로 긍정적으로 받아들이려 할 때는 뇌가 혼란스러워서 과열되는 '백파이어 효과Backfire Effect'가 일어난다. "원래 부정적인 사람이 무리하게 긍정적으로 생각하려고 하면 자기모순에 빠져 오히려 자신의 부정적인 사고를 깨닫게 돼 부정적인 사고를 자극하는 원인"이 된다. "부정적인 감정에 신경을 쓰거나 '이건 좋지 않아!'라고 부정하면 오히려 감정이 더 강화"되므로, "이럴 때는 객관적으로 자신의 상태를 인식하고 의식을 다른 곳으로 돌리는 것이 긍정적인 사고로 가는 첫걸음"이 된다.[65]

내 삶에 온전히 나를 내어주는 일이다. 병증을 긍정하는 일도 이와 같지 않을까.

현실을 있는 그대로 받아들이는 일은 의외로 어려운 건지도 모른다. 알고 있다고 대충 넘기는 것 말고, '불가능한 것, 계속 시도해볼 어려운 일, 생각해보지 않았을 뿐 생각만 바꾸면 쉬운 일, 생각보다 잘하고 있는 일' 등을 하나하나 똑바로 보고 마음에 안착시키는 것.

나는 자주 부정적인 생각에서 벗어나려고 쩔쩔매곤 하는데, 그럴 때 생각한다. 내가 한 가지 생각에 빠져 있을 때는 언제나 보지 못하는 것들이 있었다는 걸. 이 쫌쫌따리 난관들은 나를 붙들어놓기도 했지만 깨닫지 못하는 사이 진전시키기도 했다. 앞면을 보여주기도, 뒷면을 보여주기도 하던 내가 시간 속에 닳아 반질반질해지면, 앞과 뒤의 경계는 희미해질 것이다. 의심할 여지 없는 나 자신으로서 평온함을 누리게 될 것이다.

4장
세상 속에 존재하기

불친절한 마트 직원, 부끄러워진 건 나

보이지 않는 장애의 어려움

"비키세요."

동네 마트에 갔을 때다. 물건을 고르는데 직원이 쏘아붙이듯 말해서 깜짝 놀랐다. 처다보지도 않고서 "비켜주세요"도 아닌 "비키세요"라니? 순간 마음이 뾰족해졌다. 한마디 해주고 싶은 마음을 누르고 비켜서 있었다. 그런데 그분이 또 다가와 "비키세요" 하는 게 아닌가. 나갈 때 계산대 직원에게 불쾌한 티를 팍팍 냈다.

"저분은 오늘 기분이 안 좋으신가 봐요."

사과를 할 줄 알았는데, 계산대 직원은 뭔가 안다는 듯 싱글 웃었다. 마트에서 나오자 곁에 있던 M이 말했다.

"저분 어딘가 불편하신 것 같아."

아차, 싶었다.

'불친절하게 들리는 말투'는 곧 '불친절한 마음에서 나오는 말투'일까? 꼭 그렇지는 않다. 몸 상태가 좋지 않아서일 수도 있고, 경미한 정신장애 때문일 수도 있다. 친절한 말투와 표정이 서비스직의 미덕이지만, 사회구성원이 생계를 유지하기 위한 필수조건은 아니다. 점검하고 수정하지 않는 전제는 때로 폭력적이다. 남도 아닌 내가 그럴 줄은 몰랐다. ADHD를 가지고 있는 것도 그렇고, 당시 편의점에서 아르바이트를 하고 있어서 그와 비슷한 상황이었기 때문이다. 부끄러웠다.

보이지 않는 게 문제일까?

당사자가 알리지 않으면 알기 어려운 장애를 '보이지 않는 장애 Invisible Disability', 혹은 '숨겨진 장애 Hidden Disability'라고 한다. 3급 청각장애를 가진 김초엽 작가는 지체장애를 가진 김원영 작가와 공저한 책 《사이보그가 되다》에서 이렇게 썼다.

> 보이지 않는 장애에는 심리적인 문제, 내부장애, 만성 통증, 타인이 알아차리기 어려운 이동장애, 발달장애, 정신장애 등 다양한 종류가 있다. 이런 장애를 가진 사람들은 가시적인 장애를 가진 사람들과는 다른 결의 곤란함에 처한다. 장애가 일상에 계속해서 영향을 미치지만, 주위 사람들이 그의 장애를 즉각적으로 인지할 수 없어 필요한 도움을 주지 못하는 경우가 많기 때문이다. 심지어 주변인들이 그의 장애 상태를 까

많게 잊기도 하고, 당사자가 경험하는 고통에 둔감해지기도 한다.[66]

부끄러운 얘기를 하나 더 털어놓자면, 나는 차라리 내가 남들과 어떻게 다른지 겉으로 티가 났으면 좋겠다는 생각을 자주 했다. 그러면 멍해 있었을 때 이야기를 들을 의지가 없다는 오해를 염려할 필요도, 나도 모르게 튀는 행동을 했을 때 배려 없는 사람으로 보였을까 봐 속 끓일 필요도 없을 것 같았다.

몰래 하는 신세 한탄 같은 것일 뿐, 장애의 종류로 불행 배틀을 하고 싶지는 않았다. 보이는 장애를 가졌을 때 겪는 편견과 차별을 겪어보지 않은 입장에서 함부로 축소하거나 과장하고 싶지도 않다. 단지 ADHD라는 특징을 털어놓을 때 받기 쉬운 엄살이나 핑계, 이기심이나 자의식 과잉이라는 시선에서는 자유로워지고 싶었다. 배제되거나 배척당하지 않고 받아들여지고 싶었다.

잘 드러나지 않는 장애라면 알리는 것이 나을까, 아니면 조금 불편하더라도 감춘 채 사는 게 나을까. 상황과 사람에 따라 답은 다르겠지만, 한 가지는 분명하다. 장애를 가진 사람이 이런 고민을 계속해야 한다면 그 사회가 소수자에게 열려 있는 사회는 아니라는 것. 아픈 사람이 마음 놓고 아플 수 있는 사회가 아닌 것이다.

사회성 강요하는 사회

사회성에 대한 획일적 기준은 그에 미치지 못하는 많은 개인을 단절시킨다. 마치 "건강하세요." "건강하시지요?"라는 따뜻한 인사가 건강한 상태에 도달할 수 없는 사람에게는 도리어 소외감을 줄 수 있는 것처럼.*

사회적 건강이 존재 가치를 결정하는 분위기 속에서 우울을 겪는 사람은 우울을 감추게 되고, 사회적 신호 읽기에 서툰 사람은 사회생활을 더욱 꺼린다. 치료를 향해 나아가려는 사람들에게 이것은 견고한 장벽이다. '사회성'을 좁은 의미로 해석하고 강요하면서 우리는 '닫힌사회'의 모습을 강화하고 있는지도 모른다.

닫힌사회는 장애 당사자가 고립되기 쉬운 환경이다. 프랑스 철학자 H. 베르그송이 말한 '닫힌사회Morale Fermee'는 관습이나 제도에서 오는 사회적 의무에 따라 안으로는 개인을 구속하고, 밖으로는 배타적인 폐쇄사회다. 한편, '열린사회Morale Ouverte'의 결합 원리는 관습과 제도라는 비인격적 힘이 아닌 '인류애'다. 열린사회는 가족, 도시, 국가 등 영역을 설정해 타자를 만들어내는 폐쇄성에 대항해 전 인류를 포용하려고 노력한다.

팬데믹은 관계에 대한 인식을 바꾸었다. 이제 사람들은 대면 모임, 장시간 대화, 회식이나 1박 2일 워크숍 없이도 만나고, 마음을 나누고, 내일을 도모할 수 있음을 안다. 사람 간의 이어짐에 방식이나

* 세계보건기구WHO에서는 건강을 '신체적·정신적·사회적으로 완전히 안녕한 상태'로 정의한다. 이런 상태는 이상적이다. 그러나 건강을 잃어도 삶은 계속되며, 이 상태가 언제나 불행하다고 단정할 수는 없다. 보이지 않는 장애를 가진 환자의 상태를 애써 부정하는 것에는 '불건강함'을 외면하려는 심리가 있고, 그 밑에는 '불건강한 것=불행'이라는 전제가 있는 것이 아닐까.

절대시간은 중요하지 않다는 걸.

몸이 불편한 사람은 비대면 방식을 통해 전보다 자주 모임에 참여할 수 있고, 사회불안장애나 기분장애 같은 어려움을 가진 사람에게도 소통을 고려해볼 여지가 생겼다. 비대면 소통에 서툴러 소외되는 계층도 있지만, 이 상황을 계기로 온라인 소통에 다가가는 사람들도 생겼다.

물론 비대면 상황이라고 해서 차별이 사라진 것은 아니다. 하지만 공통의 위기를 직면하는 동안, 나와 다른 삶에 대해 알아차리고 연대감을 갖게 된 데는 큰 의미가 있다. 사회 변화를 무조건 발전이라 믿으면서 희생시켜온 것들에 이제는 시선을 나누어줄 여유가 생겼다는 뜻이니까.

다른 푸른색, 다른 하늘

학생 시절까지 나는 오만했다. 사람의 특성과 능력이 얼마나 다양한지 알지 못했고, 세상일을 무비판적으로 받아들이고 표현한 게 많았다. ADHD 증상을 가지고 사회생활을 하며 내 한계를 절절히 깨달으니 눈이 바뀌었다. '나도 이렇게 나를 다 모르는데 감히 남의 삶을 안다고 할 수 있을까' 싶었다. 한국어 교사 일로 여러 나라 사람들을 만나며 문화마다, 사람마다 세상 보는 눈이 얼마나 다른지도 배워갔다. 점차 한 사람 한 사람을 각기 다른 '역사'로 봐야 한다는 걸 알게 됐고, 새록새록 반성했다. 무지의 영역을 의식하지 못하고 내뱉은 말들이 내가 만나온 사람들에게 어떤 영향을 끼쳤을까.

사람들이 색을 인식하는 스펙트럼은 엄밀히 말해 모두 다르다고 한다. 꼭 색각色覺 이상을 가진 사람이 아니라도 말이다. 같은 도시, 같은 지점에서 올려다보는 하늘도 같은 색의 하늘은 아니다. 나라는 우주가 특별한 한편, 타인이라는 우주 앞에 겸손해야 하는 이유다. 아무리 닿으려 해도 서로 완전히 닿을 수 없다는 사실 앞에 겸허해질 때, 타인에게 내가 다 어루만질 수 없는 '다름'이 있다는 걸 기억하고 그 미끄러짐을 관계에 대한 노력의 증거로 여길 때, 그때 우리가 서로를 가장 많이 이해한다고 할 수 있지 않을까.

타인의 보이지 않는 아픔까지 알아서 찾아내는 비상한 눈이 없어도, 내가 모르는 세계가 있을 가능성을 열어둔다면 그것으로 좋을 것이다. 어떤 아픔에는 이름도 없기에 이를 굳이 '장애 감수성'이라고 말하지는 않겠다. 아픔을 섣부른 판단으로 재단하지 않는 마음에 대해 생각해본다.

상상해보자. 나의 있는 그대로를 궁금해하고 취약함을 받아들여주는 사람들 속에서 사는 삶. 살맛이 난다. 사실은 누구나 보이지 않는 '정든 병'*을 하나씩은 가지고 있을 테니.

---

*시집 《혼자 가는 먼 집》 17쪽에 수록된 허수경 시인의 시 제목.

ADHD인 척하지 말라고요?

평화롭고 성공적인 병 커밍아웃을 위해

이토 아사 교수의 책《기억하는 몸》에는 조발성 알츠하이머형 치매를 앓는 사람의 이야기가 나온다. 그는 자신이 무언가를 잊거나 길을 헤매는 방식이 남들과 다르다고 느끼지만, 표현할 말을 찾지 못한다. '다들 이야기하는 것과 나는 좀 다른데…' 하고 생각만 할 뿐이다.[67] 치매의 고통은 모르지만 '그런 게 아닌데 어떻게 설명하지?' 하는 마음만은 너무나 잘 안다.

친구에게 직장 그만둔 썰을 풀다가 'ADHD가 실존하는가'를 놓고 30분간 옥신각신한 적이 있다. 이 병이 생소했던 내 친구는 ADHD는 한국 사회와 의료계가 만든 병일 거라고 주장했다. 답답하고 서운한 건 제쳐두고, 머리가 아팠다. 이 '감각'을 어떻게 '설득'한다? 나는 사는 게 힘들다고 억지 핑계를 찾는 게 아닌데. 질병 마케

팅에 속아 넘어간 것도 아닌데.

결국 친구는 내 말에 수긍했다. '본래 병의 범위는 사회와 시대에 영향을 받고, 당대를 살아가는 데 어려움이 큰 사람이라면 도움을 받기 위해 병으로 볼 수 있다'는 설명으로 증명 아닌 증명을 할 수 있었다.

성공적인 병 커밍아웃을 위한 요약

뇌와 신경전달물질에 대해서는 신경과학자나 전문의도 다 밝히지 못한 것이 천지라고 하니, 비전문가인 내가 아는 건 바다에서 해변의 따개비 하나쯤이나 되겠다. 다만 내가 주변에 ADHD가 있음을 밝힐 때 도움이 된 정보들을 정리해보려 한다.

먼저, 당연히 ADHD는 한국에만 있는 병이 아니다. ADHD의 세계 평균 유병률은 5% 정도로 추정되고, 국내에서는 5.9~8.5% 정도로 보고된다.[68] 미국, 캐나다, 호주, 네덜란드, 노르웨이, 일본 등의 나라에서는 정부에서 약물치료, 상담치료, 부모교육, 직업교육 중 일부 또는 전체를 지원하고 있다.[69] 진단은 문화·경제적으로 영향을 받기에 나라마다 환자 수에 차이가 크지만, 중요한 건 ADHD라는 특성이 실존한다는 것이다.

1775년부터 ADHD로 보이는 임상 사례들이 보고되어 왔다.*

---

* "의학문헌에서 최초로 기술된 내용은 1775년 출간된 멜키오르 아담 바이카르트의 저서에 나오는 것으로 '주의력결함과 그에 대한 치료' 부분이다."[70]

1902년 영국의 소아의학 전문가 조지 F. 스틸 경이 오늘날 ADHD 증상과 매우 유사한 행동을 보이는 아동의 사례를 발표하면서 뇌의 이상을 원인으로 추정했다.[71] 1952년부터는 '미세뇌기능장애'라는 이름의 병으로 규정되었고,[72] 1966년 이후 50여 년 동안은 2만여 편 이상의 ADHD 관련 연구가 축적되었다.[73] 그러니 최근 진단이 급증했다고 ADHD 자체를 '정신과와 제약회사의 신상품'으로 보는 건 무리다. 현대에 질병이 상품화되고 신약 판매가 진단에 영향을 미치는 건 사실이지만, ADHD의 특성으로 힘들어하는 사람들은 늘 있어 왔다.

ADHD 관련 정보에서 이런 댓글들을 자주 본다.

> 사람은 저마다 다르다. 사회가 다양성을 존중하면 될 일인데 꼭 많은 사람을 환자나 장애인으로 만들어야 하느냐.

이 말은 요즘 대두된 '신경다양성Neurodiversity' 개념과 통한다. 자폐와 지적 스펙트럼 등을 신경발달 과정상의 차이로 여겨 정상의 범주로 보는 관점이다.

나는 이 생각이 반가웠다. 다양성 사회를 꿈꾸는 동지들이 이렇게 많구나! 나도 차이를 차이로 인정하며 어우러져 사는 사회를 간절히 꿈꾼다. 하지만 한 정신장애를 문화 관련 증후군으로 여긴다고 해서 생물·신경학적 요인이 일생에 미치는 영향을 축소해버려도 괜찮을까 싶다. 특히 이 때문에 치료 자체를 비난한다면 오히려 당사자들의 어려움을 외면하는 일이 된다.*

병명이 없던 때 각자도생하던 사람들은 과연 살 만했을까? 스웨덴 카롤린스카 의과대학 연구팀이 스웨덴 인구데이터베이스를 기반으로 비교분석한 결과 ADHD를 가진 사람의 자살 시도 확률은 그렇지 않은 경우의 7배에 이르렀다.**[74] 사회 분위기가 유연해지는 것만으로는 증상이 해결되기 어렵고, 그럴 수 있다 해도 그 '언젠가'까지 막연히 기다릴 수 없다는 게 문제다. 문화 개선도 치료와 같이 가야 하는 것이다.

사람들 반응에서는 병리화에 대한 거부감이 자주 보인다. ADHD 자녀를 둔 부모의 경우라면 아동을 난치병 환자로 규정하는 결심이 간단할 수 없을 것이다. 약물치료와 관련한 문제들도 복잡하다. 그런데 자신이나 주변의 일이 아닌데도 무턱대고 거부감을 표하는 경우도 많다. 그런데 이런 반응은 오히려 질병과 장애를 '기준 미달'로 보는 사회 시각을 담고 있다. 그 의도와 반대로 분리와 차별에 가까워지는 건 아닐까.

* 김원영 작가의 책 《희망 대신 욕망》에서는 장애는 사회가 특정한 신체적·정신적 특징을 수용할 수 있는 문화적·물리적 여건을 갖추고 있느냐에 따라 규정된다고 설명하면서 이렇게 부연한다. "물론 장애의 사회적 모델이 단지 '장애'가 문화적 상대성에 의해서만 구성된다는 극단적 상대주의에 의존하거나 모든 의료적 처치를 부정해야 한다는 결론으로 이어지는 것은 아니다. 장애와 손상을 구분하는 만큼 '손상'에 필연적으로 따라올 수 있는 고통을 경감시키고, 해당 사회에서 좀더 쉽게 포섭될 수 있는 신체 운용 방식을 찾아내 유지하려는 의료적 노력은 여전히 의미가 있다."[75]

** DSM-5에서도 "성인기 초기에 ADHD는 자살 시도의 위험성 증가와 연관이 있다"고 밝히고 있다.[76]

질환이나 장애, 증후군 등 무엇으로 분류할 것인지에도 모두가 동의하는 답이 없다. 각자 자기 분야의 시선으로 이야기한다. 의사들은 병으로 보고, 어떤 한의사는 병이 아닌 증상일 뿐이라고 하고, 상담사들은 특징이나 현상으로 보기를 바라기도 한다. 누군가는 ADHD가 재능이고 축복이라고 한다. 당사자들도 어떤 관점을 취하느냐는 사람마다 다를 것이다. 어쨌거나 ADHD인들이 바라는 건 한 가지라고 생각한다. 괴로움보다 편안함에 가까워지는 것. 일상 전투를 '일상'으로 바꿔나가는 것.

주변 사람이 ADHD를 밝힌다면

요즘에는 방송이나 인터넷 매체를 통해 성인 ADHD가 무엇인지 많이 알려졌지만, 작년까지만 해도 "나에게 ADHD가 있다"라고 말했을 때 바로 믿어주는 사람이 거의 없었다. 엄마와 애인은 후에 내가 쓴 글을 읽으면서 "그래서 그랬구나" 싶었다고 말했다. 그동안 "쟤는 도대체 왜 저럴까" 했던 것들이 많았는데 하나씩 납득이 되었다고 한다. 풍부한 정보가 알려진다는 게 얼마나 중요한지 다시 한 번 느꼈다.

친구나 지인의 반응도 갈린다. 나와 생활을 함께해본 친구들은 "네가 좀 특이하긴 했지" 하는데, 가끔 만나서 놀기만 한 경우에는 "나는 정말 모르겠는데?" 하는 경우가 많다. 내가 그만큼 잘 드러나지 않는 ADHD인이기도 하고, 전반적으로 ADHD라면 알아볼 수 있으리라는 생각이 아직 강한 것 같다.

"아닌 것 같은데?"라는 말에 이제는 그리 신경쓰지 않게 됐지만, 어렵게 찾은 진단명을 부인하는 말이라서 전에는 힘이 빠질 때가 많았다. "그렇게 안 보인다"는 말 자체는 괜찮았지만, 거기에 '문제가 없는데 문제를 만든다'는 뜻이 담겨 있을 때는 밤고구마 한 개를 물 없이 삼킨 것만 같았다. 감각과 판단을 부정당해온 경험들이 되살아나는 동시에 내 병을 또다시 비전문가에게 증명해야 하는 부담 속에 던져지는 기분이 들었기 때문이다.

어찌 보면 이해받지 못하는 게 당연하다. 나도 조현병이나 시청각장애처럼 내게 없는 현상의 감각을 모른다. 이토 아사 교수는 이를 두고 '몸의 고유성'으로 표현했다.

> 'A씨의 몸'은 실제 A씨만 체험할 수 있습니다. 진정한 의미에서는 본인이 아니면 'A씨'의 몸으로 살아가는 일이 어떤 감각인지 알 수 없는 노릇입니다.[77]

그런데 ADHD 증상은 환청이나 기억상실 같은 것과 달리 누구나 한 번 이상 겪어본 것들이다. 그러니 "그 정도 가지고 뭘?"이라며 비ADHD와 ADHD의 차이에 의구심을 갖기 쉽다.

ADHD는 집중을 더 잘하고 싶어 하는 완벽주의가 아니다. 많은 순간에 사고와 감정이 보통과 조금 다른 방식으로 작동하는 것이다. 도파민과 노르에피네프린의 기능 이상은 사회성과 학습·운동·인지

기능, 수면 등에 두루 영향을 미친다.* 문제를 알고 적절히 관리하면 강점이 될 수 있지만, 그렇지 못하면 부정적 자기상으로 삶이 망가지기 쉽다. 그래서 병식은 중요하다. 병을 자각하고 다스리려는 의지를 갖는 건 본인만이 아니라 주변과 사회를 위해서도 필요하다. 실업률, 범죄율, 자살률을 낮추는 일이니 애국이라 해도 좋지 않을까.

전문가들은 ADHD를 가진 사람들이 증상보다 사람들의 몰이해로 더 힘들어한다고 말한다. 만일 주변 사람에게서 ADHD가 있다는 말을 듣는다면, 찬찬히 얘기를 들어주시면 좋겠다. 성급히 가설을 내밀기보다 애써온 과정을 봐주면 더욱 좋을 것이다. "아, 그래? 그렇구나" 정도로도 충분할 수 있다.

ADHD는 '패션 정신병'일까?

한 ADHD 유튜버의 영상에서 "ADHD인 척하지 마세요"라는 댓글을 봤다. 말하는 모습이 충분히 논리정연하다는 이유로 그렇게 말한다니 놀랐다. ADHD 자체를 '패션 정신병'이라 비난하는 이들도 많다. 마치 패션 상품을 몸에 걸치듯, 관심받거나 자기합리화하는 도

---

* 호시노 요시히코 교수의 책 《발달장애를 깨닫지 못하는 어른들》은 생활연령 10세를 기준으로 측정한 '발달불균형증후군'이라는 시각에서 바라본 발달 수준의 차'를 그래프로 보여준다. '행동과 감정 조절 능력' '언어 이해 능력' '언어 표현 능력' '청각 인지 능력' '시각 인지 능력' '기본적인 생활 습관' '섬세한 손끝 동작' '동작이 큰 전신 운동'의 각 기능에서 정상 아동보다 ADHD 아동이 낮은 수치를 보이는데, 기능별로 정도의 차이가 있다.[78]

구로 병을 이용한다고 보는 것이다. 그런 태도를 마주할 때는 '아플 자격'을 발급받기 위해 수많은 면접관에게 심사받는 기분이다. 항상 이상해 보이지 않으려 애써왔는데, 병을 드러낼 때는 거꾸로 모두가 납득할 만큼 ADHD다움을 보여야 할 것만 같다.

    한 사람이 마치 남의 고통을 측정하는 저울을 가진 듯 행동하게 되고, 관심을 갖고 알아보기 전에 확신부터 하게 되는 이유는 뭘까? 짐작되는 것 중 하나는 다른 이의 사소해 보이는 고통을 인정함으로써 자기 고통의 가치가 내려갈 것 같은 불안이다. 자세히 알아보기를 꺼리고 빠르게 결론짓는 건 자신을 보호하려는 방어기제일지도 모른다.

    타인의 감정에 공감하는 능력이 없는 건 그가 자기감정을 이해하는 능력이 없다는 뜻도 된다. 타인에 대한 공감은 자기공감에서 확장되어 생겨나므로. 우리는 자라면서 자기감정을 충분히 들여다보도록 교육받지 않았다. 부정적 감정일수록 빠르게 외면하고 생산적 활동에 집중해야 했다. 그렇게 억눌린 감정들이 쏟아져나오는 곳이 인터넷 댓글이니, 그들도 아픈 사람들인 것이다.

    어차피 각자가 겪어온 것들의 가치는 남이 빼앗을 수 없다. 사람들에게 부정당한다고 해서 당사자들의 경험이 사라지는 것도 아니다. 더딘 듯해도 세상은 소외된 사람들의 목소리를 들어주는 방향으로 나아가고 있으니 암울하게 볼 일만은 아니다. 진단명 없이도 누구나 삶의 이야기를 터놓고, 또 들어주는 사회가 되면 좋겠다.

유연함과 단호함

확진을 받은 뒤로 나는 병을 일말의 거리낌 없이 밝히고 싶었다. 직장을 그만뒀으니 불이익을 걱정할 일도 없었고, 본모습을 감추려 애쓰는 인간관계에도 너무 지쳐 있었다. 이런 태도는 다소 과격한 데가 있어서 상담 선생님은 "꼭 병명을 언급해야 할까요?"라며 부정적인 입장을 보이셨다.

처음에는 이해하지 못했지만 나중에는 그 말뜻이 조금 와닿았다. 내가 어떤 삶을 살았고 지금 얼마나 답답하든 간에 상대가 내 얘기를 어떻게 받아들이는가는 별개의 문제다. 자칫하면 병을 내세워 회피하는 느낌이나 모두 포용해줘야 한다는 부담을 줄 수 있다. 관계에 대한 배려가 부족해질 수 있는 일이다.

지금 이 상황에서 바로 상대방에게 필요한 만큼의 정보가 어느 정도인지 고민하는 과정을 거쳐야 한다. 속 시원하게 질러버리는 것도 그럴 이유가 충분하다면 그것대로 좋겠지만, 때로는 내 특징으로서 일부 증상만 언급하거나 어떤 어려움이 있는지 에둘러 설명할 수도 있을 거다.

공적인 관계에서는 낙인효과와 그로 인한 불이익도 생각해두어야 한다. 나는 연재 기사의 첫 화에 달린 댓글을 보며 낙인효과를 간접적으로 실감했다. 일부 독자들이 내 글을 잘 이해할 수 없다는 평을 남겼는데, "ADHD라 그렇다"라는 말이 따라붙는 것이 흥미로웠다. 이런 평가가 이해와 포용의 근거로 쓰일지, 배제와 차별의 근거로 쓰일지는 당사자가 통제하기 어렵기 때문에 병을 밝혔던 선택이 후회스러워질 수도 있다.

한편, 사람들에게 병을 밝힌 뒤에는 "그 정도는 나도 있다"라며 은근히 불편함을 내비치는 말들에 과민해지곤 했다. 그럴 때, 예전에는 캐묻고 싶었다. 당신도 나처럼 일상 대화가 전투 같았는지, 거의 모든 상황에서 세상과 분리된 느낌을 받았는지, 혹시 숨 쉴 때마다 마음에 통증이 있었는지…. 그렇게 별 뜻 없는 말속에도 칼날이 있을까 봐 몸을 움츠리며 괜히 말했다는 생각을 하곤 했다.

그러다 알았다. 칼날은 내 안에 있다는 걸. 쉽게 소외된다는 피해의식과 이만큼 힘들었다고 이해받고 싶은 마음이 불행 배틀의 태세를 완벽히 갖추고 있었다. 이런 마음을 투정으로만 취급하고 싶지는 않다. 나는 오래 외로웠고, 하미나 작가가 말했듯 "나의 감정이 인정받는가, 인정받지 못하는가, 이것은 사람을 죽고 살게 만드는 문제"[79]니까. 하지만 곧 나는 그 경쟁을 그만두기로 마음먹었다. 누구든 나에게 내가 원하는 방식으로 원하는 만큼 인정을 주기란 불가능에 가까운 일이고, 인정 욕구로 두려움과 불안에 먹이를 주는 일은 끝이 없을 것 같았다.

점차 이해를 '과정'으로 봐야 한다는 걸 알게 됐다. 사람은 대부분 논리에 설득되어 이해하는 것이 아니라 자신이 이해하고 싶어 하는 것을 이해한다. 받아들일 수 있는 범위는 개인의 기질과 경험에 좌우되기도 하고, 그때의 기분이나 목적에 따라서도 달라진다.

"모두 다 이해 못해도 일부는 이해했을 수도 있고, 지금은 이해를 못해도 나중에 이해가 될 수도 있죠."

이해받는 것에 대한 집착을 버리고 싶다는 내 말에 상담 선생님이 하신 말씀이다. 벽에 공이 튕기듯 내 뜻이 튕겨져나갔다고 생각할 때도 상대의 내면에는 하나의 경험이나 계기로 쌓였을 수 있다. 충분한 공감에는 실패했을지라도 어떤 대화에서는 위로와 사랑을 느낄 수 있다.

자신을 숨기며 살던 사람이 '진짜 나'를 드러낸다는 것은 가상현실 속 아바타 같던 자신을 현실에 발붙이는 일이다. 이 세계에 내가 존재할 자리가 있다는 걸 확인하고, 어디에 있건 섬이었던 땅 위에서 한 걸음 더 넓게 걷는 일. 나는 한 손으로 유연함을 건네고, 다른 한 손으로는 단호함을 쥐고 싶다.

하지만 너무 비장해지진 않으련다. 내가 원하는 건 조금만 더 당당하고 자유로워지는 것. 그래서 즐거운 순간이 많아지는 것이니까. 음, 이참에 내 병을 좀 다른 의미의 패션으로 삼아보면 어떨까? 다름을 개성으로 삼아 과감히 드러낸다는 뜻으로. ADHD가 비록 걸쳤다 벗었다 할 수 있는 녀석은 아니지만, 몸에 새겨진 괴상하고 아름다운 무늬 삼아 아껴주고 싶다.

나를 또라이로 지정한 강의평가

정상과 비정상 사이의 줄타기

학기에 두 번, 외국인 학생들의 강의평가가 끝나면 며칠 동안 미적거렸다. 강의평가는 내가 이번 학기 적절하게 행동했는가를 보여주는 성적표였다. 최대한 최악을 상상해 보호막을 만든 뒤에도 벌벌 떨며 강의평가 메뉴를 클릭했다.

항상 적절해지고 싶었다. 적절하다는 것은 사회적으로 안전하다는 뜻이었다. 강사 일을 하던 때는 ADHD 확진을 받지 못했는데, 그래서 더 어려웠다. 많은 사람 앞에서 자꾸만 부적절한 내가 튀어나와 아슬아슬했고, 그 줄타기에 실패했을 때 기다리는 건 추락뿐이라고 느꼈다. ADHD 증상이 일반적으로 생각하는 정상과 비정상의 경계에 있기에 모두가 거는 '정상'의 기대치에서 더욱 자유롭지 못한 측면도 있었을 것이다.

그런데 '추락'의 의미가 다르게 다가오는 날도 있었다. 학교 일을 그만두기 전 마지막 학기였나. 평가 글 중 눈에 띈 한 문장이 있었으니, 번역하자면 이랬다.

"그는 정신적 문제가 있다."

이상함과 불편함

이어지는 문장들의 어감으로 치자면 나란 사람은 이해 불가한 '상또라이'였다. 글쓴이는 나에게 몹시 화가 나 보였는데, 짐작이 갔다. 그 학기 그 반에서 나는 결정을 여러 번 바꿨다. 내 과제 채점 방식이 그 문화권에서는 생각보다 더 빡빡한 것임을 알았기 때문이다. 학생들의 요구를 받아들여 두어 번 방식을 수정해서 공지했다.

변명 같지만 다른 선생님들 사이에서도 힘들기로 악명 높은 반이었고, 당시 나는 정서적으로 심하게 불안정했다. 나를 이른바 '또라이'로 지정한 학생은 내가 내면에 가득한 불안 때문에 학생들 눈치 보는 걸 간파했고, 그게 너무도 싫었던 것이다.

웬걸. 언제나 단 한 줄의 불만 사항만 있어도 개선에 골몰하던 나였는데, 그 순간은 이 생각만 들었다. '오호라, 다 보였던 거구나! 나 문제 있는 거.' 그는 정신적 문제가 있다, 그는 정신적 문제가 있다…. 이 문장이 박하처럼 청량했다.

나는 항상 적절해지고 싶은 동시에 대놓고 이상해지고도 싶었다. 교사가 되기로 한 것도 '괴짜 선생이 되면 되지!' 하는 생각에서였다. 그런데 막상 해보니 차림새만이 아니라 표정과 말 한마디까지 적절성의 표본이 되어야 했다. 괴짜일수록 실력이나 도덕성에서 미심쩍은 구석이 없어야 한다는 것도 생각지 못한 부분이었다.

그런데 어차피 비정상으로 보인다니. '정상으로 보이려고 애쓸 필요가 없잖아?' 후들거리며 서 있던 줄 아래로 시원하게 뛰어내린 기분이었다. 모든 판단과 행동이 교육적이고 모범적이어야 한다는 강박이 부수어진 쾌감. 평소 수업시간에 안정감을 주지 못하는 게 학생들에게 늘 죄스러웠다. 이때도 속상해야 맞는데, 그간 마음이 시달리다 보니 솔직하게 적어준 그 학생에게 고맙기까지 했다.

때때로 상점에서 결제하고 나갈 때 이런 소리가 들려온다.

'저 사람 좀 이상하지 않아?'

'그러니까. 좀 이상하네.'

작은따옴표로 처리한 것은 내 머리에서 들려오는 소리를 사람들 입 모양에 맞췄을 뿐일지도 모르기 때문이다. 나는 딱 보기에도 이상할 정도로 이상해 보이진 않지만, 예상치 못할 때 은근한 이상함을 풍긴다. 대체로 그건 '왠지 지금 이상해 보일 것 같은데… 절대로 이상해 보이지 말아야지!'라고 되뇌고 있을 때다. 그럴수록 행동이 과장되거나 어색하거나 얼빠져 보인다.

여기서 '이상함'이란 사실 '선호하지 않음'일 때가 많다. 많은 사람이 자신의 예상 범위에서 벗어난 걸 접할 때 불편해한다. 실제로는 아무 불편을 끼치지 않았어도 선을 그음으로써 자신의 정상성과 안전감을 확인하고자 한다. 나도 그런 습관에서 자유롭지는 않다. 거기에 학을 뗀 장본인이기에 자신의 아집을 의식하려고 애쓸 뿐이다. 나는 잘 알고 있다. 사람들이 정한 정상성의 영역이 얼마나 비좁은지, 장애가 있든 없든 '이상하다'를 비껴가기가 얼마나 어려운지.

내가 좋아하는 배우 중 꾸미지 않은 모습으로 당당히 활동하는 노년의 여성이 있다. 어느 날 그 배우가 나온 영상의 댓글들을 보고 깜짝 놀랐다. "제발 염색 좀 하세요." "한국 사람처럼 안 보여요." "나이 들어 보여요." 노인이 노인다운 모습으로 있는 것조차 비정상적인 사회라니, 소름이 돋았다. 왜 사람들은 화장기 없는 구릿빛 피부와 곱게 늘어뜨린 백발에 화를 내는 걸까. 아니, 무엇이 그들의 행동이 정당하다고 믿게 만드는 걸까?

지체장애인이자 변호사인 김원영 작가의 말에서 그 답을 짐작할 수 있다.

> 국제법에서 국내법에 이르기까지 우리의 삶이 잘못되었다고 직접 혹은 간접적으로 말하는 경우는 드물다. 그보다는 일상에서 만나는 친구, 연인, 익명의 사람들과의 상호작용에서, 내가 나 자신에 대해 갖는 떨치기 어려운 생각에서, 그리고 법과 제도를 실행해나가는 과정의 여러 관행들에서 '잘못된 삶'에 대한 생각이 자라난다.[80]

또라이로서의 작은 다짐

대학 때 '하얀 장갑'이라 불리던 선배가 있었다. 이 선배는 하루도 빠짐 없이 하얀 장갑을 끼고 다녔다. 장갑을 벗지 않는 그는 기인으로만 인식됐고, 그에게 말을 걸었다는 사람은 없었다. 그러나 지금 누가 늘 장갑을 끼고 다닌다면, 감염증을 철저히 예방하려는 사람 정도로 보지 않을까? 비슷한 예로 나는 냄새에 민감해 코로나19 유행 전부터 한여름을 빼고는 늘 마스크를 썼고, 해외 생활을 하며 가벼운 오염 강박이 생겨 알코올 솜을 자주 사용했다. 늘 유난스럽다며 "너 그거 병이야!" 하던 엄마는 코로나가 터진 뒤에는 신기해하신다. "너는 어떻게 알고 그런 습관을 들였냐잉?"

정상과 비정상의 구분은 사회규범에 따라 만들어진다. 미국 매사추세츠 주의 마서즈 비니어드 섬은 청각장애인과 건청인 모두 수어를 공용어로 사용해온 지역으로 유명하다. 1640년대 영국 켄트 지방에서 청각장애 유전자를 가진 사람들이 이 섬으로 이주한 뒤 200여 년간 섬 안에 그 유전자가 널리 퍼졌다고 한다. 이 섬에서는 농인들이 수적으로 소수자지만 모두가 수어를 알기 때문에 사회·경제·정치적인 면에서는 비주류가 아니다.*

ADHD는 스펙트럼장애(또는 질환)로 보는 의견이 많다. ADHD 경향성이 짙은 비ADHD인도 있고, ADHD 범주에 속하지만 끝에 살짝 걸려 있는 사람도 있다. ADHD가 있는 사람 중 약 10%는 증상

---

* 장애를 '고쳐야 할 병'으로 바라보는 전통적 생각을 일컬어 '장애의 의료적 모델Medical Model of Disability'이라고 한다. 한편 '장애의 사회적 모델Social Model of Disability'은 휠체어에 앉아 있어야 하거나 수어로 대화하는 등의 특징이 '장애'가 되는 이유를 사회구조가 그 정체성을 제대로 수용할 수 없도록 짜여 있기 때문으로 보는 사회학적 시각이다.[81]

을 자각하지 못한다고 한다. 그러니 어떤 상태를 병이나 장애로 분류하는 것은 정상과 비정상을 가르기 위한 게 아님을 기억하자. '일상에 심한 방해를 받을 때' 도움을 주기 위한 수단으로 명칭이 필요할 뿐이다.

정상성 기준에 열려 있어야 할 이유가 하나 더 있다. 그런 기준에 갇혀서 사고할 때 더욱 비상식적으로 행동하기 쉽다는 것이다. 신기한 일이 많다. 정치인들이 '정신질환자'라는 단어를 공적 비난에 이용할 수 있는 것, 당연히 주어졌어야 할 이동권을 보장받으려고 시위에 나선 장애인들을 전후 맥락 없이 혐오의 대상으로 삼는 것, 언론이 상해 사건 가해자의 비정상성만을 내세워 가십으로 소비하는 것….* 호불호와 옳고 그름은 분명 다른 것인데 말이다.

자꾸 잊지만, 우리는 모두 병들거나 늙는다. 그건 모든 이가 공유하는 정상성이다. 어디가 얼마나 불편한가, 얼마나 다른가도 시간을 초월해 고정된 개념이 아니다. 누구나 계속해서 변화하는 생의 한 지점에 서 있을 뿐.

나는 이런 사고방식 때문에 주변을 걱정시키기도 했다. 길에서 이른바 '수상한 사람'이 다가올 때 피해서 걷지 않았기 때문이다. 낮

---

* 전반적으로 정신질환자가 폭력을 쓰는 빈도는 일반 인구 비율보다 낮다. 이 부분에 대해서는 김원영 작가가 《실격당한 자들을 위한 변론》 각주에 쓴 내용으로 설명을 대신한다. "물론 범인들은 정신의학적으로 질병을 가졌을 수 있고, 그 질병이 범죄에 영향을 미쳤을지도 모른다. 하지만 우리가 주목해야 할 것은 이들의 행위가 왜 '하필이면 그렇게' 전개되었는가다. 사건 사고의 원인을 그저 질병으로 환원하는 것만큼 간편하고 게으른 설명은 없다."[82]

선 이가 갑자기 아는 사람처럼 자기 애길 늘어놓아도 천연덕스럽게 말을 받았다. 세상 험한 건 알고 있었지만, 상대가 나쁜 사람인지 아픈 사람인지 모르는 상태에서 무작정 피하며 그가 평생 받아왔을지도 모를 상처를 보태고 싶지 않았다. 지금은 겁이 늘어 조심하는 편인데, 그래도 나만은 쉽게 비정상의 꼬리표를 달지 말자는 다짐은 자주 한다. 선민의식일지도 모르지만, 그 정도는 하고 싶다.

우아한 또라이로 살련다

"자긴 좀 다른 사람들하고 다르게 귀여운 거 같애."
"또라이 같다는 뜻이지?"
"응!"
"…."
"근데 또라이 중에 제일 우아해!"
"고맙구나."

애인과 했던 대화다(엄밀히 말하면 '또라이'보다는 '미치광이'에 가깝다고 하는데, 전자보다 후자가 더 미친 느낌이기 때문이라고 한다). 신기하게도 '또라이'라는 말에 애정이 담겨 있으면 듣기가 좋다. 누군가 내게 "의외로 똘끼 있네?"라고 한다면 그건 우리가 친해지기 시작했다는 얘기다. 친한 동료 선생님이 내 앞에서 목소리를 낮추며 "이 쌤은… 또라이야"라고 은밀하게 가르쳐줄 때는 뿌듯하기까지 했다.

그건 꼬리표를 붙이는 말이 아니라 그 반대다. 나를 나답게 봐주고 있고, 남들과 다른 모습도 날 좋아하는 이유 중 하나라는 뜻이다. 눈빛과 말투와 우리가 지속해온 관계로 안다. 적절해져야 한다는 강박을 놓도록 도와준 고마운 사람들이다.

나는 요즘 모든 사람이 ADHD 스펙트럼 위에 있다고 상상하는데, 맞고 틀리고를 떠나 마음이 편안해져서 좋다. 예를 들어 카페 옆자리에 있는 사람이 마치 영원히 뜯을 것처럼 비닐 포장을 뜯어대거나, 공용 벤치에서 계속 몸을 흔들어 같이 앉아 있는 나를 그네 태울 때면 미칠 것 같다. 그럴 때 '저 사람도 충동성이 강하거나 경조증 비슷한 게 있나 보지(나는 전문의에게 경조증 소견도 들은 적이 있다). 아니면 다른 사정이 있겠지' 하고 상상하면 분노가 싹 사그라든다.

이왕이면 우아한 또라이로 살고 싶다. 소신을 지키고 내 어려움에만 매몰되지 않으면서. 우린 진단명 없이도 적절함의 강박에서 벗어날 자유가 있다. 정상성과 비정상성 사이에 그어놓은 금은 지우고 '상식선'을 챙기는 데 집중하는 일. 다같이 '으쌰쌰' 하면 좀 쉬워질 것 같은데, 이것도 말이라 쉬운 것이려나.

천재형 ADHD? 난 부럽지가 않어

평범한 ADHD인의 자기 인식

며칠째 가수 장기하의 노래 〈부럽지가 않어〉가 귀에 맴돈다.

야, 너네 자랑하고 싶은 거 있으면 얼마든지 해/난 괜찮어/왜냐면 나는 부럽지가 않어/한 개도 부럽지가 않어/어?

사람이 어떻게 아무 부러움이 없을 수 있나? 그런데 무대 위로 공중부양한 장기하 님이 버둥거리며 노래하는 것을 보다가 이런 생각이 들었다. '초월, 그까짓 거 별거라고. 약간 붕 떠서 살면 되지. 내 흥에 겨워 허우적거리는 게 재밌으면 된 거지.'

몇 달 전 어느 게시판에서 ADHD 성인이 올린 글을 보다가 눈을 크게 떴다. 수능 5등급 이상을 받고 대학에 간 사람들, 석박사과정을 마친 사람 등은 모두 ADHD가 아니라고 의학적 근거 없이 규정한 내용이었다. 지능과 ADHD 여부가 무관하다는 점, 관심 분야에 대한 과몰입 효과, 개인의 노력 등을 모두 부정한 주장에 게시판 이용자들이 줄줄이 반박 댓글을 달았다. 댓글 중 "ADHD에도 진골과 성골, 평민이 있는 거냐"는 말에 크게 공감이 갔다.

글쓴이는 왜 그렇게까지 믿게 된 걸까? 글에서 열등감과 소외감이 느껴졌다. 자기 경험에 공감 못할 법한 이들이 똑같은 병명으로 힘들다고 하는 걸 보니 자기 고통이 무시되는 느낌이 든 것 같았다. 그걸로 현실을 왜곡하는 건 잘못이지만 마음만은 알 듯도 하다. 자기 속마음 꼬질꼬질한 거 우리 다 알지 않나. '찐ADHD'라고 확인받으면 지난 시간의 가치를 인정받는 기분이 든다.

> 위계 때문에 상처를 받은 사람들조차 그들 사이에 또다른 위계를 세우고자 하는 충동에서 벗어나지 못한다.[83]

앤드루 솔로몬은 《부모와 다른 아이들》에서 청각장애인이 조현병 환자와 비교되는 것을 원치 않고, 자폐증을 가진 사람은 다운증후군이 절대적으로 지능이 낮다고 지적하는 경우 등을 언급하며 그렇게 썼다. 우리는 반대로 '불행의 특권'을 누리기 위해 위계를 세우기도 한다. "너 정도면 행복한 거야"라고 말하며 비애에 빠질 권리를 얻기 위해서.

같은 ADHD인데

가끔 다른 ADHD인이 부러웠다. 나는 병원과 심리센터에서 '극단적 내향성'을 가졌다는 말을 듣는 고순도의 내향형 인간이다. 용기를 내서 자조모임 단톡방에 참여했다가 다른 분들의 활발함에 지레 기가 눌려 스르륵 나오고 말았다.

조리 있게 인터뷰하는 ADHD 작가님을 보면 왜 나에게는 저런 능력이 없을까 싶었다. '아, 이분은 되게 긍정적이시네.' '이분은 표현력이 천재급이다.' '어떻게 저런 발상을 하지?' '재능'이라는 단어가 절로 떠오르게 하는 ADHD인들을 보면 같은 ADHD라서 더 비교가 됐다. 아인슈타인, 레오나르도 다빈치, 스티븐 스필버그, 스티브 잡스 등등 위대한 업적을 남긴 ADHD인 얘기를 읽으면 약간 기가 사는 듯도 했지만 다른 세상 사람 같았고, 사회적 성공을 기준으로 용기를 주는 게 맞는 건가 싶기도 했다.[*] 사람이 이렇게 다 자기한테 없는 걸 본다. 누군가 볼 때는 내가 누려온 것들도 굉장한 행운이고 긴 글을 쓸 능력이 있다는 것도 감사한 일인데 말이다.

ADHD라는 틀을 걷어내고 생각하면, 서로 다른 사람이니 다른 게 당연하다. 나도 창의성을 ADHD의 강점으로 언급하면서 속

---

[*] 사회적 성공에는 우연적 요소들이 포함된다. '좋은 사람'으로 평가받는 인물이 된 경우조차 타고난 기질적 자원을 무시할 수는 없다. 다만 우리는 서로의 발전을 독려하기 위해 '성공한 사람'이나 '좋은 사람'을 칭찬하는 게 아닐까. 누구나 자신을 변화시킬 요소를 가진 것은 분명하니까.

으로는 찔린다. '나도 막 되게 창의적인 건 아닌데….' ADHD를 가진 경우 그렇지 않은 경우보다 창의성이 더 높은 경향이 있긴 해도 ADHD인 각자가 절대적으로 창의적인 건 아닐 거다. 그래서 창의력을 언급할 때 오히려 주눅이 드는 ADHD인들도 많다는 게 ADHD를 말할 때 생기는 딜레마인 것 같다. '난 그 강점조차 해당이 안 되네' 싶으면 힘이 날 리 없으니까. 그러나 세상에 없던 것을 만들 능력이 있다는 뜻이 아니라, 뭐라도 만들거나 해보고 싶은 끝없는 '근질거림'이 있다는 점에서 ADHD인들은 창의적이고 창조적이다.

정신병과 정신장애에 대해 갖는 환상이랄까, 선입견 중 '미치광이 천재' 이미지가 있다. 서번트증후군은 분명히 존재하는 현상이다. 신경학자 올리버 색스는 《아내를 모자로 착각한 남자》에서 자신이 만난 '백치천재'들의 이야기를 썼다. 공간감각이 없는 천부적 시인, 악보를 볼 줄도 모르지만 오페라만 해도 2000곡을 외우는 음악천재 파킨슨병 환자, 계산 방법을 모르면서도 인간계산기처럼 계산하는 다중 정신장애인 형제의 이야기는 정말 놀라웠다.[84]

하지만 그들은 나머지 삶의 영역에서 어려움을 겪었으며, 생활을 스스로 책임질 수 없었다고 한다. 안정적으로 살아가기 위해서는 여러 영역에서 어느 정도 고른 능력이 필요하다. 소질은 무작위로 주어진 기능이고, 몇 개의 기능에 능력이 집중된 경우 타인에게는 좋아 보여도 본인 삶의 만족도는 낮을 수 있다. 몇 년 전 유행했던 '밈'처럼 신이 사람을 구성할 때 한두 기능에 재료를 다 쏟아버린 경우 말이다. 반대로, 균형 잡힌 기능들이 생활의 안정감을 이루지만 공기 같아 잘 느끼지 못할 수도 있다. 혹시 아나? 가지고 있는 모든 능력을 합하면 위인들이나 우리나 비슷비슷할지.

재능을 기준으로 삼으면 어느 하나에 뛰어나지 않다는 게 결핍 같지만, 모로 가도 서울만 가면 된다. 재능 같은 것에 구애받지 않고 다양한 행복을 누릴 수 있는 게 제일 가성비 좋은 재능이 아닐까. 재능은 삶의 도구일 뿐이고, 인생은 각개전투니까.

재능 있어 보이는 사람의 결과물을 볼 때 '재능의 함정'에 빠지기도 쉽다. 모든 결과물은 재능만이 아니라 노력과 상황적 요소들의 뒷받침으로 만들어지는데, 재능 있어 보인다는 이유로 재능의 지분을 80~90%로 추정하고 나머지는 손쉽게 얻은 것으로 인식하는 것이다. 나도 이런 함정에 자주 빠진다. 성과를 부러워하긴 쉽지만, 과정을 들여다보고 인정하기는 어렵다. 하지만 책으로 치면 성과는 예쁜 표지이고, 과정은 책의 내용이다. 뭔가를 얻어갈 수 있는 건 성과가 아닌 과정에 관심을 가질 때다.

기능 수준 파악하기

정신분석학자 하인즈 코헛은 자신의 한계들을 인정하는 것이 '성숙한 자기애'의 중요한 형태라고 말했다.* 자신이 유한한 존재임을 받아들이면 갖지 못한 것들에 집착하지 않게 된다.

* 코헛에 따르면 인간의 유한성을 대표하는 것은 죽음이며, 자신도 언젠가 죽어야 하는 유한한 존재임을 이해하고 수용하는 것이 성숙의 바탕이 된다.[85]

한계의 벽에 오만 번 박치기를 하다 보니 '하면 된다'에 가린 진실들이 있다는 걸 알았다. 아무리 노력해도 남보다 잘하기 어려운 일은 분명히 있다. 노력해도 소용없다는 게 아니라 가성비가 떨어지는 분야가 있다는 뜻이다.

매번 기대치에 비해 결과가 낮으면 열등감이 없기도 힘들지만, 그건 그전까지 자신을 잘 몰랐다는 뜻도 된다. 기본적으로 ADHD를 가진 사람은 비ADHD인에 비해 각 기능이 불균형하다. 시청각 인지능력, 언어 표현력과 이해력, 행동과 감정 조절능력 등. 불균형하니까 헷갈린다. 자기 능력을 그대로 파악하고 적당한 기대치를 갖기가 쉽지 않다.

움츠러들 때면 내가 나를 실제적으로 인식하고 있는지 돌아보곤 한다. 나는 대화 센스가 없다는 생각 때문에 대화에 참여할 용기마저 사라지는 걸 자주 느낀다. 그럴 때 내가 유한한 존재라는 것, 잘 늘지 않는 능력도 내 탓이 아니라는 것을 받아들이고 전보다 나아진 점에 집중하면 마음이 한결 가볍다. 개선 의욕도 높아진다.

자료가 쌓이면 선택이 쉬워진다. 장점과 단점, 그 외 다양한 면에서 '내가 할 수 있는 만큼'을 자세히 알게 될수록 기대치를 조정하기가 수월하다. 바라는 만큼의 계획을 세우는 것도 좋지만 작년, 지난달, 지난주와 지금을 비교해보면 현실적인 다음 한 걸음을 상상할 수 있고, 행동을 결정하는 데 전보다 자신이 생긴다.

자기 격려 차원에서 일 년에 두 번 '상반기/하반기에 잘한 일'을 쓰고 있다. 막 살았다는 느낌이 드는 시기조차 6개월로 치면 잘한 일이 하나쯤은 있고, 별로 나아진 게 없어 보여도 시도해본 것들을 쓰면 기운이 난다. 요리에 더 익숙해졌다, 블로그 포스팅을 시작했다, 신춘문예 두 군데에 투고했다, 적금통장을 깨지 않았다, 연락을 끊어 찜찜했던 사람들에게 연락했다 등. 특별할 건 없지만 내가 시도하지 않는 이상 일어날 가능성이 없었던 일들이다.

시간이 간다는 것은 경험이 쌓인다는 뜻이다. 침대에 누운 채 보낸 한 달에도 그 시간만의 기능이 있다고 생각한다. 방전된 나를 스트레스로부터 지켜주는 기능, 몸이 나을 기회를 주는 기능 같은 것 말이다. 우유부단한 나도 가끔 호언장담하고 싶은 말들이 있는데, 지금 하려는 말이 그렇다. 엄밀히 따지면 제자리에 머무는 사람은 없다고, 이 연사 외친다.

천재도 바보도 아닌 '나'

"세상에서 제일 똑똑하고 제일 바보 같애."

내가 '같애 시인'이라 부르는 M은 나를 많은 것에 비유한다. 그의 표현은 언제나 과장된 면이 있지만 본질은 정확하다. 나는 대부분의 경우 바보 같지만 아주 가끔 뛰어나 보일 때도 있다.

비록 우물에서 뛰노는 개구리였으나 충동성과 과잉행동 욕구가 타악과 잘 맞아서, 강의를 그만두면 작은 난타 공연팀에 들어갈 생각도 했다. 외국어 단어를 외울 때는 엉뚱한 상상으로 의미 부여하길 즐기는 게 도움이 됐다. 잘 풀리니까 재밌고, 재밌으니까 계속하고 싶었다. 남몰래 턱을 하늘 끝까지 쳐들었다. 아, 나 좀 천재인 듯?

 그런데 내 소소한 재능들은 '대인능력 부족'이라는 결핍으로 귀결되곤 했다. 이렇게 배우면 뭐 하나? 써먹질 못하는데 싶어 흥미가 식었다. 산만한 관심사에 돌아가며 물 주느라 실제 외국어 실력은 고만고만한데, 통역 일을 시도했다가 실력과 주의력 부족에 왕복 펀치를 맞았다. 타악도 팀에서 갑자기 빠지면서 손을 놓았다. 심해진 청각과민 증상이 발목을 잡고, 극복 못한 사회생활 트라우마가 머리채를 잡아 나를 한방에 끌어냈다.

 언어와 음악에 감각이 좀더 있다면, 숫자와 공간감각은 바닥 수준. 특히 숫자 정보들은 내 뇌에 진입하기 전마다 뇌에 곱게 방'수數' 처리를 해주는 모양이다. 만 단위 이상은 0이 몇 개 붙든 그게 그것 같고, 회계 업무를 맡으면 어느새 주7일 근무를 하고 있고, 작은 모임에서 총무라도 맡으면 내 돈이 확 줄어 있기 일쑤다. 그럴 때마다 생각했다. 멍청이란 나한테 쓰라고 만든 말이구먼.

 결핍에 집중할수록 결핍이 확장됐다. '나는 숫자 바보'라고 생각할수록 쉬운 계산에도 머리가 얼어버렸고, 모든 일이 사람에서 걸리는 것 같아 사람을 더 피했다. 앞서 언급했듯 한때는 내 목소리가 너무 듣기 싫어서 보이스 트레이닝까지 받았는데, 강사 선생님은 목소리에는 아무 문제가 없다고 했다. 몇 년 뒤에는 유튜브로 책 낭독 채널을 열어보려 하고 있었으니, 문제는 나에 대한 내 생각이었다.

 열등감은 자아도취와 성질이 비슷하다. 내 열등감에는 하는 일이 뜻대로 돼야 한다는 고집도 들어 있었다. 사실 외국어로 돈벌이를 못해도 내가 좋아하는 애니메이션을 알아들을 수 있는 건 평생 가는 기쁨이다. 뛰어난 능력을 선망하고 무능함을 자책하느라 중간의 능력을 무시한 난 노력형 바보였을지도.

건축가 김진애는 도시마다의 장점을 키우는 법에 대해 이렇게 조언했다.

"분수를 지키며 분수를 키워라."[86]

괜시리 움츠러들 때마다 떠올리는 말이다. 재능을 특권으로 보지 않고, 기대치가 현실적인지 생각하고, 모 아니면 도 사이의 기능들을 본다. 무엇보다 나에게는 글쓰기에 질리지 않는 능력이 있다. 번아웃이 잘 오지만 쉬면 제자리로 돌아와주는 고마운 관심이다. 글 한 편을 써내자면 생각이 갈래 없이 튀어 다녀서 일주일을 통으로 써도 빠듯할 때가 많다. 모래 한 바가지를 바닥에 뿌려놓고 사금을 한 알씩 집어내는 느낌이랄까. 그런데 생각 속을 헤집다 보면 보인다. 쓸데없어 보이는 것들이 모여 나를 이루고 있다는 것. 그렇게 나를 재구성하면서 미묘하게 다른 사람이 되어가는 것을 느낀다. 나에게도, 남에게도 더 좋은 방향으로.

자랑하고 싶은 거 있으면 얼마든지 하시라. 나는 한 개도 부럽지가 않다. 진짜 '한 개도' 안 부럽냐고? 음… 우리 딱 한 개만 부럽기로 하자.

극 내향형 ADHD인입니다

대인기피와 함께 사는 법

나는 혼자 놀기 귀신이다. 혼자 책 보고 영화 보고 기사 읽고 멍 때리다 보면 하루가 훌쩍 간다. 세상에는 내 관심을 받고자 차례를 기다리는 주제들이 널려 있어서 시간을 배분하며 돌봐주기 빠듯하다. 그 와중에 틈틈이 어제 있었던 일도 돌아봐야 하고, 십 년 전 일도 떠올려주고, 지키지 못할 계획들도 잔뜩 짜고, 하늘과 나무를 보며 공상도 해야 한다. 나도 언젠간 할 일을 다 끝내고 심심해보고 싶은데, 내 머릿속이 팟캐스트고 넷플릭스라서 가능할까 모르겠다.

한때는 인싸였다. 대학 때 "바람이는 다 좋은데 좀 밝았으면 좋겠어"라는 교수님의 말이 향상심에 불을 당겼다. 사회성 기르기 프로젝트가 시작됐다. 날마다 두세 개의 만남을 소화하고 아침이면 거울을 보면서 웃고 말하는 훈련을 했다. 몇 년이 흐른 어느 날, 마침내 교수님께서 말씀하셨다.

"바람이는, 밝지."

바람이는, 밝지, 밝지. 씹을수록 단물이 나오는 말이었다. 사람들도 말했다.

"참 두루 사람을 잘 챙겨서 부러워."

"발도 넓다. 그 사람은 또 어떻게 알고 지내?"

오호라, 이렇게 살면 되는구나. 그런데 답답했다. 왜 산꼭대기에 집 짓고 혼자 살고 싶은 생각은 안 없어질까. 진심으로 무인도에 가서 살고 싶은 걸까.

그 '인싸 흉내'는 사진촬영용 근육 같은 거였다. 급히 벌크업하고 주사 놓아 만든 근육. 요령이란 걸 몰랐던 때라 기대치에 끌려다녔다. 가까워진 관계는 물론 피상적인 관계에마저 공을 들이며 에너지를 크게 소모했다. 서서히 물음표가 떠올랐다. '왜 꼭 밝아야 되지? 따뜻하고 편안한 어둠도 매력 있지 않나?'

성격 개조에도 한계가 있다. 7년간 내향성과 외향성을 연구한 수전 케인은 책《콰이어트》에서 이것을 '고무줄'에 비유한다. 우리 성격은 고무줄처럼 늘어날 수 있지만 그것도 어느 정도까지라는 것.[87] 나는 항상 무리하게 늘어나서 끊어지기 직전이었다.

고반응성 아이들

'왜 나는 사람을 안 좋아할까?' 이런 마음이 비인간적인 것 같아 숨기고 싶었다. 사람들과 세련되게 멀어져 보려고 애쓰다가 지쳐버리면 제일 손쉽고 비겁한 방법(=잠수)을 썼고, 이게 내 '쓰레기성'이라고 생각했다. 나중에 알았지만 어떤 친구들은 SNS에 "우리 아이 보셨나요" 하면서 애처롭게 글을 남기고 다녔다고 한다. 이 친구들과는 몇 년 뒤 연락이 닿아(라기보다 덜미가 잡혀) 사죄했지만 여전히 부끄럽다.

'사람을 좋아한다'라는 말에는 모호한 구석이 있다. 어떤 사람이 좋아도 그와의 만남이나 관계 맺기는 힘들 수 있다. 그 사람을 존중하는 마음 때문에 내가 그와의 관계에서 기대치에 닿지 못한다는 게 더 괴롭게 느껴질 수도 있다. 상대를 이해할 수 있느냐와 내게 그 사람을 겪어나갈 힘이 있느냐는 다른 문제여서, 어떤 때는 이해하기 때문에 더 쉽게 포기했다. 내가 나일 수밖에 없듯 그 사람도 자신을 바꾸기 어려울 테니 말이다. 다루기에 따라 사소해질 수 있는 불편을 견디지 못하고 관계를 포기해버린 점에는 변명의 여지가 없지만, 도망치기 전까지 무진 애를 썼던 것은 역시 사람으로서 좋아하는 마음 때문이었다.

내향인과 외향인은 제대로 기능하기 위해 필요한 외부 자극의 정도가 다르다. 자극을 잘 받는 편도체(뇌 변연계의 일부. 동기, 학습, 감정 관련 정보를 처리함[88])를 타고난 사람들이 있는데, 신경계의 이런 민감도가 '잘 알아차리는 속성'을 만든다.[89] 이에 따라 내향인은 차이에 민감하며 복잡한 정서를 갖게 되고, 긍정적 경험과 부정적 경험 모두에서 강한 영향을 받는다.[90]

수전 케인은 최적으로 자극되는 수준을 '스위트 스폿'이라 부르며, 자신이 이 지점을 찾고 있음을 이해하라고 말한다. 이를테면 사람들과 시끌벅적한 카페에서 수다로 기분을 푸는 게 좋은지, 집에서 조용한 음악을 틀어놓고 책을 읽는 게 좋은지 말이다. 지은이는 "자신의 스위트 스폿을 아는 사람들은 자신을 지치게 하는 일을 그만두고 새롭고 만족스러운 일을 시작할 힘이 있다"고 말한다.[91]

이렇게 '고반응성'을 타고난 아이들은 기질에 우울과 불안 등의 위험요소가 있지만 다정하고 협조적이며 정의로운 경향이 있다. '쉽게 시들 수 있지만 적절한 조건이 갖춰지면 강하고 근사하게 자라는 난초'와도 같다.[92] 내향인과 외향인이 잘 섞여 있을 때 팀의 업무 효율이 가장 높았다는 연구 결과들도 있으니,[93] 내향인의 사회적 기여도가 떨어진다는 건 선입견이다.

외향적인 사람조차 사교성에 대한 압박을 느끼는 세상이다. '밝다'라는 말이 칭찬으로 쓰일 때 사교성과 외향성을 암시하는 게 씁쓸하다. "그 사람은 성격이 밝아서 좋아." "전보다 밝아 보여서 좋네" 같은 말은 선의에서 나오지만, 나는 이 말에 '사회적 선의'가 빠져 있다는 생각을 한다. 여기에는 '밝지 않은 성격은 좋지 않다'라는 전제가 있다. 우리는 내향적인 사람이 외향적인 사람과는 다른 장점을 가지고 사회에 기여한다는 걸 안다. 그러면서도 만남에 소극적인 사람을 '사회성이 부족한 사람' '어둡고 부정적인 사람'으로 분류하고, 관계가 지향하는 가치에 맞지 않는 존재로 판단하기도 한다.

몸과 마음을 건강하게 하는 긍정적 태도는 필요하다. 하지만 사회 전반에서 활달한 성격을 권하는 데는 개인의 기질을 무시하고 이상적인 성격 유형을 결정짓는 일면이 있다. 관습적인 선량함이 배제를 낳는 것이다. 사는 방식에 정답이 있을 리 없고, 나는 시들어 있던 나를 이제라도 잘 키워내고 싶다. 강하고 근사한 난초로.

어느 ADHD 내향인의 대화 부적응

'스몰토크smalltalk'라는 단어를 처음 접했을 때는 이렇게 생각했다. '잠깐, 그게 small이라고요?' 체감상 그건 엑스라지토크XL-talk다. 대화가 즐거울 때도 많지만, 드는 품이 크다. 기본적인 의사소통 과정은 이렇다. 머리는 기름때 낀 듯 돌아가지 않고 말은 툭툭 끊어져 들리는데, 생각이 가지를 뻗어 나가며 주변 소음이 훅훅 끼어든다. 움직이고 싶어서 근질근질한 와중에 청각 신호를 붙잡아 여러 선택지를 두고 의미를 추측하는데, 필요한 기억이 자꾸 흐려진다. 가까스로 내 입에서 나올 말을 검열하며 맥락에 적절한 반응을 골라낸다.

상대의 대화 진행이 유독 빠르거나 화법이 생략적일 때는 전력으로 뛰던 뇌가 공중곡예를 시도했다. 일대일 대화일 때는 반응할 사람이 나밖에 없는데도 딴생각이 들어 진땀 나는 면이 있는데, 3인 이상일 때는 아예 이야기 흐름을 못 따라갈 때가 많았다. 사람들 간 억양이나 속도 차이에 적응하는 데도 시간이 걸리고, 각자의 입장과 관계성 등 의미 추측에 필요한 정보들을 떠올려보지만 허공을 움키는 것처럼 막연했다. 코딱지만 한 외딴섬에 가 있는 기분. 이렇게 긴장을 놓을 수 없는 대화는 혀에 랩을 씌우고 음식 맛을 보는 것처럼 무감각하다.

아동학자 라라 호노스웹은 ADHD 아동이 타인의 숨겨진 정서를 읽어내는 '정서적 직관력'을 가졌다고 보았는데, 상황에 맞게 행동하는 '눈치'와는 다르다.* 만일 그렇다면, 이건 ADHD가 대화에서 느끼는 또다른 고통의 원천이다. 보이는데 어긋나는 것. 눈빛과 자세 변화, 목소리 등에서 상대의 감정이 하나하나 보이고 거기에 아주 민감하면서도, 엉망이 되는 자신의 언행을 제어할 수 없다는 간극 말이다. "안돼! 그러지 말라고!"라고 외치는 나 자신은 손발이 묶여 있고, 내 ADHD는 이미 일을 저질렀고, 내 민감성은 부정적 결과를 실제보다 치명적인 것으로 부풀린다. 나는 차라리 아무것도 보지 못하는 무던함이 내게 있기를 바랐다.

이런 게 기본값이라면 '돌부리에 걸리는 느낌'들은 따로 있다. 보통 한두 시간 정도면 에너지가 고갈됐는데, 쉬자고 하거나 자리를 털고 일어설 강단이 없었다. 그 외 장소, 이동, 음식 등 건강 때문에 제한되는 자잘한 선택들을 공유하다 보면 미안해지고, 상대방이 오해하거나 불편해하지 않게 설명하는 게 어려웠다. 내가 관심 갖는

---

* 김경림 작가는 책 《ADHD는 없다》에서 "호노스웹은 이 능력을 '말해지지 않은 것을 인식하는 재능' 또는 '다른 사람의 정서를 읽어내는 능력'이라고 표현했다"고 밝히며 이것이 '눈치'와 다르다는 견해를 더한다. "이 직관력 때문에 어려움에 처하게 되는 것을 '정서적 감염'이라고 표현한다. 다른 사람의 정서 상태가 정서적 직관력을 가진 아이에게 그대로 전달되어 일어나는 일이다."[94] 이 책이 ADHD를 보는 관점은 나와 다르지만, 전형적인 치료 방법을 벗어나 현명한 교육방식으로 아이를 성장시킨 저자의 경험과 깨달음은 유용하다.

주제들은 사람들을 당황시켰는데 그런 얘기를 피하다 보니 나에 대해 할 말이 없어졌고, 진심을 외면한 채 떠들다 오면 더 고립된 느낌이었다. 결국 나는 어떤 식으로든 사람들을 불편하게 하고 마는 것만 같았다.

요즘은 미안해할 기력이 사라져서 오히려 내 상태를 조금씩 전달하고 있다. 누가 여행이나 장시간 모임, 4인 모임을 권하면 조심스럽게 사정을 설명하고, 대화 중 갑자기 일어나 움직이고 싶거나 머리를 식히고 싶어지면 '에라, 모르겠다' 하고 입을 뗀다. 내가 무엇을 원하는지 알기 위해 몸과 마음의 미세한 변화를 감지하는 습관도 들이고 있다.

이제는 사회불안장애와 상황적인 대인기피와 내향성이 한 덩어리가 되어 어디까지가 기질이고 어디부터가 병증인지 모르겠다. 그래서 적당적당히 넘기면서 살기로 했다. 싫은 건 되도록 덜 하고, 힘든 건 피하고, 그래도 꼭 하고 싶은 건 하고. 까다로워 보인다고 해도 별 수 없다. ADHD가 부채질한 대인기피증 때문에 하고 싶은 일을 전부 다 포기해야 한다면, 그건 내가 세상한테 좀 많이 손해보는 느낌이니까. 나를 존중해준 사람에게 되돌려줄 수 있는 존중도 이것뿐이다. 내 마음과 상황을 신중하고 진실하게 전하는 것.

이해해줄 수 있는 사람에게라면 내가 만남에서 할 수 있는 것과 없는 것을 되도록 정확히 알려주는 게 좋다. 상대를 위한다는 생각으로 한두 번 어려움을 참아 넘기다 보면 상대는 지켜야 할 선을 몰라 혼란스러워하거나 이제 괜찮구나, 생각하게 된다. 그러면 말한 쪽은 기껏 내 상태를 털어놓았는데 잊었나 싶어 실망하게 되고, 지난 번엔 괜찮았는데 왜 이번엔 안 되는지 설명하기도 난감해진다. 대인 상황에 큰 불편을 못 느끼는 경우라면 굳이 ADHD가 있어서 어려운 점을 늘어놓을 필요는 없겠지만 말이다.

지인들이 무리하지 말라고 말해줄 때 안심되고 고맙다. 관계에 너무 많은 걸림돌을 가진 것 같아 부끄럽지만 그렇다고 내가 미완성 상태라고 생각하진 않는다. 사람마다 수용 가능한 자극의 한계가 다르고, 행복의 조건은 생각과 말과 행동이 일치하는 것이니. 원하는 것을 스스로 알고 표현할 수 있으면 된다.

소통의 조건

스스로 감당 못할 급발진을 자주 하는데, 그중 하나는 작년에 일반인 인터뷰를 흔쾌히 수락해버린 일이다. 얼떨결이었다. 인터뷰어가 됐을 때도 고전한 기억들이 아직 생생하건만. 2시간 동안 내 얘기를 해야 하고 그게 영상으로 남는다니 더욱 긴장이 됐다.

저질렀다 싶었지만 이왕 승낙한 거 생각을 고쳐먹었다. '그래, 나한텐 나를 드러내는 연습이 필요해.' 미리 받은 질문지를 보며 여러 번 대답을 연습했다. 그런데 막상 인터뷰를 시작하니 질문이 거의 다 즉흥적이었다. 속으로 땀을 뻘뻘 흘리면서도 흐름에 휩쓸려갔다. 아오, 결국 치명적인 말실수를 세 개나 하고 돌아와서는, 수정을 요청하니, 전체를 취소하니, 하며 일주일을 끙끙 앓았다(발간된 인터뷰집을 보니 내 건 아예 빠져 있어서 기뻤다).

그래도 해본 게 어딘가. 나는 심심함은 잘 몰랐지만, 늘 공허했다. 누군가와 감정과 생각을 제대로 나눌 수 없었기 때문이다. 그래서 설사 한 발 나아가려다 두 발 물러서더라도 그것 자체가 어딘가로 나아가는 방법이라고 생각한다.

사회의 일원으로 산다는 건 '치고 빠짐'의 연속이 아닐까. 자극 속으로 들어갔다가 안전지대로 돌아오길 반복하는 일. 대세는 인싸도 아싸도 아닌 그럴싸라는데, 사회성의 전진과 뒤처짐을 걱정할 게 아니라 내 둘레에 동그라미를 그리고 자기만의 방식으로 잘 넘나들 수 있다면 그걸로 되는 것이다.

그래서 느슨한 연대를 좋아한다. 관계의 형식에 얽매이면 자신을 드러내기가 더 어렵다. '나'로 있을 수 없으면서 '우리'를 요구받을 때, 우리는 함께라서 더 외로워지고 소통보다 고립을 택하게 된다.

3년 전부터는 집에서 화상 앱으로 모임에 참여하고 있다. 주마다 있는 명상 모임과 비정기적으로 참여하는 글쓰기 특강, 환경활동가 모임 등이었다. 이것도 여러 사람을 만나는 일이라 용기가 필요했지만, 같은 이상을 추구한다는 점에 집중하면 내 마음의 문제가 조금 작아 보였다. 강의 앱과 습관 만들기 앱에서 함께하는 느낌을 받기도 하고, 글쓰기 플랫폼, 심리학 동영상 채널, ADHD 커뮤니티에서 댓글로 위로와 조언도 나눈다. 요즘은 종종 안부를 나누고 문화행사에 같이 가는 ADHD 지인들도 생겼다. 서로의 기복을 이해하기에 잠수도, 거절도 편안하게 받아들이며 흘러가는 대로 흐르는 사이다.

평생 가까운 사람에게조차 이해받지 못하던 마음을 이름도 모르는 이들과의 공감으로 치유하는 경험은 신비롭고 뭉클했다. 한때는 발이 넓다는 얘기를 들을 만큼 다양한 관계를 맺었고 좋은 사람들도 많이 만났지만, 한 번도 제대로 공감받는 느낌 없이 살아왔다는 걸 뒤늦게 깨달았다. 내 마음 한가운데 있는 것들을 언어화하는 건 너무도 어려웠다. 그 정체를 잘 몰라서이기도 했고, 뭐라고 말해야 할지 몰라서, 대화 과정 자체가 벅차서, 괜히 더 마음 다치고 싶지 않아서, 관계를 망가뜨리고 싶지 않아서, 그러다 보니 습관이 되어서 나를 보이지 못했다.

오래 고립되어 살아온 사람들에게는 조금씩 마음을 씻어내는 과정이 필요한지도 모르겠다. 이곳저곳에서 만난 한 문장, 한 단어에, 공감하는 눈빛에, 끄덕여주는 고개에 슬쩍슬쩍 마음 한 귀퉁이를 적셔나가야 하는지도. 마음을 나누는 일이 언제나 본격적일 필요는 없다. 나는 여러 집단에서 느슨하게 교류하며 관계에 대한 기대와 실망도 줄었다. 한 집단에서 유대감과 공감을 다 채우고 싶은 마음이 사라졌기 때문일 것이다.

소통에 필요한 조건은 하나다. 다 이해할 수 없을 걸 알지만 그래도 이해에 가까워져보고 싶은 마음. 가까이서 많은 시간을 함께 보낸 사이라도 이 마음을 내기가 쉽지 않다. 어떤 모습, 어떤 거리면 어떤가. 나는 여기 이렇게, 당신은 거기 그렇게 살고 있으면 됐지. 당신의 매력적인 어둠을 멀리서도 알아볼 사람은 반드시 있다.

ADHD 성인에게 의존과 독립이란

'나'라는 경계를 넘나들며

"항상 골똘해."

애인이 나를 표현하는 말 중 하나다. 뭔가에 꽂히면 시공간이 한순간에 사라진다. 밥 먹는 중이든, 버스에 오르는 중이든 이 우주에 내 의식만 오롯이 남는다. 모든 소리가 차단되고, 기다려달라고 말할 생각도 못하고, 시간의 흐름도 못 느낀다. '이것만 하고 얼른 끝내자' 하고 있을 때도 많지만, 상대방 입장에서는 그게 언제인지 모르는 게 문제다.

얼마 전에도 데이트 중 어떤 책 정보에 꽂혀서 휴대전화만 보고 있었다. 구경도 하는 둥 마는 둥, 애인이 모처럼 미래 계획을 얘기해도 듣는 둥 마는 둥하다가 싸해진 분위기에 뒤늦게 식은땀을 흘렸다. 요즘은 애인도 이게 ADHD의 과몰입 증상인 걸 이해하게 됐는지 내가 사과하면 "어쩔 수 없지 뭐" 하며 넘긴다. 그런데 그 모습에 더 미안해진다. 증상을 이해한다고 서운한 마음까지 사라지는 건 아닌데 화조차 내지 못하는 듯도 하다.

그가 참아주고 있는 게 얼마나 많은지 이야기하려면 나는 무릎을 꿇어야 한다. 늘어놓기로 하면 하룻밤이 걸릴 테니 지면 관계상 생략한다. 중요한 건 내 온갖 구멍을 메워주는 사람에게 나는 중요한 얘기조차 못 들어주고 있다는 거다. 아, 나도 의지가 되는 사람이고 싶은데. 현실의 나는 자타공인 '손 많이 가는 사람'. 주변 사람 등에 빨대 꽂고 도움을 빨아먹고 산다. 직장이나 단체활동에서도 옆에서 챙겨주는 동료들이 한 명씩 있었다. 회의에서 못 들은 내용을 알려주고, 서류상의 실수를 잡아주고, 분위기 파악이 안 될 때 조언해주는 은혜로운 분들.

도움을 갚을 날도 요원하니 물질로 퉁칠 속셈이나 부린다. 앞뒤 안 가리고 "제가 낼게요!"가 습관이다. 여유가 되냐고? 그런 분별력이 있다면 내가 ADHD가 아니다. 결국 내 마음의 소리는 이렇게 수렴되곤 했다.

"너나 잘하세요."

건강한 의존과 독립

사실 주변 사람에게 적절히 의지할 줄 아는 건 누구에게나 필요한 태도다. 특히 정신질환을 갖고 살아가는 사람이라면 도움이 필요하다는 점을 받아들여야 치료로 나아갈 수 있다. 정신질환 치료에서 환경의 영향은 당사자의 의지만큼 중요하다. 가족치료 전문가인 리베카 울리스는 《사랑하는 사람이 정신질환을 앓고 있을 때》에서 동료 환자, 치료 제공자, 사랑이 넘치는 가족 또는 친구와의 지지적 상호관계가 환자의 내적 변화를 촉진한다고 했다.[95]

> 신체적, 정신적, 정서적으로 고통받는 사람이 스스로조차 확신할 수 없는 가장 암울한 때에도 자신을 믿어주고, 좋은 때나 어려운 때나 오래도록 곁에 있어줄 누군가가 있다는 사실을 깨닫는 것은 엄청난 변화를 일으킨다.[96]

나도 내 단점을 결핍으로 보지 않는 사람과 많은 시간을 보내면서 비로소 나를 긍정적으로 보게 됐고, 우울감이 사라졌다. 처음에는 상대를 밀어냈다. 누구든 내 본모습을 알면 도망갈 거라고 생각했다. 그런데 세상에는 바닥까지 바보가 되어도 좋은 관계가 있었다. 우울하고 민감한 내 곁에도 누군가 있어준다는 걸 알았다. 그건 나를 드러내 보여야만 확인할 수 있는 것이었다.

모든 환우에게 이런 존재가 있다면 좋겠지만 불건강한 관계만 피해도 다행인 경우도 많다. ADHD를 가진 경우 심리적 지배의 피해에 취약하다는 점이 자주 지적된다. 주변 환경의 자극에 민감하며 자존감이 낮을수록 상대의 기대치에 쉽게 압도되는 것이다. 나도 전애인 등 가까운 사람들에게 심리적 지배를 받았지만 그게 정서적 착

취라고는 생각하지 못했다. 심리적 지배는 악의 없이도 이루어진다. 인정 욕구에 목말랐으니 "나는 네가 이러이러해서 좋아" "내 편은 너밖에 없다"라고 추켜세우는 말이 좋았다. 자책을 사서 하는 내게 "넌 다른 사람이랑 다른 줄 알았는데" "실망이야"라는 말은 내가 원래 어떤 사람이든 간에 더 노력해서 그의 기대치에 닿아야 한다고 믿게 만들었다. 애초에 '부족한 게 많은 나를 상대가 받아준다'고 여기고 있었으니 관계를 객관적으로 인지하기도 어려웠다.

기울어진 관계 권력 아래에 오랫동안 놓이면 자신의 가치를 의심하게 되고, 감정과 의견을 스스로 묵살하게 된다. 나는 사람들과의 관계 속에서 내 불편감을 무시하며, 상대의 방식이 상처가 되어도 내가 까다로운 게 문제라고 생각했다. 내면화된 가스라이팅의 한 모습이었다.

눈치를 많이 보는 것은 ADHD인의 특성이기도 하지만, 어떤 관계에서 모든 일에 눈치를 보게 된다면 문제는 자신이 아닐 수도 있다. 마음의 문제를 겪는 사람일수록 내가 이 관계에서 편안하고 만족스러운지 돌아봐야 한다. 죄책감이나 부채감 때문에 관계를 유지하고 있다면, 물리적, 정신적, 시간적으로 자신에게 맞는 경계를 설정해야 한다. 고맙거나 미안해서 또는 두려워서 자신에게 맞지 않는 방식을 지속하는 것도 엄밀히 말해 내가 상대방에게 정서적으로 의존하는 일이다. 거리를 조정할 때 생기는 부담을 피하고 상대의 기대치를 충족하는 데에 안주하는 면이 있기 때문이다.

기억하자. 상대가 A와 B의 선택지만 제시했을 때 나는 C를 택할 수도 있다. "나는 나에게 상처 주는 사람들과 관계 맺지 않을 권리가 있고, 죄책감을 느끼지 않고도 '싫다'라고 말할 권리가 있다."[97]

계단식 성장

ADHD는 유전적인 병이다. 내 경우는 부모님 모두 ADHD 경향성이 높은데, 특히 엄마의 의사소통은 양과 질 양면에서 상당히 높은 난도로 전개된다.

작년까지도 본가에 가면 몇 시간 만에 인내심에 한계가 왔다. 내 머릿속도 혼돈의 카오스고 에너지 소모가 빠른데 시도 때도 없이 치고 들어오는 엄마의 '암호해독 과제'를 풀어야 하니 금세 지쳐 널부러지곤 했다. 내가 ADHD라는 걸 몰랐을 때는 엄마의 그런 모습을 보는 것만으로도 너무 화가 났다. 스스로 부끄럽게 여기는 나의 한 부분을 보는 것 같아서였다. 엄마의 의사소통 방식은 나와 다르지만 겹쳐지는 부분이 많았다. 조급증과 부정적인 것에 집중하는 성향도 그랬다. 내 병을 확인하고, 엄마에게도 그것이 증상일 거라는 생각이 들자 비로소 엄마의 모습을 평온하게 바라볼 수 있었다.

공식 진단을 받지는 않았지만 엄마에게는 심한 불안과 강박 증상이 있었다. 내가 어떤 좋은 소식을 전하든 엄마는 곧바로 다섯 가지 걱정거리를 찾아내 경고할 수 있는 불안력을 자랑하셨으니, 나는 울 엄니를 통해 기쁨은 나누면 반이 되고 불안은 나누면 네 배가 된다는 걸 배웠다. 잘 받아드리고 싶었지만 내 불안을 소화하기 벅찬 상태에서 더 강력한 엄마의 불안을 잠재워드릴 여력이 없었다. 그런데 요즘은 부정적 감정을 강화하는 말은 자제하고, 작은 일에도 환하게 웃으신다. 기대에 차지 않는 사소한 일들은 우스운 일화로 받아들이고, 혼자 하는 말 대신 주고받는 대화를 하려고 신경 쓰신다.

"즐겁게 살아야 돼. 알았지?"

요즘 자주 쓰시는 인사말만 봐도 엄마의 사고방식이 얼마나 달라졌는지 느낀다.

엄마도 처음에는 내가 얘기하는 것들을 계속 부정하셨다. 하지만 나는 엄마와 함께하는 시간이 항상 힘들었고, 그렇다고 엄마를 보지 않고 살 수도 없는 노릇이었다. 매번 그 문제에 우리가 어떤 영향을 받는지 끈질기게 설명하고 자료를 제시했다. 그러면서 점차 "나한테 그런 면이 있지" "그러고 싶은데 잘 안 돼"라고 메타적으로 얘기할 수 있는 관계로 바뀌었다.

40년 가까이 서로를 탓하고 싸우는 부모님을 보며 '사람은 변하지 않는다'는 믿음을 가졌다. 연세 드신 부모님을 바꾸려 드는 것도 욕심이라고 생각했다. 단지 내가 살 수 있을 만큼의 환경을 만들고 싶었는데, 너무나 달라지신 모습을 보고 알게 됐다. 스스로 필요를 느끼면 사람은 변할 수 있다는 것. 자신이 낳아서 키운 존재에게 "내가 달라질게" "나는 너희를 아무것도 모르고 키운 것 같다"라고 말할 수 있는 어머니 내면의 성숙함을 존경한다.

애인은 비현실적으로 자상한데, 감정 문제로 힘든 시기가 길었다. 우리는 관계에서 수없이 롤러코스터를 타며 고비를 넘겼다(요즘은 좋지만 언제 나락으로 떨어질지 모른다. 우리에게 내일은 없다). '섬 연애'였다. 자신의 정신적 한계를 감당하는 와중에 서로의 정신적 한계와 종일 부대꼈다. 우리에겐 방학이 필요했으나, 서로 떨어지는 순간부터 다시 물리적 거리가 갈등의 씨앗이 되었다. 불안정한 사람들끼리 서로 돌본다는 것은 정말 어려운 일이다.

모든 게 제자리는 아니었다. 서로에 대한 이해에도 어학 능력처럼 계단식 성장이 있었다. 같은 자리만 맴도는 듯 보이다가 어느 순간 상대방이 크게 도약했음을 느꼈다. 그래서 '역시 네가 변하면 되는 거였어'라며 안일해지고, 그러다 다시 관계가 무너지고, 뒤늦게 나를 돌아보면 자신을 충분히 객관적으로 보고 있다고 믿은 교만을 깨달았다. 그렇게 서로에게 끊임없이 생채기를 내면서도 어떤 희망 때문에 유지되는 관계들이 있었다.

전하지 못한 진심 전하기

관계는 한쪽에서 노력한다고 좋게 흘러가는 건 아니다. 다시 말하지만 자신이 정신적으로 취약해지는 관계에서는 자신을 보호하는

---

* 외부와 단절되어 철저히 한쪽 또는 양쪽이 공유하고 의존하는 관계. 섬 연애에서 겪는 문제들에 대해서는 리단 작가가 《정신병의 나라에서 왔습니다》 21장 '섬 연애'에서 자세히 다루고 있다. 그의 설명에 따르면 섬 연애자들이 보이는 특징은 불행한 과거나 쉽게 이해받기 어려운 고통을 가지고 있다는 것, 동거, 사회적 관계의 단절, 한쪽의 재정적 의존, 병중의 상호 진화, 공의존 등이다. 특히 "퀴어-정신병-섬 연애라는 3단 콤보는 그 파괴적인 면모에 비해 의외로 흔하게 존재" 한다.[98]

게 우선이다. 나는 부모님과 물리적으로 떨어져 있기 위해 어려서부터 외국 생활을 꿈꿨고 그렇게 했다. 하지만 어려서부터 몸에 밴 역할을 내려놓는 건 훨씬 어려웠다. 진짜 독립에는 '내 몫이 아닌 것을 감당하지 않을 용기'가 필요하다는 것을 뒤늦게 알았다.

가족과 연인이 내 ADHD와 공존질환에 흥미를 갖고 알아봐주길, 어떤 것이 내게 좋지 않고 어떤 것이 필요한지 관심 가져주길 내심 바랐다. 단순히 도움을 받는 것과 병식을 공유하는 건 다르니, 치병의 과정을 함께하는 진한 느낌을 받아보고 싶었다. 이 감정의 어디까지가 정당하고 건강한 의존인지는 모르겠다. 확실한 건 독립적인 존재가 되고픈 마음과 별개로 이런 모순된 감정이 있다는 거다. 성인이 되어 ADHD를 진단받은 사람들은 혼자 견뎠던 시간만큼 외로움과 보상심리가 남기 쉽다.

주변 사람에게 높은 기대를 갖는 건 자신에게 좋지 않다. 나에게는 진단명이 있지만, 모든 사람에게는 진단받지 않은 문제들이 있다. 자기다움을 감당하는 것이 벅차서 자신이 할 수 있는 역할을 인지하지 못하거나, 알아도 수행하기 어려운 경우가 많다.* 당사자의 병을 수용하면서도 증상을 악화시키는 행동을 반복할 수 있다. 거기에 초점을 맞추기보다 작은 것이라도 노력해주는 점이 있다면 그에 집중하며 내 요구를 전달하는 게 관계를 건강하게 한다.

* 리베카 울리스는 "증상은 사람이 아니라 병 때문에 생기"며, "병 자체를 미워하는 편이 훨씬 마음 편하"고, 증상과 병을 미워하는 태도를 갖게 되면 정신질환을 앓는 가족에 대한 사랑을 회복하는 경우가 많다고 말한다. 가족들의 진단받지 않은 문제를 포용하는 데에도 이런 생각은 도움이 된다.[99]

아버지 이야기를 하려고 한다. 여기 적는 모습이 아버지의 전부는 아니라는 걸 생각하며 읽어주셨으면 한다. 내가 어릴 적부터 아버지는 비주류 종교를 믿기 시작하며 사회적 기준으로 망상에 해당하는 생각을 가지셨고, 부모님은 매일 심하게 싸우셨다. 아버지는 결국 회사와 가정을 떠나셨고, 여파로 가세가 기울었다. 왜 그랬는지 나는 거기에 불만을 갖거나 가치판단을 하지 않았다. 나만은 옆에 붙어서 아버지의 이야기를 잘 들었다. 그런 세계가 없다고 단정할 수도 없었고, 아버지가 좋아서 아버지의 세계가 궁금했던 것 같다. '말 잘 듣는 이쁜 딸'로 있으면서 외로움을 달래드리고도 싶었다. 점점 커가며 내 가치관에 정면으로 반하는 이야기가 많다는 느낌이 강해졌지만 여전히 아버지만의 고유한 세계관으로 인정해드리려 애썼다.

문제는 대화의 내용이 아니라 태도였다. 아버지는 사람들의 경험과 감정을 당신도 모르게 강하게 부정하고 억압하는 습관이 있으셨다. 긴 세월 같은 패턴의 대화가 쌓이고, 정서적 충격을 받는 사건이 몇 가지 있은 뒤 아버지의 말을 듣는 상황 자체가 트라우마가 되고 말았다. 그런 성격 구조를 갖게 되신 배경들을 이해했지만, 의지만으로 내 무의식과 신체 반응까지 다스릴 수는 없었다. 내가 겪는 증상을 여러 번 말씀드리면서 더 큰 벽에 부딪쳤고, 몇 차례 구구절절 편지를 썼지만 보내지 못했다. 연락과 만남을 회피하며 일 년간 불안과 죄책감에 쫓겼다. 치료 과정은 더뎠다. 다른 일로 마음이 힘들던 날, 아버지가 보낸 카톡 하나에 긴 메시지와 메일을 쏟아내고 말았다. 40년 묵은 생각과 감정들이 며칠이나 터져나왔다. 원했던 일이지만 가장 원치 않았던 전개였다.

"좋은 아버지가 되어주지 못해 미안하다."

키가 자란 나는 낮은 지붕 때문에 허리를 펴지 못해 답답해했다. 천천히 공사를 해서 높여가려 했는데 마음처럼 되지 않았다. 그래서 40년간 머리 위에 있던 지붕을 어느 날 갑자기 부숴버렸다. 허리를 펼 수 있게 되고 나니 비바람을 막을 건 이제 내 두 손뿐인 걸 알게 됐다. 하지만 막막함은 크게 중요하지 않았다. 든든하고 높았던 천장이 조각 나 보잘것없이 흩어져 있는 모습과 지붕 아래에서 만든 따뜻한 기억들이 분노와는 다른 방식으로 나를 흔들었다. 아버지는 마침내 내 삶을 봐주셨고, 그건 아버지 곁에 위안으로 있던 어린 나를 어른인 내가 떼어내 떠나보내며 얻어진 것이었다. 하지만 아버지의 낯선 문장들을 주워 들고 알게 됐다. 너무도 서툰 방식으로 만들어졌지만, 지붕의 재료는 내가 본 가장 단단한 사랑이었다.

되지 않는 관계를 끌고 가는 것이나 타인을 바꾸려고 애쓰는 건 의미 없는 일이 되기 쉽지만, 내 생각을 충분히 전달하며 맺힌 감정을 풀어주는 일은 필요하다. 상대를 변화시키기 위해서가 아니라 앞으로의 나를 위해서. 어쩌면 다 안다고 믿었던 상대방의 이야기를 듣고 그를 더 이해하게 될지 모른다.

내 상태를 솔직하게 전하려면 '관계는 모든 순간에 좋아야 한다'는 고정관념을 버릴 필요가 있다. 늘 변화하는 게 관계의 속성이니까. 둘도 없이 친밀했던 예전의 부녀관계는 깨졌다. 하지만 언젠가 서로 더 깊은 이해를 갖고 만날 거라고 생각한다.

남에게 의지하는 일이 말처럼 쉽지는 않다. 도움이 절실하면서도 돌봄을 받기보다 주기에 익숙했던 분들께 심심한 위로의 마음을 전한다. 혹시 나와 비슷한 과정으로 죄책감을 겪고 계시다면 아버지가 내게 해주신 말씀을 나누고 싶다. 그 상황은 당신이 만든 게 아니니 자책하지 않으셔도 된다고. 앞으로 지나온 세월처럼 씩씩하게 잘 살아주시라고.

내 마음을 돌보는 시간

캐나다에는 정신과 의사와 상담사 외에, 환자의 위기를 관리해주고 지역사회에서 안정적으로 살도록 돕는 '증례관리자'*가 있다. 사회복지사의 역할도 더 넓다. 특히 부러운 건 무료 가족 상담이 제공되는 점, 부모와 정신질환자의 형제 등 입장별로 분화된 보호자 치료 프로그램이 있다는 점이다. 가족 전담 심리학자의 주관으로 일주일에 한 번씩 가족 모임이 진행되고, 가족 교육 기회는 너무 많아서 뭘 골라야 할지 모를 정도라고 한다.[100]

우리나라에 이런 제도가 있었다면 어땠을까. 가족 친지들과 연

---

* 이는 짧은 진료시간을 보완하기 위한 장치다. 증례관리자는 "정신질환을 앓는 사람이 한 가지 프로그램이나 서비스에서 다른 과정으로 옮겨가는 과정을 관리하고 원활한 이동을 돕는다. 환자가 독립적으로 살 수 있는 경우, 증례관리자는 생활의 기본적인 필요 사항들을 지원하고, 치료사, 의사, 치과의사 등 보건 전문가를 지정하고, 투약 및 재정적 지원을 얻어내며, 정신질환을 앓는 사람이 더이상 입원이나 집중치료를 받지 않고 지역사회에서 안정적으로 살아갈 수 있는 자원들을 동원" 한다.[101]

락할 때 분노와 불안으로 힘들어지는 일도, 명절 모임이 다가오기 반년 전부터 고민에 빠지는 일도 사라질지 모른다. 하지만 우리나라에서도 정신질환자들의 생활환경이 질환 개선에 얼마나 지대한 영향을 미치는지에 공감대가 만들어지면 지금보다는 나은 제도가 제공될 거라고 생각한다.

만일 주변에서 정서적 돌봄을 기대할 수 없다면, 내가 내 마음을 더 돌봐줄 필요가 있다. 나는 잠들기 전에 '약손' 의식을 한다. 마음챙김 안내를 들으며 오늘 있었던 일들을 돌이켜보고 내 마음이 어땠는지 들여다본다. 두 손으로 내 머리와 팔을 쓰다듬는다.

'애썼네, 잘했다.'

오글거릴 수 있지만 이 짧은 시간이 오늘의 감정 소모를 내일로 이어가지 않게 해준다. 내 수고를 내가 알아주는 건 제일 든든한 비빌 언덕이 된다.

오래 쌓인 감정은 매일 조금씩 체기를 풀어준다. 몸에서 감정이 걸려 있는 곳을 느껴보고 정성 들여 쓰다듬는다. 천천히 심호흡한다. 들숨에 신선한 에너지가 들어오고, 날숨에 부정적 에너지가 빠져나간다고 상상한다.

나는 내 몸을 감고 있는 트라우마 넝쿨을 내면에서 나오는 빛으로 끊어내는 상상요법을 제일 좋아한다. '징글징글한 것들아. 이럴 줄 몰랐지? 이젠 나한테 안될걸.' 마지막 화에서 초인적 힘을 내뿜는 만화 주인공처럼 의기양양하게 온몸에서 빔을 쏴준다. 넝쿨은 다시 나를 감아올리겠지만 그 힘은 어제와 다를 것이다.

너무 많은 '나'

감정이란 재밌다. 누군가를 도울 수 있길 바라면서도 손해보는 건 또 싫어서 '역시 내가 너무 만만한 건 아닌가' '호구 잡히지 말자'라는 생각을 한다. 동시에 그런 생각을 한다는 게 슈퍼 을 같다고 생각한다. 나한테 관계 권력이 없다고 느끼는 증거니까. 그래서 곧 생각을 바꾼다. 나에겐 나를 지킬 힘이 충분하고, 완벽히 건강하지 않을 때도 내 몫을 양보할 능력이 있다고.

양가감정으로 상처를 비추는 것은 마음이 상처를 다루어가는 과정이다.* 그리고 앓아온 시간에 비해 알아준 시간은 아직 짧다. 시간이 더 지나 충분히 비에 젖으면 메마른 마음도 초록을 품을 것이다.

"숨만 붙어 있으렴."

어느 날 들은 이 농담이 마음에 들었다. 건강해야 한다거나 행복하게 살라는 것도 아니고 그냥 살아만 있으라는 말. 요구 중에 제일 마음 가벼운 요구다. 아닌 게 아니라 이토록 부주의하고 앞뒤 안 가리는 내가 40년 가까이 살아 있다는 건 대단한 업적이다. 병이 없더

---

* 다친 마음은 복잡한 과제를 안기 마련이다. 하미나 작가는 우울증 당사자들의 목소리로 우울증을 이야기하는 책 《미쳐있고 괴상하며 오만하고 똑똑한 여자들》에서 이런 마음을 탁월하게 표현한다. "피해를 인정받되, 피해자인 것만은 아니라는 사실을 인정받기. 이것이 내게 고통이었음을 말하되, 나를 무너뜨릴 정도의 고통은 아니었음을 말하기. 별일이 있었으되, 별일이 아니었음을 드러내기. 일이 벌어진 것은 나의 책임도 나의 잘못도 아니지만, 동시에 나의 인생 경로 어디쯤에서 분명 나를 취약하게 만든 원인이 있었으며, 그 원인 역시 스스로 가장 열심히 탐구하고 있다는 것을 보이기."[102]

라도, 생존 문제가 미세먼지만큼 교묘하게 포진된 세상에서 이때껏 살아남은 우리는 칭찬받아야 마땅하다.

다만 이런 나를 매일 겪는 사람의 고충을 줄여주기 위해 내가 할 수 있는 노력을 하련다. '내가 여유로울 때'를 기다린다면 이미 그 사람은 곁에 없을 테니. 연인과 보내는 시간과 다른 일상의 비율을 정하기, 일이 예상보다 길어지거나 과몰입 상태가 될 때는 제일 소중한 게 뭔지 떠올려보기, 꼭 지금 안 해도 되는 일이라면 자리를 박차고 일어나기, 시간 조절에 실패했다면 어떤 점에서 시간이 걸렸는지, 그런 문제를 어떻게 방지할지 생각해보기.

이렇게 의식하게 되기까지도 그는 많은 외로움을 지불했다. 나는 언제나 피해의 입장에만 서는 것도, 가해의 입장에만 서는 것도 아님을 이 관계에서 무척 많이 배웠다.

나를 위한 이타심

"5년 후에 자신이 어떤 모습이면 좋겠어요?"

상담 마지막 회기에서 받은 질문. 잠시 생각에 잠겼다.

"제 문제에서 벗어나 의지가 되어줄 수 있는 사람이면 좋겠어요. 여유가 있는 사람요."

나도 모르게 너무 많은 말을 꺼내놓게 되는 사람들이 있다. '이 래도 될까' 싶으면서도 계속 더 깊은 얘기를 하게 되고, 헤어진 뒤엔 좀 민망도 하지만 따뜻함과 개운함이 차오르는 만남. 그들에겐 공통

점이 있다. 동떨어지지도 앞서가지도 않고, 딱 내 보폭에 맞춰 감정을 동행해준다는 것. 그래서 함께 있을 때 ADHD 증상도 큰 불편이 아닐 만큼 충만하다는 것.

남을 위해 내어줄 빈자리가 준비된 사람들을 동경한다. 내가 모든 증상을 극복하고 타인까지 잘 챙길 수 있으리라 생각하진 않는다. 다만 소중한 사람이 곁에서 자신을 보여주는 동안에 그 마음을 잘 듣고 싶다.

문득 내 일상이 나로만 가득하다는 생각이 들었고, 하루 5분은 다른 이들을 생각해보고 싶었다. 그래서 잠자리 의식을 추가했다. 마음에 걸리는 이들이 누워 있을 자리를 상상하는 것이다. 웅크리고 잠들었거나 잠들지 못하고 뒤척일 모습을 생각하면 어쩐지 가슴이 아릿하다.

마음으로 바란다. 엄마가 편안히 주무시기를, 연인의 마음이 평화롭기를, 친구의 병이 순조롭게 낫기를, 상을 당한 친구의 슬픔이 잘 흘러가주기를. 내친김에 모든 지구인과 동물과 식물의 안녕도 빌어본다. 지구가 안 망하기를, 지구가 망한다면 한 방에 끝나서 아무도 안 아프기를.

그러다 보면 예전에 나눈 대화나 잊고 있던 약속, 다짐이 떠오르기도 한다. 당장 어떻게 돕지 못하더라도 타인에게 사랑을 보낼 힘을 가졌다는 느낌은 필요한 때 누군가를 위해 쓸 에너지가 된다.

"막힌 부분이 풀리고 내가 완전히 평화로워지면 너와 나의 경계가 없어진다."

명상 모임에서 이 말을 듣고 오래 곱씹었다. 5년 뒤의 나는 완전히 평화로울까? 잘 모르겠다. 하지만 반대로 타인을 위하는 마음이 자신을 치유하기도 한다는 걸 기억한다. 이타적인 행동이 사람의 통증을 경감시킨다는 연구 결과는 많다. 말하자면 이타심은 우아한 이기심이다. 꼭 그렇게 거창한 일은 아닐 것 같다. 지금 손닿는 존재들에 감응하는 일이니, 꽃이 지기 전 한 번 더 바라보는 마음과 비슷하지 않을까 한다.

이야기가 길었다. 결론적으로 나는 계속 내 코가 석 자일 것 같고, 딱히 해드릴 건 없고, 그래서 텔레파시를 쏜다. 잘 받으셨기를 바란다.

5장
순간을 살아가는 힘

약물치료 도망자의 변명

요리 재고 조리 재도 알 수 없는 마법

ADHD 약 복용 4일차의 이야기다. 새벽 1시에 잤는데 아침 5시 반에 눈이 떠졌다. 안 하던 아침 조깅이 하고 싶었다. 동네를 휙휙 돌고 와서 클래식을 들으며 버섯을 구워 먹었다. 기분이 좋아서 빨래도 하기로 했다. 세탁기 버튼을 눌러놓고 식탁에 향초를 켠 뒤 꽂아만 뒀던 책을 펼쳤다. '아, 너무 행복하잖아. 하루가 이렇게 흘러갈 수도 있구나.' 가슴이 벅차오르고 몸은 이렇게 외쳤다. '나에게 일을 달라, 일을!' 말로만 듣던 복용 초기의 고양감이었다.

그날 나는 미루던 청소와 세금 신고를 했고, 집안을 뒤져 잃어버린 물건들을 찾아내고, 컴퓨터 바탕화면을 가득 채운 파일들을 정리하고, 휴대전화에 쌓아둔 글감 메모를 문서로 옮겨 적고, 먼지 쌓인 훌라후프를 닦아서 돌리고, 가족에게 안부전화까지 했다.

서랍장 만들기

약은 신경전달물질의 불균형을 해소해 뇌 기능을 개선한다.* 개선된 기능은 약효 지속시간 안에만 유지되지만, 생활에서 무의식적으로 반복해 굳어진 행동 패턴을 인식하게 하고, 노력으로 바뀌지 않던 부분을 바꿀 발판을 만들어준다. 그래서 성격과 의지력 문제라고 자책하며 우울과 불안에 빠지는 무한반복 루프에서 빠져나올 기회가 마련된다. 약에 내성이 생기는지는 약의 종류나 전문가에 따라 설명이 조금씩 다르다. 대체로 복용을 시작하면 초기에는 약효가 강하고 이후 서서히 줄다가 일정 수준으로 유지된다고 한다. 내가 겪은 초기의 약효를 좀더 묘사하면 이렇다.

- 약 먹기 전: 누워서 3시간째 생각 중. 해야 되는데 싫다… 지금은 싫다… 나중은 모르겠고 싫다… 나는 현재를 사는 놈이다….
  → 약발 돌기 시작: 일어난다. 걸어간다. 컴퓨터 앞에 앉는다.
- 약 먹기 전: 같은 문장을 다섯 번씩 읽는다. 글자들이 잉크 얼룩으로 보인다.

*국내에서 처방되는 ADHD 치료 약물은 정신자극제인 '메틸페니데이트 계열'과 비정신자극제인 '아토목세틴 계열'로 나뉜다. 메틸페니데이트 계열은 뇌의 전전두엽 피질 및 기저핵 영역에서 도파민과 노르에피네프린 활성을 증가시켜서 주의력과 자기 조절 기능을 향상시킨다. 대표 상품명은 콘서타, 메디키넷, 페니드로, 작용시간에 차이가 있다. 아토목세틴 계열은 노르에피네프린 재흡수를 억제해서 노르에피네프린의 양을 높임으로써 효과를 나타낸다. 대표 상품명은 아토목신, 스트라테라 등이 있다.

→ 약발 돌기 시작: 갑자기 글자가 이미지가 된다. 시선 닿는 곳마다 의미가 살아나는데, 흡사 저주받은 정원에서 저주가 풀리고 시든 꽃이 다시 피는 듯하다.

반대로 이렇게 생각하는 순간도 있었다. '갑자기 바보가 됐나?' 은행 창구에서 내가 왜 왔는지 설명하는데 입에서 말이 헛돌았다. 낱말 하나하나를 심해에서 길어 올렸고 발음도 뭉개졌다. '왜 이러지?' 생각하다가 그날 약을 깜빡한 걸 알았다. 바보가 된 게 아니라 그게 내 맨정신이었다. 약효 지속시간이 끝나면 정신은 원래 상태로 돌아간다. 마치 호박으로 돌아가는 호박 마차처럼.

이럴 때 깨닫는다. '포장도로를 두고 엉덩이가 들썩이는 비포장도로를 달리며 살았구나.' 약을 먹어도 실수는 한다. 언제나 약이 잘 듣는 것도 아니다. 하지만 ADHD 약을 먹기 시작한 사람들이 왜들 지난 세월을 원통해하는지는 이해가 됐다. 약을 안 먹을 때는 한 발로 깡충깡충 남들을 좇아간다면, 약을 먹으면 두 발로 걷다가 종종 돌부리에 걸리는 느낌이랄까. 약을 먹지 않는 ADHD 친구 K는 약을 먹으면 머릿속에 서랍장이 생기느냐고 물은 적이 있는데, 나는 가구까진 아니지만 종이상자 몇 개 정도는 생기는 느낌이다. 약에 따른 반응은 사람마다 다르겠지만 '지금은 서랍장 없이 물건이 다 어질러져 있는 것 같다'는 그의 표현만은 ADHD를 가졌다면 모두 공감할 듯하다.

뭣이 중헌디

한 번이라도 머릿속 안개가 걷힌 느낌을 받아보는 게 소원이었다. 그런데 막상 ADHD 확진을 받고 나니 약을 꼭 먹어야 할지 망설여졌다. 이미 직장을 그만둔 상태라 내가 좋아하는 일을 원하는 시간대에 할 수 있었고, 사람들을 만날 일도 많지 않았다.

우리 집은 양방 치료에 불신이 심해서 나도 평소 약에 부정적 인식이 강했다. "정신과 약은 저얼대! 먹는 거 아니다"라는 부모님 말씀에도 고개를 끄덕였다. 부모님의 걱정이 터무니없다고 생각지 않는다. 약에 의지하게 되는 면처럼 나도 동의한 부분이 있다. 하지만 약에 대한 거부감은 정확한 ADHD 진단이 늦어지는 데에도 영향을 미쳤다. 검사를 받으면 약을 먹게 될 것 같았고, 약을 먹으면 중독되거나 바보가 되거나 자살 충동을 느낄 수 있다고 생각했다. 하지만 검사를 미루던 그때 나는 스트레스로 오랜 당 중독 상태였고, 갈수록 바보짓만 하고 있었으며, '이래서 죽는구나' 하는 생각에 빠져 있었다. 뭣이 중헌디?

청각과민증이 심해지면서 복용을 시작했지만, 지속적으로 복용하는 건 생각보다 어려운 일이었다. 훗날의 부작용을 상상하며 묘하게 불안해졌기 때문이다. 처음에는 맨정신의 기능 수준이 그대로인지 궁금해져서 일주일을 못 넘기고 멋대로 단약을 했다.

한 달 이상 복용에 성공했을 때 또다른 고비가 왔다. ADHD 약과 불안장애 약을 같이 먹기 시작하자 눈에 황달이 와서 갑자기 두

약 모두 끊고 말았다.* 알고 보니 원인은 불안장애 약이었는데, 평소 찜찜했으니 즉시 약을 다 끊어버린 것이다. 단약 직후 한 달 정도 심한 무기력과 우울 때문에 고생했다. 왜 서서히 용량을 줄여 단약해야 하는지 확실히 깨달았다.

언제나 두 갈래 생각 사이를 오락가락한다. 하나는 '잃어봤자 뭐, 크게 잃을 게 없다'는 생각. 인생의 반을 치료받지 않고 살아봤고, 그러면서 치른 기회비용이 크다. 어린 자녀의 약물치료를 망설이는 부모가 많은 반면 성인기에 진단받은 ADHD인들은 약물치료를 긍정적으로 보는 입장이 많은 것도 생각해보면 자연스럽게 이해가 된다. 잃을 게 많은 상태에서는 두렵지만, 건강과 기회, 자존감 등을 잃은 뒤에는 약의 부작용 같은 걱정들이 사소해 보이니까. 당장 하루를 살아내기 벅찬 당사자 입장에서는 먼 미래의 낮은 가능성까지 앞서 걱정하는 것이 무의미하게 느껴지기도 한다.

또다른 생각은 '누가 내 몸을 책임져주지 않는다'는 것이다. 다양한 약의 다양한 부작용에 대해 일생을 추적한 연구가 충분하지 않다는 점이 마음에 걸린다. ADHD 증상과 공존질환으로 이런저런 짐을 지게 되었다고 생각하면서도, 한편으로는 아직 참 많은 것을 누리고 있다는 걸 떠올린다. 정말 무엇이 더 중요할까. 여전히 어려운 문제다.

---

*항불안제나 항우울제가 이렇게 황달을 일으키는 경우는 매우 드물다고 한다.

이게 남는 장사일까

보통 ADHD 성인이 자신에게 맞는 약을 찾는 데 최소 6개월쯤 걸린다고 한다. 사람마다 듣는 약의 종류와 용량, 약효와 부작용이 다 달라서 반응을 지켜보며 찾아나가야 한다.

몸에서 "OK, 진행시켜!"라는 허락이 떨어질 때까지는 "이번엔 구미에 맞으시옵니까?" 하며 여러 번 시도하는 수밖에 없다. 특히 2주 뒤에 약효가 나타나는 약의 경우, 내게 맞을지 아닐지 모르는 약을 시험하기 위해 생활의 질을 더욱 떨어뜨려야 한다. 최소 2주 동안은 인체실험 같은 기분을 떨치기 어렵다. 그런데 나는 진단운이 '약운' 쪽으로 쏠렸다. 처음에 시도한 약을 한 번 증량한 뒤로 3일 만에 효과가 나타나 그대로 정착했다(원래는 1~2주 먹어야 효과가 나타나는 약이었는데, 증상이 심하면 반응이 잘 나타난다고 한다).

약을 처음 먹었을 때는 당황스러웠다. 심장이 튀어나올 것처럼 뛰고, 머리가 핑핑 돌고, 먹은 것도 없이 구역감이 들었다. 입안이 사막화되고 팔다리가 저리고 뒤통수에 소름이 돋았다. 다행히 폭풍은 한두 시간 만에 지나갔으나 입맛이 떨어져 밥을 먹으면 모형을 씹는 것 같았다. 밤에는 선잠을 자다 새벽 두세 시에 깨서 눈이 말똥해졌다. 꾸역꾸역 잠들면 유체이탈하거나 토하는 꿈을 영원처럼 꾸며 가위에 눌렸다. 세상엔 참말로 공짜가 없는 것이다.

다행히 이런 현상은 서서히 잦아들었다. 2주가 지나자 내 몸이 약 성분과 오붓하게 마주 앉아 '쎄쎄쎄'를 하기 시작했다. 요즘은 포동포동 살이 오르고 있고 아홉 시간 넘게 푹 잘 때가 많다. ADHD 뇌가 과잉활동을 하다 보니 원래 잠드는 시간도, 수면의 질도 들쭉 날쭉하지만, 약 때문에 잠들지 못하거나 중간에 깨는 경우는 현저히 줄었다. 약을 먹기 전에는 머릿속에서 동시에 돌아가는 생각이 4~5개였다면 약을 먹으면 1~2개 정도로 정리된다. 외부의 개입으로 내부의 지배에서 해방되는 셈이니, 지금 보기에 이 거래는 나에게 유리하다.

길은 여러 갈래다

ADHD 치료제가 증상을 개선할 확률은 80%에 이른다.[103] 그러나 약이 모든 증상을 해결해주지는 않는다. 내가 먹는 약은 체내 노르에피네프린의 양을 늘려 주의집중력을 높이고 불안감도 잡아준다. 한편, 도파민 증가에 직접 관여하지 않기 때문에 충동성과 과잉행동에 대한 효과는 미약하다. 대책 없는 시간 감각이나 당장 끌리는 활동에 정신이 팔려 일의 우선순위를 무시하는 버릇은 그대로 남아 있다.

약이 좀 편하게 걷도록 돕는 신발이라면, 사고방식은 걸음걸이나 자세의 문제다. 좋은 신발을 신어도 걷는 법이 잘못됐다면 몸에 무리가 올 수밖에 없다. 그래서 전문가들은 인지행동치료와 약물치료를 병행하는 것이 이상적이라고 말한다. 자신과 세상을 인지하는 틀인 자동적 사고, 인지 오류, 핵심 신념 등은 따로 바꿔나가야 한다.

ADHD 대처기술 안내서를 참고하며 시간 관리 기술, 대인관계 전략 등도 키울 필요가 있다.

더 나은 생활로 가는 길이 단 하나는 아니다. 상담과 경두개자기자극술TMS[*], 생활환경 바꾸기, 명상과 운동 등 다른 과학적인 방법으로 만족스럽게 살 수 있다면 그걸로도 좋을 것이다. 다만, 약물에 두려움과 거부감이 크다면 이성적으로 생각하고 있는지 돌아볼 필요가 있다. 약이 능사는 아니지만, 한 번 발들이면 끝장인 금단의 영역도 아니다. 긍정적인 면과 부정적인 면을 모두 고려해서 상황에 맞게 선택하면 된다는 게 내 생각이다.

막연히 고민하기보다 여러 입장에서 쓴 책들을 읽어보는 것도 도움이 된다. 책을 읽기 어렵다면 인터넷 정보만 참고해도 좋을 것이다. 중요한 건 자신의 믿음을 강화하는 정보만 취하는 '확증편향'에 빠지지 않는 것이다. 환자들의 이야기를 다양하게 참고하더라도 약효와 부작용은 개인차가 크니 혼자서 결론짓지는 말아야 한다. 마음에 걸리는 부분이 있다면 전문가에게 터놓은 뒤 다시 생각해도 늦지 않다.

주체적인 치병생활

정신질환이 있는 사람들에게는 치료를 위한 상호작용도 도전

[*] Transcranial Magnetic Stimulation. 머리에 전류파를 흘려보내며 자기장으로 뇌를 자극해 뇌 신경세포를 활성화하거나 억제하는 치료법.

이 될 때가 많다.* 나는 하려던 얘기를 잊고 횡설수설하기 쉬워서 진료실에 들어가기 전 할 말을 메모한다. 그런데 메모를 보면서도 망설일 때가 있다. '이런 걸 물어봐도 될까? 예민하고 귀찮은 환자라고 생각하진 않을까?' 싶어서다. 지금 만나는 주치의 선생님께는 그럴 필요가 없는데도 자꾸 목소리가 기어들어 간다.

여러 번 오진을 받고 내 멋대로 단약을 하기도 하면서 환자가 자기 상태를 알리는 일과 친해질 필요가 있다는 것만은 확실히 알게 됐다. 평생 함께 갈 반려병이라면 더욱 그렇다. 만일 의료체계에서 수동적인 존재로 대우받더라도 나는 주체적으로 행동해야 한다. 병을 가진 당사자도, 치료 방법이 내 몸에 미치는 영향을 정확히 알아야 하는 사람도, 선택 후 책임을 져야 하는 주체도 나니까.

아직 초보 복용자지만, 약물치료에서 오래 도망 다니고 자주 단약을 한 사람으로서 스스로 다짐한 점들을 공유해본다.

① 약 처방을 받을 때는 과거 병력과 지병, 다른 약물에서 겪은 반응 등을 확실히 전달하자.

ADHD 서면 검사 시 질문지에 병력에 대한 질문이 포함되기도 하

---

* 정신질환이 있는 사람은 도움을 받아들이는 과정도 "작은 단계로 나누고 각 단계를 달성하기 위해 현실적인 시간 계획을 세워야" 한다. 병원에 가려면 제 시간에 일어나야 하고, 준비해서 집을 나서야 하고, 교통수단을 이용해야 하고, 병원이나 상담센터에서의 사회적 접촉을 견뎌야 한다. "주변 사람이 모두 진보하기를 기대한다고 확실히 알려"주고, "한걸음 앞으로 나아갈 때마다 인정하고, 격려"하고, "작은 보상을 해주는 것"이 도움이 된다.[104]

는데, 많은 답변을 검토하다 보면 주치의도 가볍게 넘길 수 있다. 불안장애, 양극성장애 등의 공존질환이 있다면 우울, 짜증 등 기분 관련 부작용에 더 큰 영향을 받을 수 있으니 미리 질문해서 확인해두자. 그리고 스스로 기분 변화를 주의 깊게 관찰하자.

② **효능과 한계, 부작용에 대해 특별히 궁금한 점은 약을 받기 전에 질문하자.**

권장되는 복용 시간, 약효 지속시간도 확인하자. 인터넷으로 보는 게 더 자세하고 마음도 편하지만, 실패 확률을 줄이고 맞는 약을 빨리 찾으려면 더 능동적일 필요가 있다.

③ **질문은 환자의 권리다. 부작용 때문에 계속 약을 먹어야 할지 고민된다면 전화로 문의를 시도하자.**

성인 ADHD 진료 병원이 주변에 적을 수 있지만, 환자의 질문을 잘 받아주지 않는 병원은 가능하면 바꾸는 것이 좋다. 치료자를 신뢰하고 친밀감을 갖는 것은 치료 과정에 큰 영향을 미친다.

④ **약물일기(복용일지)를 쓰자.**

복용 날짜와 시간, 느꼈던 약효와 부작용, 한계 등을 기록해두면 진료 때 할 말을 정리하기도 쉽고, 몸에 이상이 생겼을 때 문제점을 판단하는 근거가 된다. 특히 처음 약을 먹거나 약을 바꾼 뒤라면 초반 며칠이라도 기록하는 게 좋다. 병원에 따라 앱이나 기록지를 활용해 관리하기도 하는데, 매일의 기분과 신체 상태 및 습관을 기록하면서 약물일기처럼 활용할 수 있다.

⑤ **약효 지속시간을 일과에 이용하는 방법도 생각해보자.**

식욕이 떨어지는 부작용이 있으면 첫 식사 후에 약을 먹는 게 건강 유지에 도움이 된다. 주요 업무처리는 가장 약효가 좋은 시간대에 배치하고, 잠자리에 들 때쯤에는 약효가 떨어지게 하는 등 자기만의 생활 기술을 하나씩 늘려가자. 약 복용 시간을 일정하게 맞추면 몸이 적응하기 쉽다. 알람을 맞추고 달력에 복용 여부를 표시하면 약을 거르거나 두 번 먹는 일을 막을 수 있다.

약을 먹어서 좋은 점 중 하나는 내가 의도한 삶을 살아볼 자신이 생긴다는 것이다. 다음 달의 나는 약을 먹고 있을지 자연인 상태로 하루를 허우적대고 있을지 알 수 없다. 하지만 어느 쪽이든 정확한 정보로 균형을 잡고, 내가 처한 상황을 반영해서 주체적인 선택을 하고 있을 거라고 생각한다. 그런 태도 자체가 치료의 방법이니까. 나아질 길이 있다는 것, 다르게 살아볼 여지가 있다는 건 무척 다행한 일이다.

덧붙이는 말

이 글을 완성하고 반년이 흘렀다. 꾸준히 약을 먹으면서 일상이 많이 달라졌다. 지금 일하는 편의점은 물 마실 틈이 없을 만큼 손님이 많고 제공하는 서비스 종류도 다양한데, 태어나서 가장 안정감을 갖고 일하는 중이다. 체력이 떨어지면 멍해져서 어이없는 실수도 하지만, 전처럼 집중력 유지를 위해 계속 안간힘을 쓰는 일은 없다. 반응 속도가 빨라졌고, 작업기억력도 좋아졌다('방금 뭐하려고 했지?' 생각할 때 기억이 난다!). 말을 할 때도 더 정리된 문장이 편하게 나오고, 버스나 지하철을 잘못 타거나 잘못 내리거나 시간에 늦는 경우가 크게 줄었다.

기분 관련 약도 내게 맞는 것을 찾아서, 사람들을 마주한 상황에서 느낄 때 전처럼 많이 불안하지 않다. 약이 자존감을 회복할 기회를 준다는 게 어떤 건지 느끼고 있다.

피해의식 탈출 레시피

43회기 후 돌아본 상담의 의미

상담시간은 늘 눈 깜짝할 사이에 지나간다. 누군가 각 잡고 이야기를 들어준다고 생각하면 머릿속에서 수문이 열리며 소용돌이치던 생각들이 콸콸 쏟아져 나온다. 예를 들면 이런 식이다.

"그동안 어떻게 지냈어요?"

"전보다는 나았던 것 같아요. 그런데 $%@#@&&#&했어요. 아, 그러고 보니 !!@&#$&$%??하는 생각도 들었고요. 그리고 #&$%#@@&…."

"그랬군요. 자기 마음을 잘 들여다보고 있네요."

"아, 그런데 오늘 트라우마 치료하기로 했던 것 같은데요!"

"오늘은 시간이 별로 안 남았네요. 다음에 할까요?"

20분쯤 지났을까 하며 떠들다 보면 어김없이 상담시간 50분을 넘긴 뒤라 신기하고 민망했다. 그래서 알람을 맞추고 들어갔지만 인자하신 선생님들은 괜찮다며 10분씩 추가로 상담해주곤 하셨다.

이해의 자급자족

상담에서 수다스럽다고 한 것과 모순되는 얘기 같기도 한데, 상담 과정이 꼭 즐겁고 편안하지만은 않다. 마땅한 수입도 없는 상황에서 합이 맞을지 모르는 상담 과정을 선결제하는 것은 더욱 모험처럼 느껴진다.

첫 상담은 앞서 밝혔듯 나와 맞지 않았는데도 울며 겨자먹기로 마쳤고, 그 기억 때문에 다음 상담이 망설여졌다. 다시 도전한 것은 마지막 상담의 기억을 "안 변할 것 같네요. 스님이 되지 그랬어요"로 남기고 싶지 않아서다. 국가에서 지원하는 상담이라 가능했다(무료라는 점이 큰 용기를 주었다). 하지만 두 번째 상담에서도 포기할까 고민한 지점들이 있었는데, 그 이야기를 해보겠다.

상담 중 뒤늦게 병원에서 여러 검사를 받고 ADHD라는 것을 확인하게 되었다. 이 소식을 기쁘게 전했으나 선생님은 내가 병명 찾기에 얽매인다고 생각하셨다. 어떻게 나아지느냐가 더 중요하다는 말씀에는 공감했다. 다만 나는 '그럴 만했겠구나'라는 태도에 목말라 있었고, 앞으로 나아가려면 잠시라도 그 단계에 머물러야 했다.

"생각이 너무 많아요. 예민하게 병명에 얽매이지 말고…"

가장 피하고 싶던 말을 들은 날, 멍하니 거리를 걸으며 자문했다. 나의 병식을 부정당할 때 느끼는 억울함이 정당한 걸까? 내가 나를 피해자로 두고 싶어 하는 걸까?

글을 쓰면서 정신과 외에도 여러 병원에 다녔다. 복용 중인 약을 설명하기 위해 ADHD가 있다고 밝히면 병에 대한 내 판단은 시험대 위에 놓였다.

"ADHD는 과잉진료가 많습니다."

"왜 ADHD라고 생각하셨죠?"

음식을 조절하면 나을 수 있다거나, 트라우마로 인해 생긴 것으로 보이니 서서히 좋아질 것이라는 잘못된 조언을 듣기도 했다. '내가 여기 온 이유는 그게 아닌데, 왜 갑자기 ADHD 얘기를 할까?' 겨우 두세 마디 나눈 나에 대해 판단하고 가르치는 태도가 불쾌했지만 동시에 그런 것에 일일이 마음 쓰는 자신이 답답했다.

내가 ADHD라서 운이 없다고 생각하지는 않았다. 세상에 고질적인 문젯거리 하나 없는 사람이 어디 있을까. 내 경우는 그 정체를 알기 어려웠을 뿐인데, 그게 바로 문제였다. 혼자 고민하며 사람들에게 내 경험과 판단을 의심받은 시간이 삶의 대부분이었던 것.

그런 만큼 억울함을 잘 다룰 수 없는 상태였다. 후에 이런 부분도 성인 ADHD를 가진 사람들이 공유하는 경향이라는 걸 알게 되었다. 성인 ADHD가 있는 경우 상담에 불만을 느끼기 쉽다고 한다. "ADHD를 임상적으로 유효한 질환으로 고려할 가치가 없다고 무시하거나, 이 질환과 환자의 특별한 요구에 대한 지식과 이해가 부족한 전문가를 만났을 가능성이 크기 때문"이다. 이런 경험은 교육·사회·보건의료 서비스에서 되풀이되고, 그동안 쌓인 불만족에 대한 보상심리가 새로운 치료자에게 투영되기 쉽다.[105] 병과 함께 살아오며 강화된 마음의 구조를 해체하려면 한 번쯤은 ADHD와 나의 관계를 뚜렷이 인지하는 전문가를 만나야 한다는 게 분명해졌다.

하지만 타인의 이해에 의지하지 않고 바로 서는 방법을 가르쳐 준 것도 두 번째 상담이었다.

"내가 나를 이해해주는 게 첫 번째예요. 이해에 신경 쓰는 마음 밑바닥에 무엇이 있는지 살펴보세요. 혹시 스스로 이해하지 못하는 어떤 것이 있는지."

시간이 흐르면서 선생님의 말씀이 와닿았다. 경험과 판단을 부정당할 때 느끼는 섭섭함과 분노를 들여다보니 '있는 그대로 받아들여지고 싶은 마음'이 보였다. 리플러스 인간연구소 박재연 소장은 자동적 생각과 감정, 핵심 욕구를 하나씩 분리해 알아차리면 자기에 대한 이해가 생긴다고 말한다. 이것은 "상대를 향한 시선에서 내 안으로 시선을 옮기는 중요한 연습"이다.[106] 내게는 인정과 소속의 욕구가 있었다. '나는 사람들 속에서 나답게 살고 싶은 욕구가 오래 좌절됐구나. 그래서 아직 민감하구나' 하고 생각하기만 해도 남의 반응에 신경 쓰는 마음이 작아졌고, 내가 원하는 이해를 조금은 스스로 줄 수 있었다. 자신이 어린아이 같다고 여겨져 부끄럽던 생각도 점차 희미해졌다. 내 감정도, 지금 거치는 단계도 타당한 것이었다.

치유의 핵심

불안과 분노발작이 심해졌을 때 다시 한번 상담치료를 단행했다. 직장을 다닐 때 제대로 치유하지 못한 감정들과 어려서부터 지속적으로 겪은 소통 문제와 정체성 문제 그리고 가족들 간에 있었던 일들이 만나 복합 트라우마*를 이루고 있었다. 일상생활이 어려울 정도가 되었을 때 주치의 선생님을 찾아가 상의했고, EMDREye Movement Desensitization & Reprocessing(안구운동 민감소실 재처리요법)을 받기로 했다.[107]

EMDR은 트라우마 치료에 더 특화된 정신치료의 한 종류로, 치료 방식을 요약하면 이렇다. 치료자의 유도에 따라 트라우마 기억을 떠올리면서 눈을 빠르게 좌우로 움직인 뒤, 떠오르는 감정이나 생각을 그대로 표현한다. 이 과정에서 과거의 고통스러운 감정과 생각, 생생하게 갇혀 있는 조각난 기억들이 현재의 경험과 현실적이고 적응적으로 연결된다. 결과적으로 더 건강하고 통합적인 시선으로 과거를 바라볼 수 있도록 도와준다.

* 이전에는 전쟁, 재난, 사건사고 등 큰 원인에 의한 것Big Trauma만을 트라우마로 인지했지만, 일상에서 자존감을 잃게 만드는 사건들이 반복된 경우Small Trauma에도 빅 트라우마로 인한 것과 같은 증상이 나타날 수 있음이 밝혀졌다. 과거에 여러 번의 스몰 트라우마가 엮여 '복합 트라우마'가 된 경우 하나의 사건에 의한 '단일 트라우마'보다 긴 치료를 필요로 한다. "이런 트라우마 생존자는 일반 외상후스트레스장애PTSD와는 구분되는 증상을 보이는데, 신체화 장애, 해리성정체성장애, 경계선 성격장애 등 개인의 핵심 정체성의 왜곡에서 일어나는 장애를 그 예로 들 수 있다."[108]

정신 치료는 운동이나 춤 학원에서 진도를 나가듯이 매회 예상대로 진행되는 게 아니었다. 의미 있는 사건이라 생각했던 기억이 정작 재처리 중에는 계속 다른 기억으로 흘러가서 결국 다음 회기에 다른 기억으로 재도전하기도 했고, 당일 감정 상태가 나쁘거나 한계점 같은 부정적 생각에 부딪치면 생각의 흐름이 자꾸 제자리로 돌아올 때도 있었다.

결국 두 개의 기억만을 재처리했지만, 효과는 생각보다 컸다. 나는 분함을 삭이며 주저앉아 있던 어린 나를, 내 뜻을 표현할 능력을 갖춘 지금의 나로 대체했다. 사람들의 일을 망치고 있다는 자책으로 심장이 죄어오던 감각은 같은 사건을 떠올려도 더이상 느끼지 않게 되었다. 막연한 불안을 '사람들은 나를 도울 수 있다'는 생각으로 바꾸었기 때문이다.

운 좋은 일이 연달아 일어났다. 한 가지는 이 상담을 맡아주신 선생님이 성인 ADHD에 대해 깊은 이해를 갖고 계셨다는 것이다. ADHD로 인해 힘든 점을 따로 부연하거나 증명하려 애쓰지 않고도 대화가 통했다. 그리고 EMDR이 끝나갈 때쯤, 한 상담사 모임의 지원으로 다시 상담을 받게 되었다. 이때 만난 선생님과도 참 잘 맞았다. 성적 지향의 다양성에 대한 이해와 지지가 보장된 환경이었기 때문에 뭐든지 걱정 없이 털어놓고 공감받을 수 있었다.[109]

불안장애와 외상후스트레스장애는 여전히 생활의 동반자다. 그러나 내 생애를 전체적으로 이해하는 사람이 있다는 사실이 마음 깊은 곳을 어루만져주었다. 내 감정에 그럴 만한 이유가 있다는 전제를 갖고 있는 사람, 같은 보폭으로 동행하는 사람과 이야기하는 것만으로도 늘 비어 있던 삶의 부분이 채워졌다.

상담에서 중시하는 것은 내담자마다 다르겠지만, 나에게 상담 기법이나 횟수보다 중요한 것은 관계 그 자체였다. 상대방이 가슴으로 내 이야기를 들어줄 것이라는 믿음이 있을 때, 내면을 보여주고 받아들여지는 과정만으로 치유가 시작됐다.

성장통

약해진 마음으로 낯선 사람을 만나 가장 내밀한 이야기를 꺼내놓는 과정이 순탄하기만 할 수 있을까. 마치 몸을 치료받고 온 날 더 쑤시듯, 어떤 날은 흘러간 줄 알았던 과거의 감정이 되살아나 덮쳐오기도 했다. 상담 회기는 쌓여가는데 제자리만 맴도는 것 같아 환멸을 느끼거나, 생각지 못했던 상담사의 반응에 상처를 받기도 했다.

특히 첫 번째와 두 번째 상담에서 나는 수동적이었다. 나도 모르게 상담사와 겉보기에만 좋은 관계를 유지하는 데 급급한 순간이 많았다. 그런데 첫 번째 상담에서 큰 실패를 겪으니 두 번째는 '내가 지금 솔직한가?'라는 의심을 할 수 있었다. 마음에 남은 것이 있다고 느끼면 '어쩔 수 없지…'라고 회피하기보다 '말해볼까?' 하는 생각을 하게 됐다.

두 번째 상담 과정을 마무리한 뒤 나는 지난 상담에서 아쉬웠던 점을 반복하지 않기 위해 몇 가지 다짐을 했다.

① **첫 회기에 들어가기 전에 치료 목표와 기대하는 점, 걱정되는 점을 적어보자.**

보통 첫 회기에 치료 계획을 상의하는데, 내담자의 생각이 구체적이면 상담사도 방향을 설정하기 쉽다.

② **전체 회기 중 한 번 이상은 상담에 대해 어떻게 느끼고 있는지 메타적 대화를 시도하자.**

진행 방향, 상담 방식, 상담 전과 달라진 점, 자신의 태도나 마음 상태 등을 돌아보고, 하고 싶은 말이 있다면 솔직하게 전해보자. 상담사와 나는 권력관계가 아닌 수평적 협력관계이며, 나 역시 치료의 주체다.

③ **수첩에 상담일지를 쓰자.**

기록은 상담 전, 상담 중, 상담 후로 나눠 상담 전에는 상담 때 할 말을 적어두고, 상담 중에는 들은 내용이나 생각을 메모한다. 상담이 끝나면 간단히 소감을 쓴다. 상담 중 알아차리지 못한 감정과 생각이 올라오곤 하는데, 치료의 실마리가 여기에 있을 수 있다.

④ **상대방의 기대치에 맞추려 하지 말고 자기 욕구에 귀 기울여 진심을 말하자.**

치료를 위한 관계에서조차 가면을 쓰거나 거리를 둔다면 성장하기 어렵다. 상담사도 완벽한 사람이 아니며 나에게는 신뢰 관계를 회복할 힘이 있다. 치유는 이 신뢰 관계 속에서 이루어진다.

세 번째에는 이 다짐들을 반영해 한층 능동적인 태도로 임할 수 있었다. 마침 선생님께서도 이렇게 말씀해주셨다.

"제가 하는 과정을 꼭 그대로 따라오실 필요는 없어요."

기억을 재처리하는 과정은 분명히 내가 주체였기 때문에 나는 솔직해졌다. 집중하지 못했을 때는 집중하지 못했다고 말했고, 안구 운동을 하는 횟수가 적다고 생각되면 늘려달라고 부탁했고, 지난번 결정한 것이라도 옳은 선택인지 의심이 들면 다시 상의했다. 선생님께 오해받은 느낌에 복잡한 감정이 들었을 때도 다음 회기에서 솔직하게 털어놓았다.

그럴 수 있었던 것은 선생님이 그런 태도를 칭찬하고 지지해주셨기 때문이기도 했다. 자칫 지적으로 받아들여질 수 있는 고백을 횡설수설할 때 선생님은 이렇게 답해주셨다.

"앞으로도 오늘 한 것처럼 다른 사람들에게 표현할 수 있으면 돼요. 바람 님은 그럴 만한 능력이 있으니까요."

이어진 네 번째 상담에서는 내가 감정 인지와 표현에 취약하다는 것을 미리 알렸다. 선생님께서는 매회 대화를 마무리할 때마다 오늘은 어떤 느낌이 들었는지 물어주셨고, 새로 대화를 시작할 때도 그간 든 생각을 먼저 질문하셨다. 상담 첫날은 물론, 중간에도 상담의 방향성을 함께 의논하는 분위기를 만들어주셨다. 나를 담담하고 솔직하게 드러내는 연습이 필요한 나에게는 이런 경험이 큰 도움이 됐다.

새로운 공기

"선생님, 저보다 훨씬 어려운 일을 겪고 있는 친구들도 자기 얘기를 담담하게 하는데, 왜 저는 제 병과 관련된 화제만 나와도 저한테 관심이 쏠릴까 봐 긴장될까요? 제가 이 문제를 너무 오래 묵혀둬서 그런 걸까요?"

"충분히 그럴 수 있어요. 마음에서 다 정리되지 않은 감정을 능숙하게 꺼내놓을 수 있는 사람이 얼마나 있을까요. 한 번, 두 번 표현하다 보면 올라오던 감정이 100에서 95가 되고, 80이 되고, 70이 되고⋯ 그렇게 점점 옅어져가는 거죠."

오랜만에 친구들을 만나고 온 마음을 털어놓았을 때, 안도했다. 선생님께서 해주신 대답은 내가 가지고 있던 대답이었다. 당장 양손에 들고 있는 것이 많아서 손을 흔들어 보이기 어려운 것뿐, 그 짐을 잘 정리해서 한 손에 든다면 나머지 한 손은 자유롭게 쓸 수 있다. 나는 그렇게 할 수 있도록 짐을 정리하는 과정에 있었다.

그래서 상담에서 정리되지 않은 이야기를 늘어놓는 것은 무의미하지 않았다. 상담은 상담사가 아닌 자신의 말을 듣기 위한 것이었다. 눈에 띄게 좋아진 것은 피해의식이 강하던 마음을 객관적으로 들여다보고, 많이 내려놓게 된 것이다.* 그런 마음이 튀어나올 때마

---

* 피해의식 뒤에는 처리되지 못한 경험이 숨어 있는 경우가 많다. 예를 들어 "당신에게 영향을 미친 경험이 있는데, 아무도 그 대가를 치르지 않"았거나, "압도당했다고 느꼈고 말할 자격이 없다고 생각"했거나, "불공평하다고 느끼"는 등의 경험이다.[110]

다 당황했지만 점차 침착하게 표현하게 됐고, 어느 정도의 불완전한 소통은 너무도 당연하다는 것을 받아들였다.

나를 있는 그대로 알아주는 사람이란 애초에 존재하지 않는 것일지도 모른다. 나를 인정하는 주체는 내가 되어야 한다. 우리는 사람들로부터 조각조각 작은 인정을 모아 스스로 주는 인정을 만들어 가도록 도움받을 수 있을 뿐이다. 결국 목표로 해야 할 것은 절대로 나와 헤어지지 못하는 나 자신의 지지다.

억울함이 자기연민이나 피해의식을 뜻하지는 않지만, 쌓아온 억울함을 적절하지 않은 대상을 향해 분출한다면 그 마음은 자기연민이고 피해의식이 될 수 있다. 세상이 내 마음을 알아줄 필요는 없다는 사실을 나는 자주 떠올린다. 그래서 자기공감의 과정 이후에도 떨치지 못하는 자기연민은 교만에 가까워진다. 세상에 내가 겪지 않은 고통은 별의 수만큼 많고, 나는 그중 하나도 그대로 이해할 수 없을 테니. 경험에는 위계가 없다. 내 고통이 특별할 것이라는 착각은 가보지 못한 은하에도 내가 상상할 수 있는 모습의 별만 있을 거라는 교만이다.

이제는 피해의식이라는 견고한 알을 깨는 과정을 알 듯도 하다. 먼저 자기감정이 평가의 대상이 될 수 없는 고유한 것임을 인지하고 부정적 감정을 충분히 애도할 것. 이때는 오로지 자신의 아픔만을 끌어안고 다독여주어야 한다. 아무리 오래된 아픔이라도 이 과정을 거치지 않는다면 그 자리에 그대로 남아 있기 마련이다.

정말로 충분히 떠나보낸 뒤에는 바로 내 곁에 있는 사람의 괴로움도 상상 밖의 영역임을 인지할 것. 자기 삶을 수많은 삶 중 하나로서 돌아보며, 이미 일어난 일에서 무엇을 얻어갈 것인지 선택해야 한다. 고통을 기능적으로 살펴보는 것이다.

이 과정에서 한 번이라도 진하게 전해지는 타인의 공감이 있다면 줄탁동시啐啄同時가 일어난다. 나를 둘러싼 껍데기를 감각하게 하고, 실금을 내고, 마침내 새로운 공기를 마셔볼 수 있게 한 인연에 감사한다. 살면서 몇 번이고 1단계로 돌아가 다시 시작해야 하겠지만, 알을 깨는 기술은 늘어갈 거다.

* 병아리가 알에서 나올 때 어미 닭이 밖에서, 병아리가 안에서 쪼며 서로 도와야 순조롭게 나올 수 있음을 뜻함.

시간을 달리는, 시간이 딸리는

ADHD 성인의 일정 관리

20대에는 자주 밤을 샜다. 나는 미루는 습관이 아주 심한 편은 아니었지만, 일을 대책 없이 벌이는 습관이 있어서 조금만 미뤄도 연속적인 밤샘을 피할 수 없게 됐다. 그렇게 체력을 탈수기에 돌린 결과로 이제 웬만해선 미루지 않는 의젓한 ADHD인이 되었다. 영양 수액은 내 소중한 원고료보다 비싸니깐.

밤샘을 예방하는 요령도 생겼다. '아직은 글을 쓸 기분이 아니야'라는 무적의 논리에 지고 있을 때 스스로에게 던져보는 질문이 있다.

'이걸 하면 뭐가 좋지?'

'안 하면 어떻게 되지?'

'혹시 계획이 무리한가?'

'일이 끝나면 나한테 뭘 해주지?'

주로 유효한 것은 둘째 질문이다. 매주 내 글을 읽어주시는 분들을 떠올리면 갑자기 정수리에 죽도를 맞은 듯했다. '이 양반이 배가 불렀네, 지금? 기분이 문제인가?'

주의력결핍장애ADD를 가진 라이더 캐롤*은 "뭔가를 해야 한다고 느끼는 이유를 이해하면, 어떻게 할지 더 명확하게 바라볼 수 있다"라고 말한다. 그리고 그 일을 왜 하는지, 경험에서 무엇을 얻고 싶은지, 어떻게 할 생각인지 알기 위해 '사명선언문'을 써보라고 권한다. 딱 한 문장이다.

나는 ＿＿＿ 위해[왜] ＿＿＿[어떻게] ＿＿＿[무엇을] 하고 싶다.[111]

나는 이렇게 써본다.

"나 자신을 치유하고 치유가 필요한 사람들과 마음으로 연대하기 위해, 솔직하고 자세하게, 내 이야기를 쓰고 싶다."

의도와 행동만 남겨두고 보면 잘 써야 한다는 부담과 회피하려는 마음이 사라지곤 했다.

---

*라이더 캐롤의 책 《불렛저널》은 주의력결핍장애ADD를 가진 저자가 기록으로 일상을 관리하는 기술을 안내하는 책이다. 일반적인 스케줄러 작성과도 비슷하지만 자신만의 아이콘(불렛bullet)을 만들어서 경제적으로 기록할 수 있는 점, '맞춤형 컬렉션'으로 일상의 모든 생각을 정리할 수 있는 점, 색인 기능을 이용해 원하는 곳으로 빠르게 이동할 수 있는 점이 좋다.

미루기의 개미지옥 탈출법

그렇게 작고 귀여운 의지가 생겼지만 갑자기 시작하는 데 저항감이 든다면, 3단계로 일에 다가간다.

1단계: 감정 정리.
5분 명상이나 차 마시기, 가벼운 산책으로 기분을 환기한다.

2단계: 행동력 활성화.
바닥 쓸기나 쓰레기 분리배출, 계좌이체처럼 금방 할 수 있는 일을 한다. 해야 하는 일 대신 다른 일에 몰두하는 '가짜 바쁨'[112]을 적당히 이용해 잡일도 해치우고 추진력도 얻는 것.

3단계: 생각의 준비운동.
할 일의 범위와 제출일을 다시 확인하고, 브레인스토밍이나 정보 수집을 한다. 결과물로 만들 때 시간이 많이 걸리지 않도록 관련 없는 생각은 분리해서 메모하고 나중에 생각한다.

그래도 시작이 어려우면, 할 일이 부담스럽지 않을 때까지 작은 일로 쪼갠다. 자료를 찾기 싫으면 '노트북 전원 켜기'만 목표로 한다. 그것도 싫다면 '엉덩이를 컴퓨터 책상 근처로 밀기'까지만. "과제를 터무니없이 단순하게 만들어 그 일을 안 하는 것이 오히려 더 터무니없는 것이 되게 만드는 것"이다.[113]

다음 행동을 할지 말지는 그 뒤에 결정한다. 한 가지를 해봤지만 정말로 하기 싫다면, 좀 더 쉬고 다시 생각한다. 선택 과정에서 의무감보다 주도권을 느낄 때 추진력이 생긴다. 그리고 '할까'가 '하지 말까'보다 아주 조금만 앞서도 움직일 수 있다고 생각해보면 엉덩이를 떼기가 더 쉬워진다.[*]

이런 '쪼개기' 기술은 반복되는 지루한 일을 할 때 특히 유용하다. 제일 귀찮은 화장실 청소는 변기와 세면대, 바닥 청소로 나눠 샤워할 때마다 한 군데씩 한다. 이것도 띄엄띄엄 하다 보니 늘 곰팡이 투성이지만, 그래도 화장실에 들어갈 수 있을 만큼 적당히 더러운 상태로 유지된다.

여러 가지 일을 동시에 하는 것은 단순 작업을 할 때 유용하다. 나는 집에 놀러 온 친구와 이야기하면서 요리를 하지는 못한다. 시도했다가 두 개 다 슬픈 결과를 맞은 적이 여러 번 있다. 하지만 설거지를 하면서 유튜브를 보거나 빨래를 갤 때 오디오북을 듣는 건 좋아한다.^{**} 이 둘을 같이 해도 여전히 지루하면 무음으로 화면을 보는 동시에 다른 소리를 들으며 집안일을 한다. 산만함은 좋은 에너

---

* J. Russell Ramsay · Anthony L. Rostain은 이렇게 썼다. "일이나 행동을 시작하게 하는 마지막 압력은 법률적인 '최종판결'과 유사합니다. 반드시 만장일치 판결일 필요는 없습니다. 행동 개입의 첫걸음을 내딛기 위해서는 51대 49의 결과만 얻으면 됩니다."[114]

** 주의통제의 강점과 약점에도 개인차와 과업에 따른 차이가 있다. "예를 들면 어떤 사람은 주의 지속에 큰 어려움이 있는 반면 다른 사람은 주의 분할에 더 큰 곤란을 겪는다." "어떤 사람은 몇 가지 활동을 계속 번갈아 가면서 하는 것이 더 생산적이라고 생각한다. 1차 과제Primary Task만 하면 지겨워지기 쉬운데, 이것은 그런 가능성을 줄이는 '건설적' 산만함을 일으키기 때문이다. 그러나 어떤 사람에게는 이것이 오히려 수행을 방해한다."[115]

지원이라서 자극의 정도가 딱 맞아떨어지면 더없이 충만하다.

단, 멀티태스킹도 상황껏 정도껏이다. 떡집에서 일할 때 작두로 떡을 썰었는데, 일이 손에 좀 익으니 작두질과 다른 일을 동시에 하려 한 적이 있다. 사장님이 놀라 "어이, 어이, 너무 일 잘하려고 하지 말고 천천히 해" 하고 타이르지 않으셨다면 피를 봤을지도 모른다. 한 가지 단순 작업의 지루함을 견디지 못해서 다섯 가지 일을 동시에 벌이는 나를 발견하면 그때를 생각한다. '워, 워. 무슨 사고를 치려고.'

ADHD 성인의 시간은 4배속으로 흐른다

매섭게 추웠던 날, 부산에 눈이 왔다. 그날은 아침 9시에 상사들을 만나 야외활동을 해야 했다. 긴장한 탓에 새벽 5시에 눈이 떠졌다. 준비할 시간이 남아돌아 창밖에 엷게 쌓인 눈을 감상했다. 세상에, 부산에 눈이라니! 지하철을 타러 가는 길에도 동영상을 찍으며 행복해했다. 그 결과 상사들을 20분이나 추위에 떨게 만들었다. 나는 4시간 동안 뭘 한 걸까?

ADHD가 있으면 시간의 흐름을 인지하는 감각이 떨어진다. "한 시간 뒤에 나와"라고 들으면 '지금은 아니네'라는 생각에 머물러 있다가 준비시간을 다 흘려보내고 결국 5분, 10분을 넘겨서 허둥지둥 나온다. 그리고 소지품을 빠뜨려 세 번에서 다섯 번 정도 다시 집에 들어간다. 원래 시간은 상대적이라지만, 5분과 20분이 똑같을 때가 왜 이리 많은지 모르겠다. 혹시 ADHD인들은 다른 차원의 존재들에게 시간을 도둑질당하고 있는 게 아닐까! ADHD가 있는 경우 어떤 활동을 수행할 정확한 순간을 알아차리는 '경보 시스템'이 잘 작동하지 않는다. 다른 생각이나 자극에 주의를 빼앗겨 미래의 할 일을 기억하기 어려운 것이다.[116]

지각을 하게 하는 공범이 있는데, 모든 상황이 내 뜻대로 흘러가 주리라는 낙관주의다. 이를테면 사람을 만나러 나왔는데 갑자기 선물을 사서 가야 한다는 강한 확신이 밀려온다. 10분이면 근처 백화점에서 물건을 사서 나올 수 있을 것 같다. 과감히 실천한다.

막상 가보면 지하도 안에서 백화점 입구를 못 찾고, 필요한 매장이 몇 층인지 몰라 헤맨다. 엘리베이터는 내려오지 않고, 에스컬레이터는 발 디딜 틈이 없다. 에스컬레이터에서 칸칸마다 "죄송합니다! 먼저 지나갈게요!"를 외치며 내려오는 진풍경(진상)을 연출한 게 한두 번이 아니었던 걸 생각하면 머쓱해진다.

한번은 책에서 시키는 대로 '시간 추정 연습'을 해봤다. 행동마다 실제로 소요되는 시간을 세분해 적어보는 것이다. '약속에 나간다'가 행동이면 외출 준비 시간, 대중교통 대기 시간, 이동 시간으로 쪼개고, 외출 준비는 세수하기, 로션 바르기, 밥 먹기, 옷 고르기, 짐 챙기기 등으로 나눠 각각 몇 분쯤 걸리는지 써봤다. 그 결과 40분으로 예상한 일에 실제로는 2시간이 필요하다는 진실이 드러났다. 이 썩은 '감'을 다시 믿게 되는 게 문제지만, 한번 적어보니 좀 나았다. 같이 외출하는 식구와 두 번 싸울 일이 한 번으로 줄었다.

일정을 짤 때도 마찬가지다. 시간 배분은 에너지 배분이다. 계획에 능력을 맞출 수 있을 거라는 개꿈에서 깨어나 능력에 계획을 맞춰야 한다. '될 것 같은데?'라는 생각에 속아 당한 게 몇 번인지.

특히 어떤 일은 한 번에 끝나지 않는다는 사실을 기억해야 한다. ADHD의 모순이 여기서도 보인다. 꽂혔을 때는 의욕이 넘치고 자신을 과신해서 "좋아! 7시간이면 보고서 하나 쓰겠지"라고 단순하게 생각해버리는데, 막상 일을 시작하면 누구보다 다양한 이유로 자연스레 시간을 흩뿌린다.

딴짓은 딴짓대로 하고, 일하는 건 맞는데 갑자기 떠오른 다른 일로 새고, 하나만 하는 건 맞는데 온갖 무의미한 고민을 하나씩 들춰보면서 하다가 금세 진이 빠지거나 흥미가 떨어져서 후반부에 가서는 마무리하기가 귀찮아진다. 마무리를 짓더라도 이렇게 한 방에 만든 보고서는 문제가 생기기 십상이다. 생각하는 시간, 자료 찾는 시간, 개요와 본문 쓰는 시간, 휴식 시간, 먹는 시간, 수정하는 시간 등을 따로따로 의식해서 계획할 필요가 있다.

소요 시간을 예상되는 만큼의 두 배로 잡는 버릇을 들이다 보니 지금은 당황할 일이 많이 줄었다. 글을 완성할 때는 짧은 글도 최소 3일로 잡고 2~3일의 여유를 넣는다. 중요 일정은 앞뒤로 1~2시간을 비우려 하고 있다.

Young과 Bramham은 '시간 계획을 세우는 6단계'를 다음과 같이 제시했다.[117]

1. 목표 설정
2. 목록 만들기
3. 활동의 우선순위 정하기
4. 과제 완성에 걸리는 시간 추정하기
5. 과제 일정 짜기
6. 보상체계 포함하기

나의 보상체계는 '포레스트' 타이머 앱으로 40분 집중하고 20분 동안 딴짓을 하는 것이다. 쉬는 시간은 수행에 대한 보상이니 하고 싶은 행동을 한다. 몇 시간을 쭉 일하는 것보다 이렇게 하는 쪽이 머리가 맑아져서 일에 쓰는 시간을 오히려 단축시킬 수 있다. 내킨다면 이 시간에 잠시 운동이나 집안일을 해서 활동 욕구를 해소하고 성취감을 높일 수도 있다.

과몰입 상태일 때는 하던 일을 끊어내는 게 참 어려웠는데, 허리가 먼저 끊어질 정도로 앉아 있는 습관을 고치기 위해 훈련을 했다. 시간을 설정하는 것조차 잊어버릴 때가 많지만, 꼭 앱을 쓰지 않더라도 한 시간에 한 번쯤 과몰입을 멈추려고 한다. 그러면 비효율적인 일에 빠져 있다가도 '이런 짓을 하고 있었군' 하고 방향을 바로잡을 수 있다.

일에는 '결과를 결정하는 순간'이 있다. 요리할 때 재료를 태우지 않으려면 불을 줄여야만 하는 시점이 있고, 택시 말고 버스를 탈 계획이라면 집을 나서야 하는 결정적 시점이 있다. 중간중간 딴생각에 빠져 있지 않은지, 중요 시점이 지금은 아닌지 감지하는 더듬이를 키우는 중이다.

비효율의 효율

나는 '사서 고생'의 아이콘이다. 쉬운 일을 어렵게 만들어서 하는 특징이 있다. 쓸데없이 일의 양을 늘리기도 하고, 나도 모르는 새 방식도 복잡하게 만든다.* 일을 할 때 '어디까지가 필요한 영역인지' 가늠하지 못한다(정확히 말하면 무의식적으로 당장 하고 싶은 부분에만 초점을 맞추므로 숲을 보지 못한다). 모자람보다 지나침이 낫다는 확신으로 필요 이상의 것을 하느라 시간과 수고를 들인다. 이렇게 하면 말 그대로 '과하기 때문에' 좋지 않은 결과를 맞을 때가 많다. 그러면 필요를 넘어선 부분을 잘라내기 위해 소통하고 작업하면서 또 기회비용을 들인다. 예를 들어 과제 문서를 작성할 때는 내용을 다 짜지도 않았는데 문서 스타일에 집착해 들여쓰기와 테두리와 글자체에 지나치게 공을 들이곤 했다. 내 글을 쓰게 되고서는 A4 2장을 써야 할 때 8장을 써서 자르고 맞춰야 했다. 내 글쓰기 과정의 특징은 당연하게도 내 머릿속의 특징과 같다. 관련성 없는 생각들에 압도되듯이 관련성 없는 글감들에 압도된다.

* ADHD를 가진 사람은 단순한 것을 지루해하고 지루함을 뇌의 통증처럼 느끼며, 원하는 방식을 포기하는 것도 어렵다. 그래서 '자멸적 상황'을 만든다. 여기에는 도움을 거부하는 경향도 한몫한다.[118]

하지만 그렇게 잘못 들어선 길에서 예상치 못한 발견을 하기도 했다. ADHD 치료나 정보 없이 살아온 시간도 그랬다. 항상 노력 대비 결과물은 좋지 않았지만, 헤맨 만큼 아주 조금씩 요령이 생겼다.

사는 방식에 정답이 없는데 일하고 시간 쓰는 방식에 정답이 있을 리야. 내가 얻은 답이 있을 뿐이다. 경험을 통해 자기에게 임상시험을 마친 방식이라면 그건 진짜다. 자신의 속도대로 가는 것이 가장 빨리 가는 길이라는 생각도 한다. 고장이 나면 빨리 온 만큼 오래 멈추고, 그 후로 쭉 보통보다 더 느리게 걸어야 할 수 있다는 걸 겪어서 알기 때문이다. 남보다 느리고 비효율적일 수는 있지만, 하고 싶은 일을 나만의 속도와 방식으로 해나간다면 그 자체가 내 삶에서는 가장 효율적인 태도일 것이다.

우당탕탕 민바람 씨는
다이어리도 얼렁뚱땅

집필노동자의 '기록'적인 생활

첫인상이 단정하고 차분하다고들 한다. 어디까지나 첫인상인데, 아직 거기에 속고 계신 분들은 내가 대화 중에 다이어리를 펼치면 흠칫 한다.

"이걸 알아볼 수 있어요?"

내가 봐도 괴발개발. 일정표라기보단 추상예술에 가깝다. M은 어이없어했다. 진지한 모습을 보고 꼼꼼히 '다꾸'하는구나 싶어 들여다봤더니 웬 고대벽화가. 영감을 받은 그는 이런 시구를 읊었다.

"우당탕탕 민바람 씨는 다이어리도 얼렁뚱땅!"

줄여서 '우당'이라는 호가 생겼다. 한자는 '우와, 하고 놀랄 우'에 '당황할 당'. 초당 순두부의 계보를 잇는 우당 민바람. 마음에 든다.

한 번씩 꽂힐 때마다 몇 달의 계획을 모두 표시해버리는데 일주

일만 지나면 계획은 다 틀어져 있다. 볼펜으로 죽죽 긋고, 그 위에 휘갈겨 쓴다. 결국 나조차 알아보기 어려워 점점 다이어리를 안 본다. 다이어리가 있었다는 사실 자체를 망각하는 경우도 많다.

그래도 내 ADHD에는 기특한 점이 있다. 얼마나 유지되는가는 별개의 문제지만, 죽이 되든 밥이 되든 일단 계획과 실천에 관심이 많다는 것. 한때는 버킷리스트를 써서 지워가는 재미로 살았다. 기타 연습해서 세 곡 치기, 한자능력시험 2급 따기, 행글라이더를 사서 크로스컨트리(장거리) 비행하기, 정글에서 비 맞기 등 대중없이 하고 싶은 걸 죄다 적었다. 목표를 향해 나아가는 과정을 블로그에 중간보고식으로 기록하면 잘 살고 있는 기분이 들었다. 그리고 마침내 목록에서 한 줄을 지우는 순간, 뇌 속에서 도파민이 만세를 부르며 뛰쳐나오는 짜릿함. 써둔 건 80개 정도였는데 이룬 건 많지 않다. 오래 살아도 이룰까 말까 한 목표도 많았고, 무리한 계획과 짧은 흥미 때문에 무기한 연기된 것들도 있다. 다만 이 과정에서 내가 도파민 중독이라는 것을 확실히 알게 됐다. 그리고 도파민의 노예가 되기보다 적당히 힘을 빼고 도파민을 일꾼으로 부리기로 마음먹었다.*

---

* "어떤 활동을 분석하고 전략을 짜 실행함으로써 '게임화'하면 우리는 좋은 결과를 얻을 수 있고 기분까지 좋아진다. 어째서냐고? 도파민은 진화와 생존이라는 지상 과제를 잘 수행했을 때 샘솟기 때문이다. 더 안전하고 풍요로운 미래를 건설하라는 명령이 내려졌다. 인간이 이 명령을 완수하기 위한 일련의 활동들을 하나씩 해나갈 때 도파민은 보상을 제공함으로써 자원 확보에 더욱 매진하도록 우리를 독려한다. 그런 식의 기분 좋은 경험은 다음 활동을 시작하기 위한 신호탄이 된다."[119]

쏠쏠한 자아도취

수첩과 다이어리를 쓰고 있다. 수첩은 떠오르는 것을 쓰면서 생각을 구체화하거나 할 말과 들은 말을 정리할 때 쓰고, 다이어리는 일정 관리용이다. 들고 다니기 편하게 둘 다 최대한 얇고 작은 것으로 산다. 휴대전화 달력과 메모장 앱, 컴퓨터 바탕화면의 '스티커 메모' 위젯도 유용하게 쓰고 있다. 무기력과 과욕의 상태를 주기적으로 오가기 때문에 무기력 상태에서는 이 모든 것을 까맣게 잊는다. 하지만 흐물거림에서 조금씩 벗어나고 있을 때는 내가 '뽿' 받았을 때 어떻게 했는지 떠올려보는 게 도움이 되기도 한다.

계획 세우기와 목록 쓰기는 듣기만 해도 고루한 느낌인데, 약간 다르게 보면 게임과 비슷하다. 우선 이것도 하나의 창작이라서 계획과 목록을 완성한 것만으로도 작은 만족감이 생기고, 생각을 현실적으로 구체화하는 과정은 통제감을 준다. 할 일을 쓰는 것은 '행동'이므로 다음 행동으로 이어가기 쉽다는 것도 장점이다.

할 일이 목록에 남아 있으면 다음 일정을 확인할 때 이전에 한 일도 보게 된다. 그만큼 보람을 느낄 기회가 많아진다. 나를 채근하는 기록보다 뒤에서 묵묵히 밀어주는 기록이 힘이 될 때가 많다. 물론 이것도 뭔가 '한 일'이 적혀 있을 때의 얘기긴 하다. 그래서 이제는 과거의 나처럼 거창한 것들을 적기보다 해낼 수 있을 만큼 사소하고 쉬운 할 일을 쓴다. 그리고 결과가 아닌 실행을 목표로 삼는다. 예를 들어 운동을 한 지 오래됐을 때는 '5분간 숨쉬기 운동'이라도 써보고 심호흡을 한다(심호흡은 정말 좋은 운동이다). 자격증 시험은 더이상 관심이 없지만, 시험을 친다면 '2급 취득하기'보다 '2급 응시하기'나 '수험서 한 권 세 번 보기'라고 쓸 것이다.

단기 목표는 따로 정하는데, 중요한 목표는 일이 잘 풀렸을 때와 아닐 때로 나눠서 세울 때도 있다. 플랜A와 플랜B. 내가 어디까지 할 수 있을까? 이렇게 하면 변수가 생겼을 때 유연하게 대처할 수 있고, 현실적 기대를 갖는 데도 도움이 된다.

요즘 나는 사소한 성과도 풍부하게 음미하려고 의식하는 편이다. 뿌듯함이 클수록 마음은 자연히 다음 단계로 내킨다. 여전히 해낸 것은 당연하게 여기고 못한 것은 질책하려고 드는데, 앞만 보고 무뚝뚝하게 걸어나가는 자아의 등을 톡톡 건드려 알려주곤 한다. '어이, 글을 이만큼 써냈다니까? 그게 다야?' 그리고 10초간 의식적으로 자아도취를 한다. 종착점만 바라보며 달렸는데 도착하자마자 다른 종착점을 보는 건 좀 슬프니까.

하루는 산만하고 단순하게

나는 많이 자야 한다. 못 자도 9시간 이상 자지 않으면 보통의 주의력 결핍 상태도 유지하지 못해 늪을 기는 기분으로 하루를 난다. 특히 직장에 다닐 때는 푹 자는 날이 많지 않았으므로, 나와 말을 섞으려는 사람이 없기만을 바라며 음습한 새벽의 기분으로 집에 돌아갈 시간만을 기다렸다. 막상 밤이 되어 누우면 머릿속에서 대환장 파티를 여는 생각들 때문에 입면 시간이 두세 시간을 훌쩍 넘어섰다 (꼭 나쁜 것만은 아니다. 잠 못 드는 새벽에는 부정적 감정에 잠식되기도 하지만 좋은 아이디어를 얻는 경우도 많다). 그래서 ADHD와 함께 사는 하루는 짧아진다. 기본적으로는 일의 방향성이 자주 흐트러져 결과물을 내는 데 시간이 많이 들고, 에너지 소모가 빠르니 중간중간 휴식도 필요하다.

답은 일을 줄이는 것뿐이다. 한 번에 많은 일을 하려 하기보다 넉넉히 일정을 잡고 몇 가지 일에만 주력한다. 욕심껏 계획을 세웠다가 실패가 거듭되면 의욕은 더 사라지기 마련이다. 이런 면에서 나는 10년 전보다 크게 발전했다. 여전히 거절을 어려워해서 거절 메일 하나 쓰는 데도 반나절이 걸리지만, 생활의 선이 무너지면 신체 건강이 무너지는 것은 물론이고 자칫 우울증까지 직행할 수도 있으니 무리하지 않는 것을 최우선 순위로 둔다.

요즘의 생활은 읽기와 쓰기 위주로 단순하게 돌아가고 있다. 하루에 할 일은 크게 네 가지로 나눈다.

- 꼭 끝내야 할 과제 1개(예: 청탁받은 글 마무리해서 송고하기)
- 해두면 좋은 과제 1~2개(예: 새 글 초고 A4 한 장 쓰기, 참고도서 다섯 꼭지 읽기)
- 간단한 잡일 1~3개(예: 빨래 돌리기, 복사집에서 출력하기)
- 하고 싶은 일 1개(예: 소설책 읽기나 드라마 한 편 보기)

의욕 유지를 위해서 실천 순서와 우선순위를 다르게 둔다. 아침에 빨리 끝낼 수 있는 잡일을 먼저 해서 성취감과 추진력을 얻고 중요 과제로 들어간다(일어나서 1~2시간 뒤니 약을 먹던 때는 이때가 약효가 제일 좋을 시간이기도 했다). 중요한 일을 잘 마치면 나에게 주는 보상으로 하고 싶은 일을 한다. 그리고 기운이 차려졌을 때 '해 두면 좋은 과제'로 들어간다.

하루 할 일을 메모할 때는 동사까지 적는다. 결과가 아닌 행동 중심으로 써야 손을 대기 쉬워지기 때문이다. 아주 구체적으로 적지는 않더라도 되도록 머릿속에 그려지도록 써야 한눈에 알기 쉽다. 예를 들어 '소설 과제' 대신 '소설 과제 올리기', '세금 문의' 대신 '홈택스 종합소득세 문의', '연재 초고'라고 쓰기보다 '연재글 시간관리 편 초고 A4 두 장 쓰기'라고 적는다. 대충 적으면 나중에 "무엇에 쓰는 물건인고?" 하면서 지나치거나, 해야 하는 줄 알면서도 왠지 와닿지 않아 미루게 될 때가 많다.

하루가 끝나면 그날 지운 것들을 보면서 흐뭇해하고, 남은 과제는 슬쩍 다음 날로 옮겨 적는다. 내일의 나는 언제나 완벽하니까.

내가 '읽개미'로 사는 법

나는 책 안 읽는 작가 지망생이었다. 생업에 짓눌려 있었던 것도 사실이지만, 백수가 된 뒤에도 읽는 즐거움보다 읽어야 한다는 압박감에 집중해 있었다. 모처럼 마음이 나면 계속 바뀌는 관심사 때문에 한 권을 진득하게 끝내지 못했다.

새해를 맞으며 세운 목표는 일 년에 100권 읽기. 할 수 있을까 싶었다. 그런데 생각지도 못하게 반년 만에 목표치를 달성했다. 일단 백수 상태였기 때문에 가능했다. 덜컥 연재를 맡아버린 상황에서 뭐라도 읽어야 써낼 거라는 압박감도 있었다. 하지만 도파민 추구 성향과 산만함을 적극 이용한 결과라는 생각도 든다. 사람마다 맞는 방식이 있겠지만, 독서의 양과 속도가 중요한 사람에게는 내 얘기가 도움이 될지도 모르겠다.

나는 동시에 15권 정도 되는 책을 돌려 읽는다. 질리면 언제든지 다른 책으로 바꿀 수 있게 여기저기 책을 둔다. 책장 말고도 책상 위, 침대 앞, 식탁 위, 행거 아래, 핸드폰 속에 책무더기가 있다. 분야를 가리지 않고 읽되, 목적을 가지고 주력해서 읽을 책과 기분 전환용으로 읽을 책을 구분한다. 보통은 글을 쓸 때 참고하는 책이 주력 도서가 된다. 한 권이라도 다 읽었다는 성취감이 없으면 의욕이 식어버리니 주력하는 책은 대충이라도 끝까지 본다.

전자책은 지역 전자도서관에서 빌려 읽으면 돈이 안 들고, 눈으로 보기와 귀로 듣기를 오가면서 흥미를 오래 유지할 수 있다. 전자책에 속도 조절 기능이 있는 점도 다행스럽다. 오디오클립이나 영상은 1.5~2배속으로 들어야 집중력을 유지할 수 있기 때문이다.

전자책이나 오디오북은 활동하면서 읽을 수 있어 덜 지루한 한편, 종이책은 진도를 빼기 어렵다. 그래서 종이책에도 '목록 지우기' 방식을 적용한다. 순서대로 읽을 필요가 없는 책이면 목차를 보고 관심 가는 꼭지부터 골라 읽고, 읽은 꼭지는 목차에 표시한다.

이렇게 서너 개를 읽고 나면 나머지를 다 표시해 홀가분함을 느끼고 싶어진다. 이때부터는 전부 표시하는 것을 목표로 마저 하나씩 읽는다. 한 꼭지를 읽으면서도 몇 번이고 남은 분량을 확인하는 습관이 있어서, 아예 해당 꼭지 끝에 책갈피를 끼워 놓고 남은 장수가 줄어드는 걸 보면서 읽어나간다. 보통 발밑에 마사지볼을 놓고 굴리거나 실내자전거를 타면서 읽는다. 가만히 읽으려면 몸을 꼼지락거리고 싶어지고 딴생각이 들지만 몸을 움직이면 집중이 잘 된다.

해낸 일을 시각화하기 위해 독서 기록 앱과 SNS도 이용한다. 나는 '북적북적' 앱을 쓰고 있는데, 지금까지 읽은 책이 책장에 쌓인 것처럼 보여서 뿌듯하다. 책이 끝나갈 즈음이 되면 또 한 줄을 쌓을 수 있다는 생각에 살짝 설렌다. 월말에는 그달의 책 목록과 소감을 SNS나 블로그에 간단히 올린다. 스스로 기록을 남기면서 자랑도 하는 거다. '나 또 지난달만큼 했어요. 잘했죠?' 그 자체가 한 달간 노력한 보상이 돼서 나도 모르게 실적을 유지하려고 노력하게 된다. 영화, 전시회 보기 등 하고 싶었던 일을 하면서 한 달의 수고를 기념하는 의식도 치른다.

물론 집중할 대상이 꼭 책일 필요는 없다. ADHD인은 모두 다르다. 하지만 '집중력 부족과 초집중력'이 공존하고, '목표의식 부족과 고도로 목표지향적 기업가 정신'이, '일을 미루는 경향과 일주일분의 작업을 불과 두 시간 만에 해내는 재주'가 공존하는 것이 ADHD인의 특징이다. 자신에게 맞는 분야에서 잠재력을 꺼내 써보자.[120]

사는 맛을 위한 기록

어려서부터 사람들 목소리를 테이프에 자주 녹음했다. 친구가 준 쪽지는 껌종이 하나까지 고대로 보관 중. 사진은 수시로 찍어대서 주변 사람들이 진저리를 친다. 그러면서도 물건이나 파일을 시간 내서 관리하는 습관은 없어서 주변에 활발히 민폐를 끼치고 있다. 그래도 이런 약간의 저장 강박이 ADHD와는 궁합이 맞는다. ADHD는 좋은 친구이기도 하지만 내가 듣고 보는 게 뇌로 들어오지 못하도록 버티고 있는 심보 나쁜 문지기인 데다, 단기기억과 장기기억의 연결고리에 쉴 새 없이 톱질을 하는 빌런이기도 하다.

'적자생존'. 적는 자만이 살아남는다. 어느 대통령이 참모들과 회의하는 방식에서 나온 우스개지만 ADHD인에게는 진리나 다름없는 표현이 아닐까 싶다. 원래 수업이나 회의에서 필기하는 걸 좋아하지 않았는데, 같이 들은 내용도 나만 기억하지 못하다 보니 무조건 받아적게 됐다. 업무 범위가 방대한 일을 하면서 없는 가제트 팔까지 꺼내쓸 때도 그나마 큰 사달이 없었던 건 기록 덕이다. 요즘은 녹음 후 전사까지 해주는 '클로바노트' 같은 앱도 있으니 현대사회가 ADHD인이 살기 힘든 세상만은 아니라는 생각도 든다.

생활 속 거의 모든 일이 숙제 같았다. 어떻게 하면 안 힘들게 살아볼까. 그런데 취약점을 보완하는 길을 찾아 시도하고 결과를 지켜보는 과정이 때로는 흥미로웠다. 궁지에 몰린 쥐가 뒤돌아서 고양이를 무는 것처럼, 나를 가지고 실험이라도 해보자는 생각이 하루를 살아갈 힘을 주었다.

    속 편한 소리를 하고 싶다. 우리 뇌세포에 스민 성과주의의 가스라이팅을 자기만의 '사는 맛'으로 밀어내며 살아가면 좋겠다. 다른 사람의 점수나 레벨을 흘긋거리지 않고 1인용 게임에서 1점씩 쌓는 은밀한 즐거움. 단계를 깨지 못해도, 모은 아이템을 탕진하고 미로 속에 갇혀도 계속 답을 찾는 것. 자기만의 방식으로 해볼 수 있는 것들이 남아 있는 한 인생이 재미있어질 여지는 있을 테니까.

셔츠 밖이 위험할 때

끼니처럼 마음 챙기기

어느 날 티셔츠를 벗다가 동작을 멈췄다. '아늑한데?' 갑자기 머리를 빼기가 싫었다. 머리에 티셔츠를 걸친 모지리 같은 모습으로 한참 있었다. 머리 아픈 세상이 안 보여서 마음이 평화로웠다. 모양은 좀 빠지지만, 셔츠 안도 심리적 안전지대가 될 수 있다는 걸 알았다.

아홉 살 때부터 나만의 비밀장소가 있었다. 봉분이 두어 개 있고 산자락과 너른 논밭, 과수원이 내려다보이는 언덕이었다. 기가 막힌 풍경은 아니었지만 혼자 조용히 앉아 있으면 마음이 편해졌다. 세상과 동떨어진 느낌이 좋았다. 강의실에서 자동으로 구석을 찾게 되고 다락방에서 안정감을 느끼는 것처럼. 자극에 쉽게 지치니 물리적으로 독립되어 마음을 회복할 공간이 중요했던 것 같다. 그게 내가 의식한 첫 안전지대였을 것이다.

옥상 로망

초등학교 4학년 무렵 옥상을 찾아다니기 시작했다. 우리 집은 4층 건물에 있었는데, 옥상으로 가려면 벽에 붙은 비상 사다리를 붙잡고 머리 위 철문을 밀어 올려야 했다. 분명히 위에서 잠겨 있는데도 그 문을 여는 게 소원이어서 매일 정수리가 납작해질 만큼 머리로 밀어대던 기억이 생생하다.

지금 사는 집에는 한 층만 걸어 올라가면 옥상이 있다. 항상 열려 있고 올라오는 사람이 없어서 내 발코니처럼 오간다. 나만의 옥상을 갖고 싶다는 꼬마 때의 꿈을 이룬 셈이다. 보통의 5층 건물 옥상처럼 별볼일 없는 곳이지만 폭우가 쏟아질 때 판초우의를 입고 올라가 빗속의 오두방정을 즐긴다.

비올 때 텐트를 치고 미니캠핑을 하면 더 좋다. 매트와 책과 커피와 과자 등을 한 짐 싸 짊어지고 나가면 5초 만에 캠핑 장소 도착. 책을 들고 뒹굴면서 사방에 조금씩 열어놓은 모기장으로 바람을 맞는다. 구름 흐르는 조각하늘도 구경하고, 텀블러에 담은 디카페인 커피를 흡입하며 텐트에 부딪치는 빗소리도 듣고…. 틀어놓은 음악이 빗소리에 묻힐 때면 짜릿하다. 이것만은 내 세상. 아, 이러니 곰팡이와 함께 사는 낡은 건물이라도, 좁고 밋밋한 옥상이라도 어찌 사랑하지 않을 수 있을까.

집 근처에도 안전지대가 두 곳 있다. 5분 거리의 아주 작은 절 그리고 절에서부터 시작되는 아주 좁은 산길이다. 조용히 있고 싶어질 때 휘적휘적 절에 가서 너른 바위에 앉는다. 나무 밑에서 졸졸졸 물소리를 듣고 있으면 세상 모든 스트레스를 용서할 수 있을 것만 같다.

휴대용 안전지대

나를 편안하고 자유롭게 하는 것이라면 장소만이 아니라 사람, 취미, 습관, 시간, 소리도 안전지대가 될 수 있다.* 내가 있는 곳을 어디든 안전지대로 만드는 장치 중 제일 애용하는 것은 명상이다. 명상을 시작하자마자 도파민과 세로토닌이 분비되는데, 이렇게 환희를 유발하는 화학물질은 알칼리성이라서 아드레날린과 코르티솔 같은 산성 스트레스 호르몬을 중화한다. 그리고 세포에 지속적으로 영향을 미쳐 뇌의 신경망을 긍정적으로 변화시킨다.[121]

명상을 하면 감정만이 아니라 일의 효율도 변한다. 직감과 국면 인식을 담당하는 우뇌가 발달하고 좌뇌와 우뇌가 효율적으로 정보를 주고받게 된다. 그래서 과거와 미래의 일을 처리하는 능력이 높아지고, 세부 사항을 넓은 시야에서 보며 중요한 것을 감지하게 되어 실수 가능성이 줄어든다.[122] 이 정도면 ADHD인에게 맞춤형 해결

---

* '안전기지'는 존 볼비John Bowlby가 주창한 애착이론에서 나온 개념이다. 엄마는 아이의 '정서적 안전기지secure base'가 된다. 안심하고 세상을 탐색할 수 있게 하고, 자기조절과 자기돌봄을 가능하게 하는 대상이다. 부모 외에도 친구, 연인, 동료가 안전기지가 될 수 있다. 이 글에서는 일반적 의미에서 자신에게 안전감을 주는 공간이라는 의미로 '안전지대'라는 말을 사용했다.

책이니, 어려서부터 안 한 게 아까울 정도다. 여러 연구에 따르면 실제로 몇 달간의 정기적인 명상을 통해 뇌 구조를 바꿀 수 있다.[123]

 약간의 난관이라면, 가만히 앉아 있으니 몸과 머리가 근질거린다는 것. 가장 효과적인 명상 시간이 하루 15분이라는데, 눈을 감고 있으면 미루기만 하던 잡일도 갑자기 재미있어 보인다. 화상으로 명상 모임을 할 때도 몇 번씩 자리를 떴다. 갑자기 옷 실밥을 자르고, 병원 가는 날을 확인하고, 새로 산 책의 목차를 확인했다.

 결국 한 번에 길게 명상하는 건 포기하고 하루 세 번, 5분씩 나눴다. 눈 뜨자마자 명상 안내 영상을 켜서 5분간 호랑이 기운을 채운다. 잠을 청할 때 또 5분간 신체감각 알아차림 연습으로 그날의 찌꺼기를 걸러낸다. 어차피 입면 시간도 길고 깨고 나서도 한 시간씩 누워 있어서 아침과 밤 명상은 습관 들이기가 수월했다.

 낮에 하는 명상은 일 중간에 하다 보니 잊을 때가 많았다. 나는 지금 일을 하다 명상이 필요한 순간의 '감'을 알게 됐지만, 처음에는 적당한 시간에 알람을 맞춰두는 것도 좋을 것이다. 알람이 울리는 순간 하던 일을 딱 멈추는 조건반사를 몸에 익히는 것은 과몰입해 있을 때 주변 자극으로 주의를 전환하는 훈련도 된다.

 일단 하기만 하면 효과는 확실하다. 멍하게 있을 때는 뇌의 여러 영역이 소통하는 '기본상태회로DMN'가 활발해져 창의적인 아이디어가 떠오른다. 실제로 머리가 방전됐을 때 명상을 하면 도무지 정리가 안 되던 글에도 돌파구가 보이곤 했다. 그래서 스스로 설득할 수 있게 됐다. 지금 한 시간 일을 붙잡고 있는 것보다 명상 후에 일한

10분의 결과물이 더 좋을 수 있다고. 설득에 넘어가지 않을 때가 더 많다는 건 비밀.

지루함을 견디기 어려운 사람에게는 요가도 좋다. 요가는 명상을 수행하는 한 방법이고, 균형 잡는 동작이 소뇌를 강화해서 주의력을 높여준다.[124]

공감각적 산책

가끔 올라가는 산길은 사람을 마주치는 일이 별로 없어서 좋다. 그런데 이때 걷기 명상을 하려 하면 잡생각들이 서로 머릿속을 점거하려 아우성친다. 명상은 머릿속을 완전히 비우는 것이 아니라고 하지만, 생각들이 너무 뛰놀면 명상 전보다 더 정신이 없을 때도 있다. 그래서 상황에 집중하기 위해 나만의 오감명상법을 찾았다.

먼저 땅에 닿는 발바닥 감각에 집중한다. 호흡과 동작이 어우러져 안정이 된다. 귀에 들어오는 소리를 찾아본다. 서로 다른 새소리와 희미한 물소리, 바람이 나뭇잎을 훑는 소리…. 지나쳐가며 눈에 담는 돌과 나뭇잎 색도 다양하게 구별해본다. 그러면 초록도 서로 같은 초록이 아니고, 땅에 떨어진 잎의 검붉음도 같은 검붉음이 아니라는 게 보인다. 똑같은 게 하나도 없다는 사실에 어쩐지 마음이 가벼워진다. 세상일을 분류하고 결론짓는 일에 집착할 필요가 없다는 게 감각으로 다가오기 때문인 것 같다.

내친김에 몸의 모든 감각을 써본다. 각기 다른 색과 질감은 무슨 맛과 향이 날까. 거칠거칠한 나무 기둥은 씹는 촉감이 바삭하고, 미끈한 돌은 쫄깃하게 씹힐지도 모른다. 혹시 의외의 맛이 나진 않을까. 진홍색 꽃잎에서는 차고 달달한 민트맛이, 옅은 초록에서는 계피향이 난다고 상상해본다. 좁은 산길이 헨젤과 그레텔의 과자집처럼 다채로운 환희로 가득 찬다.

햇살이 좋을 때 눈을 감으면 볕의 색깔과 무늬가 보인다. 밝은 빨강이었다가 주황, 오렌지였다가 개나리색에서 병아리색이 되었다가. 색은 번지고 흔들리면서 조금씩 변한다. 머리에서 발 끝까지 흘러내린다. 눈에 힘을 주면 사이키 조명처럼 번쩍거린다. 그렇게 한동안 눈을 감고 있으면 내 형체가 녹아 사라진 듯하다. 세상과 나를 구분할 수 없다는 느낌이 들고, 그러므로 어디로도 달아날 필요가 없다는 생각 속에서 행복감이 차오른다.

감각에 집중하면 지금 순간이 알아차려진다. 샐러드에 넣을 케일을 씻으면서 명상을 한 적이 있다. 빨리 씻어서 먹고 할 일을 하고픈 마음에 조급하고 귀찮았는데, 문득 내가 그런 상태라는 걸 인지했다. 물줄기가 케일 이파리를 타고 흐르는 모습을 보면서, 손에 닿는 물의 온도와 식물의 감촉을 느껴봤다. 그렇게 씻는 일에 몰입하자 곧 마음이 개운해졌다. 스트레스를 쌓던 소모적인 시간을 에너지를 쌓는 생산적인 시간으로 바꾼 거다.

잠깐의 알아차림이 주는 만족감은 생각보다 힘이 세다. 오늘의 충동구매를 피하게 하고 경솔한 언행으로 일이 꼬이는 경우를 줄일 수도 있다. 더 건강한 음식을 먹고 싶어지고 잠시라도 몸을 움직여

보게 된다. 행복에도 가성비가 있다면 명상이 주는 행복의 가성비를 이길 것이 있을까?

정원을 되살리는 법

상담을 받을 때 명상으로 게임을 한 적이 있다. 나는 컴퓨터와 연결된 작은 패치를 몸에 붙였고, 상담 선생님이 보여주신 컴퓨터 화면에는 생기를 잃고 황폐해진 정원이 나왔다. 내가 할 일은 심호흡을 하면서 정원이 살아나는 상상을 하는 것이었다.

들숨… 날숨… 들숨… 날숨…. 심장박동이 느리게 유지되자 흑백의 정원에 하나씩 변화가 생겼다. 먼저 땅에서 풀들이 푸르게 돋아났다. 조금 지나자 나무가 자라고, 꽃이 피었다. 곧 물이 흐르고, 나비가 날고, 노루가 돌아왔다. 마지막으로 무지개가 떴다.

항상 긴장하고 애써야 상황이 좋아질 줄 알았다. 가슴을 졸일수록 가슴으로만 숨이 쉬어져서 늘 얕고 가쁜 숨을 쉬었다. 그러다 명상 게임을 하고 나니 기분이 묘했다. 이게 무슨 기분이지? 배신감이 들면서도 상쾌했다. 시뮬레이션이긴 해도 전전긍긍하지 않고 편안하게 있었던 덕에 상황이 나아지는 것을 처음으로 체험했다. 황량했던 정원이 내 내면 같았다.

들숨은 짧게, 날숨은 천천히 길게 내쉬는 것이 좋다. 산소를 몸속으로 들여보내는 들숨은 교감신경을 활성화해 몸을 긴장시키고, 이산화탄소를 내보내는 날숨은 부교감신경을 활성화해 심신을 이

완하기 때문이다. 이렇게 깊은 호흡을 하면 모든 순간이 호흡명상에 가까워진다. 언덕이나 계단을 오를 때도 도착만 생각하면 괴롭지만, 심호흡에 맞춰 발을 옮기는 데 집중하면 몸도 덜 힘들고 정신적 에너지를 얻는 시간이 된다. 스트레스가 심한 상황에서도 호흡을 통해 스스로 교감신경을 안정시킬 수 있다.* 힘들 때 긴 숨을 뱉어내면 나는 미약하게 소름이 돋는 것을 느낀다. 손쉬운 카타르시스다.

옥상 문 열기

어린 시절 정수리로 옥상 문을 밀어대던 마음은 간절했다. 그 문을 열기만 하면 환상의 세계가 '촤라락' 열릴 것 같았다. 몇 년 전까지도 그때와 비슷한 마음을 품고 살았다. 나를 모든 것으로부터 자유롭게 하는 완벽한 세계가 존재할 것이라는 기대. 그런 세계를 찾느라 몸도 마음도 여기저기 떠돌았지만 마주하는 건 현실적이기만 한 세상이었다. 나는 실망했고, 몸도 마음도 앓기 시작했다.

내가 품은 세계는 나만의 것이다. 현실에 과한 기대를 품지 말자는 뜻도 맞지만, 나를 자유롭고 행복하게 하는 것들을 스스로 품고

---

* 글에 나오는 신체감각 훈련, 걷기명상, 호흡명상, 일상생활 속 알아차림 등은 '마음챙김 명상'의 훈련법을 이용 또는 응용한 것이다. "마음챙김을 한 가지로 단순하게 정의하면, 대상(예컨대 소리, 냄새, 맛, 정서 또는 신체 경험)에 대해 의도를 갖고 주의를 기울이는 것이다. 마음챙김을 제안하고 대중화한 존 카밧진 Jon Kabat-Zinn은 '마음챙김은 특정한 방식, 즉 의도적으로 현재 순간에 비판단적인 주의를 기울임을 의미한다'라고 말했다."[125]

있다면 아무도 빼앗지 못한다는 뜻이기도 하다. 고유한 영역에서 충만해지는 경험이 쌓이자 믿는 구석이 생겼다. 성과에 따라 달라지지 않는 행복이 있고, 힘들었던 것 이상으로 내가 나를 행복하게 해주면 된다는 생각.

불안에 억눌릴 때는 호흡과 호흡의 사이를 본다. 쉽게 휘청대는 것 같은 내 안에도 가느다란 심지가 있음이 느껴진다. 그 미세한 감각을 알고 심지를 자꾸 붙들다 보면 점점 굵고 튼튼해진다. 쉽게 선택할 수 있는 행복을 자주 사용할수록 어려운 상황에서도 행복을 택하게 된다. 감정의 주도권을 가진 사람이 자신임을 몸이 기억하기 때문이다. 옥상 위의 천국은 바로 내 안에 있는 자유와 행복이다.

이제는 옥상 문을 간단히 연다. 아무것도 못할 것 같을 때 숨 쉬기, 잠시 눈을 감고 나를 먼 곳으로 보내기, 늘 수고하는 눈과 발을 쓰다듬기, 하늘을 볼 수 있다면 보고, 걸을 수 있다면 걷기…. 마음먹는 순간 나는 안전하고 완전해진다.

극복하기가 아닌 표현하기

분노로 사랑하는 법

한 청년단체의 행사로 치유를 위한 심리극에 참여했을 때 내가 맡은 역할은 '웅크린 마음'이었다. 바닥에 웅크린 나를 참여자들이 밀며 손가락질하고, 나는 서서히 몸을 일으키며 외쳤다.

"웅크리지 않아!"

주인공 참여자를 돕기 위해 맡은 역할이었는데, 공교롭게도 내가 언제나 하고 싶었던 말이 바로 그 말이었다는 걸 깨달았다. 나를 비웃는 사람들 앞에서 괜찮은 척 떠들면서도 속으로는 내 마음을 솔직히 드러내고 싶다고 외치던 순간들이 떠올랐다.

"웅크리지 않아!"

장풍으로 돌을 하나하나 쪼개듯, 외칠수록 슈퍼파워가 흘러들어 왔다. 정말이지 처음 느껴보는 후련함. 그날 이후, 적어도 그때 떠올린 순간들에 대해서는 훨씬 편안하게 얘기할 수 있게 됐다.

같은 감정이 긴 시간 쌓이고 쌓이면 바윗덩어리가 된다. 조금만 밀어서 자리를 옮기려고 해도 단단한 무게가 괴고 있는 바닥을 깊이 긁어낸다. 그럴 때는 다른 방법이 없다. 우선 한 겹씩 녹여야 한다. 마음 중심에 자리한 바위를 부드럽게 밀어낼 수 있을 때까지. 그래서 훤해진 마음의 통로로 여러 감정이 자유롭게 드나들게 될 때까지.*

감정의 이해

초등학교 때부터 '감정'이라는 교과목이 있었다면 얼마나 좋았을까? 감정을 잘 들여다보고, 흘려보내고, 건강하게 표현하는 방법을 배울 수 있게. 어떤 문화적 맥락에서든 부정적 감정을 포함해 모든 감정을 최대치로 느끼도록 스스로에게 허용하는 사람들이 더 행복하고 충만한 삶을 살아간다고 한다.[126]

스페인 폼페우파브라대학 조르디 쿠아박 연구진은 3만 7000명을 대상으로 감정의 다양성과 행복도의 연관성을 조사했다. 기쁨, 희

---

* 피터 A. 레빈은 책 《내 안의 트라우마 치유하기》에서 트라우마의 원리를 설명한다. 트라우마 증상들은 그것을 촉발한 사건 자체로 생기는 것이 아니라 "해소 및 방출되지 못하고 몸에 남아서 얼어붙어버린 에너지 때문"에 생긴다. 위협적인 상황에서 "'부동' 또는 '얼음' 상태로 들어갔다가 거기서 빠져나오는 과정을 온전히 완결하지 못하면", 이 에너지가 신경계 안에 갇혀서 "장기적으로 심신이 쇠약해지고 때로는 특이한 증상을 보이는 외상 후 스트레스 장애로 발전하게 되는 것"이다. 지은이는 우리 안에 내재된 충동을 깨우고 격려함으로써 그 얼음을 녹일 수 있다고 말한다.[127]

망, 감사, 사랑 등 아홉 가지 긍정적 감정과 분노, 슬픔, 불안, 두려움 등 아홉 가지 부정적 감정을 각각 얼마나 경험하는지 묻고, 경험한 감정과 현재의 행복감 등을 비교했다. 결과는 부정적 감정을 포함해 다양한 감정을 느끼는 사람이 오히려 정신적으로 건강하고 행복도가 높다는 것이었다. 긍정적 감정만 지속될 때는 그 감정이 오래가지 않고, 부정적 감정이 있을 때 행복, 기쁨, 즐거움 등이 더 크게 느껴지기 때문이다.[128]

그런데 우리 문화는 분노, 원망, 좌절, 우울 등을 서둘러 통제하도록 요구하는 경향이 짙다. 나도 "자기 목소리를 내라"는 말 대신 "둥글둥글해야 예쁨받는다"는 말을 들으며 자랐다. 또 사회성과 생산성을 높이기 바쁜 분위기에서는 자기감정을 스스로 들여다보기도 쉽지 않다. 거기에 ADHD 특유의 자기 의심과 낮은 자존감이 만났으니, 감정을 안다고 해도 표현은 또 건널 수 없는 강 너머 저편 같은 느낌이었다.

전문가들은 표출되지 못한 분노가 우울과 무력감이 된다고 지적한다. 음식물쓰레기를 오래 두면 냄새가 나듯 감정도 외면하고 묵살해서는 안 된다는 것. 억눌러둔 감정은 예상치 못한 곳에서 튀어나온다. 붓다는 원한을 품는 것이 다른 사람에게 던질 뜨거운 석탄을 손에 쥐고 있는 것과 같아서 자신이 화상을 입는다고 했지만, 만일 감정을 외면하고 묵살한다면 그건 내려놓는 일이 아니라 가슴에 품어 오래도록 화상을 입는 일에 가까울 것이다.

여기저기 아프면서 알았다. 쌓인 감정을 혼자 잘 흘려보내는 기술조차 없었다는 것. 그게 티가 나는지 상사들이 종종 충고했다.

"사람이 좀 풀면서 살아야지. 난 혼자 있을 때 욕이라도 하는데."

"민바람 씨도 좀 풀고 살아. 막 하면서."

그 말을 한 상사들이 가장 표현할 수 없는 분위기를 만드는 분들이긴 했지만 맞는 말이었다. 나는 혼자 있을 때 욕할 생각도 못해봤고 한바탕 신나게 울지도 못했다.

내가 뭘 느끼는지 인지하기 전에 내 머리는 상대방의 이유와 사정을 이해하려 애쓰고, 감정은 "응? 나 생겼는데? 저기요?" 하며 심해로 가라앉는다. 실시간으로 화가 나는 경우라도 '이게 화를 내도 되는 상황인가?' '이상한 인간이 되지 않을까?' '저 사람이 어떻게 반응할까?' '내가 이후의 갈등을 감당할 수 있을까?' 등을 하나하나 따지다 보면 '타이밍이 애매해졌으니 어쩔 수 없지…' 하며 다시 감정을 심해로 떨어뜨린다. 그러나 그건 대부분 분노의 시작점이 되었다.

직장생활을 할 때는 자려고 누웠다가 벌떡 일어나 가슴을 치는 시기가 있었다. 이런저런 화병이 굳어 지금은 화석이 된 것 같다. 10년 전 당한 모욕들까지 떠올라 앵그리버드 같은 얼굴로 씩씩거리는 날도 많았다. 상대보다 나에게 화가 났다. '어우, 그때 뭐 좋다고 웃었을까? 언짢은 티라도 낼 것이지.'

대화 상황에서 분노를 효과적으로 표현하는 기술이 온라인에서 많이 공유된다. 잠시 침묵하기, 들은 말 그대로 반복하기, 정말 그렇게 생각하는지 되묻기, 상처받았음을 표현하기 등등. 하지만 화내기 하수들에겐 이것도 쉽지 않다. 자기감정을 깨닫는 데 버퍼링이 걸리는 데다, 갈등의 씨앗이 될 말을 입 밖에 내어본 경험치가 없어서다.

먼저 화에 대한 이미지를 바꿀 필요가 있었다. 오래 감춰둔 화도 내가 살아온 맥락에서 지극히 옳은 감정이고, 나를 돕기 위한 감정임을 인지해야 했다. 소라야 시멀리는 《우리의 분노는 길을 만든다》에서 이렇게 말했다.

> 분노는 감정이다. 좋은 것도 나쁜 것도 아니다. 불편하기는 하지만 본질적으로 바람직하지 않은 것은 아니다. 우리가 마주하는 분노와 관련된 문제의 대부분은 분노의 의미가 사회적으로 축조되는 방식에서 그리고 우리의 감정이 우리의 정체성과 사회적 지위라는 필터를 통과하는 방식에서 비롯한다. 분노는 특정한 이들에게 허락되는 권리여서는 안 된다.[129]

화가 날 때 몸에 어떤 반응이 일어나는지도 의식하기 시작했다. 심장이 두근거리고 손발이 차가워지는 것, 얼굴에 열이 오르고 머리가 멍해지는 것. 생각의 진행이 멈추는 것도 불쾌감의 신호일 수 있다. '내가 지금 화가 나는구나' 하고 인지하게 되면, 그 화를 어떻게 사용할지도 스스로 결정할 수 있게 된다. 사람의 특성을 '선함'과 '악함'으로 양분하지 않는 게 좋다. 선한 사람은 없다. 선해지고 싶은 의지가 선함이고, 화를 낸다고 해서 선함에서 벗어나는 것도 아니다.

생산적 분노

분노가 망설임 없이 행동으로 이어진 경우도 있긴 있었다. 내 생애 가장 생산적인 분노의 기억. 20대에 해외봉사단원으로 일했는데, 그 기관에는 활동 기간이 끝난 뒤 관련 분야 대학원으로 진학하는 사람에게 장학금을 지원하는 제도가 있었다. 함께 활동한 단원들은 신청하는 대로 지원을 받았지만 어째서인지 나는 매번 서류 심사에서 떨어졌다. 기관에 전화해서 이유를 물으니, 내 단원평가가 최하점이라고 했다.

"네? 평가 기준이 뭔데요?"

"기준은 따로 없습니다."

황당했다. 새벽부터 밤까지 일하던 나날이 머릿속에 스쳐갔다. '나는 정말 몸과 마음 바쳐 일했다고!' 당시 어깨가 너무 굳어 현지 한의원에서 놓는 침이 들어가지 않을 정도였다. 그만큼 파견기관에 눈에 띄는 결과물도 많이 남겼다. 현지어 시험 성적도 좋았고 동기들과도 잘 지냈으니 어느 모로 보나 최하점은 부당했다. 머릿속에 네 글자가 떠올랐다. 행정보복.

나는 활동 기간 중 '윗분'들이 방문할 때마다 현지 학생들을 수업에서 빼내 가이드처럼 쓰려 하는 파견사무소 측 요구를 자주 거절했다. 내가 속한 교육기관 선생님들의 입장을 따른 것이기도 했지만, 나도 그런 방식이 부당하다고 느꼈기에 사무소에서 내게 뭐라고 하든 상관없었다. 그런데 그렇게 비겁한 복수를 할 줄이야.

갑질에 대한 사회적 인식이 없던 때였고 해당 직원이 그만둔 뒤라 수정을 요구할 방도도 없었다. 장학금도 아쉬웠지만 그보다 2년 넘게 쏟은 열정이 모욕당한 느낌에 분노했다. 단원평가는 임기를 마친 단원이 다른 기관에 들어갈 때 능력을 평가받는 근거가 될 수도 있는데, 그런 평가에 아무 기준이 없다는 것도 이해하기 어려웠다.

에너지가 용솟음쳤다. 그간 제출한 성과 보고서와 활동 자료, 현지어 능력 인증서류 등 소명 근거를 취합해 국민신문고에 건의했다. 이제라도 단원평가의 기준을 세우고 파견 시 단원들에게 공지하도록 제도를 개선해달라는 요구였다.

봉사기관 담당자와 몇 번의 통화가 오갔다. 그는 문제점에 공감하고 내가 겪은 일에 안타까워했지만, 제도가 바뀔지는 장담하기 어렵다고 말했다. 그의 입장을 이해했고, 나도 큰 기대는 없었다. 한 명의 건의로 금세 제도가 바뀔 것 같지 않았다.

그런데 그냥 넘기기엔 사안이 가볍지 않다고 여긴 걸까? 예상과 달리 곧바로 다음 파견 기수부터 평가제도에 몇 가지 기준이 생겼다. 단원 선발 시점부터 단원평가가 어떻게 활용되는지 공지하겠다는 약속도 받았다. 결과적으로 장학금은 못 받았지만, 적어도 다음 단원들부터는 같은 일을 겪지 않을 거라고 생각하니 위안이 됐다. 오히려 희망도 생겼다. 정당한 분노를 적절한 절차로 표출하면 사회적 문제를 개선할 수 있다는 걸 확인했으니까. 목소리 내기에 익숙지 않은 내 안에도 그 힘이 있었다.

철학자 마리아 루고네스는 분노가 불공평에 대항하는 원동력이라고 말한다.[130] 루고네스가 제시한 분노 유형 중에는 '존중을 요구하는 분노' '체면에 도전하는 분노' '관대한 분노'가 포함된다. 약자에게 휘두르지 않고 억압된 사람들 사이에서 나누는 관대한 분노는 세상에 사랑을 표현하는 방식이다.[131] 다시 말해, 농익은 분노는 사랑이 될 수 있다.

찌질한 분노, 미천한 예술

그건 그때고, 여전히 시간만 농익었지 분노는 설익은 나날들이다. 내 분노는 주로 걸으며 담배 연기를 내뿜는 사람들과 불친절한 식당 주인, 환자를 무지렁이 시간 도둑으로 취급하는 의사들에게 쓰인다. 사회적인 사건보다 신변에 일어나는 작은 일에 핏대를 세우는 옹졸함이 나를 괴롭힌다. 이토록 작은 일에만 분개하는 건 김수영 시인처럼 크게 될 징조인가.

얼마 전에는 통장을 해지하러 은행에 갔는데, 직원의 불친절한 응대에 깜짝 놀랐다. '에이, 됐어. 이 정도 갖고 뭘?' 싶어 밖으로 나왔다가 '아니지, 양반 나셨네. 자기주장 좀 하라고!' 하며 다시 들어갔다. 심장이 마구 뛰었다.

"저…."

"네?"

"아까…"

"네."

"카드를…"

"네."

"한 손으로 던지는 것처럼 보여서… 기분이 안 좋더라고요…."

"아."

"신경을 좀 써주시면, 좋을 것 같아요."

카드를 손목 스냅으로 날린 직원은 ATM에 한 손을 짚고 삐딱하게 기대선 채로 고개를 까딱이며 사과했다. 나는 초승달눈을 하고 두 손을 모은 채 굽신거리고 있었으니, 누가 보면 내가 사과하는 직원이고 그가 고객인 줄 알았을 것이다. 한 번 더 들어가서 잊지 못할 진상이 되어볼까 잠시 고민했지만 말했다는 점에 만족하고 집에 왔다. 나는 표현할 수 있는 힘이 있는 사람이라는 느낌이 필요했다. 어설프지만 이 정도면 큰 발전이다. 암.

나는 찌질한 분노의 잠재력도 사랑한다. 분노에는 힘이 있으니까. 바꿀 수 없는 현실에 지쳐 우울이 되어버린 분노는 사람을 내면으로 침잠하게 하지만, 우울 속에도 불씨는 살아 있다. 자신의 존재감을 지우는 상황에 대처할 힘을 만들어주고, 삶이 정체돼 있을 때 앞으로 치고 나가게 해주는 분노의 긍정적 불씨. 불꽃놀이처럼 거하게 터뜨리는 것만이 감정 해방은 아니니, 사소하게나마 그 불씨가 계속 타올랐으면 좋겠다. 은은하게 촛농부터 녹이는 작은 불꽃을 생활 속에 켜두고 싶다.

반드시 화를 화로만, 말로만 표현해야 하는 건 아니다. 본가 근처의 한 문화예술촌에 갔을 때 우연히 반가운 행사를 만났다. 정신장애인들로 구성된 예술단체에서 발표회 형식의 행사를 하고 있었다. 배우들은 자신들의 이야기로 만든 연극을 올렸다. 연극은 치밀한 구성은 아니었지만 진실에서 나오는 에너지가 강렬했다. 몇 분밖에 되지 않는 이야기에 긴 세월의 아픔이 압축되어 있었다. 연극이 끝난 뒤 한 배우가 힘이 넘치는 목소리로 말했다. 따돌림이 이어지고 이어지는 인생을 살았다고. 자신을 제일 변화시킨 것은 연기이고, 10대와 20대는 불행했지만 지금 너무 행복하다고. 여러분도 더 행복할 수 있다고.

그 배우가 태우는 불씨가 아름답다고 생각했다. 안으로 묵힐 때 그를 땅속으로 끌고 들어가던 삶의 이야기가 세상으로 나와 양탄자처럼 그를 싣고 다니는 것 같았다. 행복에 환상을 갖는 삶은 경계하는 편이지만 '더 행복할 수 있다'고 힘주어 말하는 목소리가 당장 나를 조금 더 행복하게 했다. 주도적인 삶을 살 때의 만족감이 전해졌기 때문이었을 것이다. 그의 외로움과 울분이 지금은 사람들을 향한 공감과 연민이 되어 있다는 것도.

감정을 벗어나고 싶을 때마다 '극복'이 아닌 '표현'을 바라보려 한다. 돌보지 않고 내버려둔 감정들은 잘라내려 발버둥치기보다 하나씩 꺼내줘야 한다는 걸 이제 안다. 마음껏 울고, 혼자 있을 때 욕이나 혼잣말을 하고, 낙서를 하고, 춤을 추고, 편지와 일기를 쓴다. 오토바이 굉음도 활용하기 좋다. 지나갈 때 맞춰 꽥 소리를 지르면 속이 시원하다. 어떤 방식의 표현이든 좋다. 틈새의 표현을 찾기. 감정에 모양을, 소리를 만들어주기.

앞으로는 버리고 싶은 기억이 생길 때마다, 우울에 잠식되는 느낌이 들 때마다 시를 한 편씩 쓰려 한다. USB처럼 그 안에 기억과 우울을 분리해둔다고 생각하기로. 그렇게 언제나 반가운 감정과 반갑지 않은 감정을 골고루 느끼면서 균형 위에서 살고 싶다. 순간순간을 피하지 않고 느끼는 것이 행복의 바탕이니까.

그러다 보면 점차 더 아름다운 쓰레기들이 녹아 나오지 않을까. 착한 척해 보지만 오래전 박살 난 인류애를 수리하지 못한 채 사는 나에게, 예술은 좀더 괜찮은 인간이 될 수 있다는 희망이 된다. 그 희망이 하얀 거짓말이라도 좋을 것 같다. 끄적인 메모지를 한 장씩 늘려보면서 부족하고 옹졸해서 부끄러운 사랑을 조금은 대신하는 기분이 든다.

안 웃겨도 괜찮아

나를 위한 유머론

"농담도 좀 하고 그래. 스무 살 넘었잖아?"

삼십 대 초반, 강의를 잠시 접고 회사에서 일하던 때 과장님이 말씀하셨다. 나는 과중한 업무와 잦은 회식에 지쳐서 억지웃음을 흘리며 앉아 있었고, 과장님은 언제나 필요한 말 외에는 잘 하지 않는 내가 어른스럽지 못하다고 꼬집고 싶은 눈치였다. 어쩌라고, 싶으면서도 한편으로 뜨끔했다. 나이와 유머감각을 비례 관계로 보진 않지만 평소 관계에서 수동적으로 행동하는 게 부끄럽긴 했다.

철봉에 턱을 걸어 온 힘을 짜내고 있을 때 노래까지 부르기란 쉽지 않다. 인지적으로 여유가 없으니 상황을 비틀어서 볼 여유도 없었다. 그럴 때 위험을 감수하는 일은 수지가 맞지 않는다. 유머에는 성공과 실패가 있고, 실패하면 타인의 사회적 지위를 건드리거나 자신의 입지를 잃어버릴 수 있다. 그래서 내가 재미와 담쌓은 사람이라고 생각했다. 사람에게 당도가 있다면 나는 크레파스맛이 나는 카카오 함량 99%의 다크초콜릿 같았다. 코미디를 다큐로 받아들이고 옆에서 "야, 농담이야!"라고 쿡 찔러야 농담인 걸 깨달을 때도 많았으니. 강의할 때는 능청을 떨며 학생들을 웃기기도 했지만, 주로 계획된 연기였고 속마음은 바람 앞의 촛불이라 유머감각 같진 않았다.

웃을 수 있다면 안전해

내가 영 재미없는 사람은 아닐지 모른다는 생각이 처음 든 건 어느 스타트업에서 일할 때였다. 블로그와 SNS 관리가 업무 중 하나였는데 내가 쓰는 문구들이 재미있다는 말이 들려왔다. 현실웃음이 터졌다고? 처음 들어보는 얘기였다. 칭찬에 인색하던 대표님도 고개를 끄덕이셨다. 쓰는 재미를 느끼고 싶어서 한참 머리를 굴리다 보니 나온 문구들이라 그야말로 노력형 유머였지만, 맘먹으면 발휘할 수 있는 1%가 있다는 것을 알게 됐다.

금고 속에 3중장치로 봉인돼 있는 유머감각은 웃음장벽 낮은 M 앞에서만 완전히 개방된다. M이 제일 좋아하는 건 말장난 개그. 그는 진지하게 훅 들어오는 정신 나간 소리를 좋아한다. 한 예로, 나는 허리가 좋지 않아서 수시로 구르기 운동을 한다. 그는 앞뒤 방향으로 똑딱똑딱 구르는 나를 구경하다가 말한다.

"메트로놈 같다."

나는 의식의 흐름을 따라 대답한다.

"이건 메트로년이지."(나는 여성이다.)

별생각 없이 던지는 말에 빵 터져주는 사람을 만나니 점점 오만방자해져서, 지금은 시도 때도 없이 회식 춤을 남발하는 지경에 와 있다. 행동이 과해서 의도치 않게 개그가 되는 경우도 많다. 길을 가다 기분이 좋으면 사방팔방 뛰고, 어떤 표현에 꽂히면 즉각 행동으로 묘사한다.

"미친 사라암! ㅋㅋㅋㅋ쿄쿄캬캬캵" "와, 세상에서 제일 웃겨" 하고 눈물을 빼는 그를 보면서 나는 내 병이 좀 많이 좋아졌다. 비록 낙엽 깔린 길에서 폴짝폴짝 뛰다가 낙엽처럼 휴대전화를 떨군 뒤 찾아 헤매느라 버스를 놓치거나, "물어요"라는 팻말을 안 읽고 개에게 E.T.처럼 손가락을 내밀었다가 개 주인에게 응급처치 받는 일 따위를 함께 감당해야 하지만.

"넌 그게 매력이야. 그 매력 잃지 마."

잃으려야 잃을 수 없는 똘끼라는 점에서 안심은 된다. 다만 그것을 적절히 꺼내 쓸 수 있느냐가 문제. 똘끼를 꽁꽁 묶어서 목석이 되거나 "휴가다!" 하고 풀어놔서 감정적·물리적 사고를 치게 만드는 것 말고, 나도 좀 웃고 웃기면서 살고 싶다.

한 가지 분명한 것은 '이곳에서 안전하다'는 느낌이 있어야 웃기도 웃기기도 쉬워진다는 것. 마음이 방어적일 때는 생각과 태도가 경직된다. 그리고 이 법칙은 거꾸로도 적용된다. 빠져나갈 수 없을 것 같은 상황을 비틀어보는 유머가 자신에게 안전감을 주기도 한다.

스베틀라나 알렉시예비치가 쓴《체르노빌의 목소리》에 이런 문장이 나온다.

"구원은 유머에서 찾는다."[132]

집에 아기와 아내를 두고 방사능에 뒤덮인 체르노빌을 촬영하는 카메라 감독의 말이다. 유머가 공포를 밀어내는 방법이라는 것.

나는 공황장애 치료법인 '피칭Pitching 기술'을 써보면서 그 말뜻을 실감했다. 이 기법은 독일의 정신과 전문의 클라우스 베른하르트가 청각적 공포에서 벗어나는 방법으로 제안했는데, 아주 단순하다. 공포를 일으키는 생각이 들기 시작하면 작고 웃기는 만화 속 캐릭터를 하나 떠올린다. 그리고 떠오르는 부정적인 문장을 이 캐릭터가 우스꽝스러운 음성으로 말한다고 상상한다. 예를 들어 '또 망할 거야' '저 사람들은 나를 비웃고 있어' 같은 생각을 '도널드 덕처럼 꽥꽥거리는 오리 목소리'로 들어보는 것이다. '쥐가 내는 삑삑거리는 고음'이나 속도를 최저로 했을 때의 늘어진 소리로 바꿔볼 수도 있다.[133]

우리 뇌는 서로 반대되는 감정을 동시에 느끼지 못한다고 한다. 클라우스 베른하르트는 "공포를 진지하게 받아들이는 것이야말로 공포가 널리 번져 나가게 하는 주된 원인 가운데 하나"라고 했다.[134] 최근까지도 사람을 만날 때 나를 비웃던 학생들의 목소리가 머릿속을 맴돌았는데, 그럴 때 졸라맨 목소리로 바꿔서 상상하면 나를 위협할 만한 권력으로 느껴지던 소리가 순식간에 우습고 하찮아졌다. 말이 무게를 잃으니 말을 신뢰할 필요성에도 의문이 생겼.

요즘은 불안을 일으키는 상황이 떠오를 때 상황 자체를 희화화해버리는 편이다. 치료로도 크게 좋아지지 않는 현상들에 망연해 있다가 문득 생각했다. '또 그런 상황이 온다면 속으로 어이없이 웃어버리자.' 벗어나지 못하는 것에 좌절하기보다 평생 반복되는 일이라 해도 어쩔 수 없이 지고 가겠다는 마음을 먹어버리자는 것이다.

"또 이러네. 하하하. 넌덜머리 나는 세상!"

탕자처럼 난데없는 세상 탓을 한 뒤에 킬킬 웃어주기. 허탈한 웃음이 좀 섞여 있어도 괜찮다. 그 웃음이 멀어져야 할 감정과 나를 분리해주고, 가까워져야 할 감정을 둘러보도록 탄력을 주니까. 지금과 똑같은 삶이 몇 번이나 반복된대도 네 운명을 사랑하라는, 고난과 비탄도 적극적으로 받아들이라는 니체의 뜻이 이와 멀리 떨어진 건 아니리. 나는 걸친 옷이 해질수록 웃음이 걸걸해지는, 거품 잔뜩 낀 탕자로 살고프다.

안 웃겨도 괜찮아

사람들 앞에서 단점을 유머러스하게 드러내는 건 마음의 짐을 상대방에게 기분 좋게 나누어 지우는 기술이다. 실수를 자주 수습하며 살다 보니 이게 매우 쓸 만하다는 걸 알게 됐다. 내가 가벼운 마음으로 익살을 떨 때는 듣는 사람도 민망함 없이 같이 웃었다. 편의점에서 손님들의 말을 엉뚱하게 알아들었을 때, 황당해하는 손님들에게 살짝 귀를 내보이며 "제가 귓바퀴가 작아서…" 하는 신소리를 하면 다들 웃는다(나는 귀가 정말 작다).

강의를 할 때는 자신 없는 부분을 마음껏 드러냈다가는 신뢰를 잃기 쉬워서 조절이 필요했지만, 순발력 없는 내가 간혹 셀프 디스로 상황을 모면하는 경우도 있었다. 대표적으로 이런 상황. 수업 중 한 학생이 손을 들고 말했다.

"선생님, 저 고민이 있어요."

"무슨 고민요?"

"요즘 어떤 선생님이 너무 싫어요."

느낌이 왔다. 그 학생이 나를 골탕 먹일 속셈이라는 느낌. 평소 내내 나를 흘끔거리며 뒷얘기를 하던 녀석이었기 때문이다. 순간 나도 모르게 무해한 웃음을 띄웠다. 그리고 가슴과 배를 지그시 누르며 90도로 인사했다.

"죄송합니다~."

순간 교실에 웃음이 확 터졌다. 질문한 학생은 당황한 듯 다른 방향으로 얘기를 돌렸다. 겉으로 보면 학생이 말한 '싫은 선생님'은 다른 선생님이어야 맞는데, 숨은 뜻으로는 '나'를 지칭할 수 있는 상황. 그때 불편하게 느끼기 쉬운 숨은 뜻을 직접 짚어버리니 강의실에 차오른 압력이 시원하게 터진 것이다.

학생에게 뭔가 되갚아주려던 것이 아니라 평소 생각에서 나온 한마디였다. 내게 부족한 부분들이 있고 모두를 만족시킬 수 없음을 안다는 것, 다만 나는 최대한 노력 중이고, 너의 호불호를 수용한다는 메시지였다. 그렇게까지 뜻을 읽어주는 학생은 없었을지 모르지만, 부족함을 숨기기보다 드러낼 수 있어서 조금 마음이 편해졌다.

익살은 사람의 긍정적인 면을 믿을 수 있을 때 그리고 '어쩌겠어?'라며 상황과 자신을 분리해서 볼 때 자연스럽게 흘러나온다. 책 《유머니즘》에서는 이렇게 말한다.

'청중의 인간적인 면모를 파고들어 연민을 얻는' 유머는 어떻게 가능할까. 그것은 자신의 두려움조차 상대방에게 맡겨버리는 지혜와 용기에서 우러나온다. 그들이 자신을 응원하고 격려해줄 것이라고 믿는 것인데, 이런 전폭적인 신뢰는 스스로에 대한 깊은 애정이 있을 때 가능하다. 따라서 유머감각을 키우려면 반짝이는 지성과 함께 넉넉한 자존감이 필요하다.[135]

닿기에는 멀어 보이지만 탐나는 태도다. 하지만 유머러스해야 한다는 강박은 오히려 유머와 멀어지게 만들 것이다. 유머가 하나의 스펙처럼 여겨지는 시대에 나는 남보다 나를 위해 익살스러워지고 싶다. 어둠의 자식이라는 내 소중한 정체성을 버리고 빛의 세계를 탐하는 무리수를 두기보다 빛과 어둠이 접선하는 지점에서 그림자 댄스를 추고 싶다. 한솥밥 먹은 괴로움의 관성이 어제도 왔고 내일도 올 빚쟁이처럼 찾아와 치댈 때 하찮지만 쫀쫀한 재미를 느끼면서 살고 싶다. 아무도 웃지 않을 때 나만은 나에게 웃어줄 수 있도록. 그러다 보면 너도 웃고, 좀더 멀리 있는 그대도 웃고, 함께 순간을 반짝 잊어가며 살 수 있을 테니.

나가는 말

엉뚱하고 민감하고 산만하게 잘 살기

이 책을 한마디로 줄인다면 무슨 말이 어울릴까? 제목과 별개로 '나의 가혹하고 상냥한 ADHD'로 요약되지 않을까 싶다. 가혹함에 집중하며 살아왔기에 이 책에도 그런 모습이 많이 담겼다. 책을 쓰고 돌아보니 ADHD는 내게 그만큼 상냥했는지도 모른다는 생각이 든다. 사실 나는 너무 잘 살았다. 부모님께 듬뿍 받은 사랑이 있고, 몸을 누일 집이 있었고, 고마운 사람을 많이 만났다. ADHD 때문에 머리와 마음은 힘들었지만 ADHD 덕분에 다채로운 즐거움도 누렸고, 조바심만큼 성취감도 많이 느꼈다. 마음처럼 되지 않는 분야도 있었지만 노력은 크건 작건 변화를 가져온다는 걸 확인하기도 했다.

인생에서 '가혹함'과 '상냥함'의 비중을 정하는 건 나에게 ADHD를 준 신이 아니라 자신인 것 같다.

　ADHD는 내가 살면서 천착한 몇 가지 주제 중 하나다. 문제점을 찾아가는 과정이 더뎠던 만큼 나를 설명할 수 있는 틀에 목말랐다. 다행히도 글을 쓰는 과정에서 집착을 점차 떠나보낼 수 있었다. 이제 나를 이해하기 위한 정보에 크게 목마르지 않고, 꼭 어떤 틀로 설명해야 할 이유도 없다고 느낀다. 내 특성 하나하나에 깊은 관심과 애정을 가진다면, 그 자체로 특성들이 타당성과 생명력을 가진다고 생각하게 됐다.

　ADHD인들 사이에서도 ADHD를 변명으로 삼는 태도를 경계하자는 말들을 많이 한다. 나는 아닌 척하면서 은근히 핑계 대기를 잘하는데, ADHD를 핑계로 삼는 순간 거기에 머물게 된다는 게 뭔지 안다. 그러지 않으려면 먼저 자신의 부족함을 쓰다듬는 과정이 필요하다고 본다. 나로부터 인정이 보장되면 타인의 인정에서 포기할 부분도 만들어낼 수 있기 때문이다. 사람은 모두 엉망진창인 존재다. 어둡고 악하고 꼬인 부분도 외면하지 말고 내 살로 받아주면서 조금씩 다듬어나가면 되지 않을까 한다.

　"손님, 창밖 좀 보세요. 풍경이 좋~잖아요. 급하다고 바늘허리에 실 매어 쓸 수 있나요."

　어느 날 약속에 늦어 택시 안에서도 안절부절 못하고 있을 때 기사님이 느긋한 목소리로 말씀하셨다. 멋쩍게 웃으며 고개를 돌리니 우리가 달리는 광안대교 너머로 수평선이 펼쳐져 있었다. 반짝이는 물결 위에 장난감 같은 상선들. 그 풍경이 내 기분과 너무 다른 세상이었다. 정말 이걸 안 보고 있었다니. 우아하고 싶으나 실은 우악스러움에 더 가까운 내가 그 배들보다 작게 느껴지고 말았다.

항상 애면글면하던 나는 마음에 더 좋은 것들을 들여오고 싶었다. 연재 제안을 받았을 때 겁이 나면서도 선뜻 받아들인 건 그래서였다. '내가 내가 아닐 수만 있다면 얼마나 좋을까' 하는 생각을 버리고 민감함과 엉뚱함과 산만함을 변주하면서 살아도 좋다는 확인서를 만들고 싶었던 것 같다.

뇌의 관성에서 벗어나는 일은 생각을 바꾸는 것보다 많은 시간이 필요해서 여전히 사소한 일에도 우울과 불안의 가랑비, 때로는 소나기를 맞는다. 하지만 혁신적으로 나아지지 않더라도 그 자체로 괜찮은 삶이라는 걸 미래의 나에게 보증받고 있다고 믿는다. 걱정은 내려놓고 풍경을 좀 보라고, 어차피 때가 되면 원하는 곳에 도착할 거라고 말해주는 미니어처 택시기사님이 내 안에 생긴 듯하다.

자다 깨서 다시 잠들지 못하는 새벽마다 생각의 끝은 이렇게 마무리하려고 노력한다. 언제나 중요한 건 희망이 들어올 작은 구멍을 남겨두는 일이고, 때우며 살아갈 구멍이 많아도 그 구멍만은 남겨놓을 거라고.

골목길에서 외발자전거를 연습하는 사람을 본 적이 있다. 전봇대를 붙잡고 한참 쉬었다가 '으잇차' 하는 기세로 휘청거리며 서너 바퀴쯤 간 뒤에, 간신히 다음 전봇대를 붙들고 쉬는 방식이었다. 짧은 골목을 불안불안하게 오가는 모습이 인상적이라 뒤돌아서 오래 지켜봤다. 사람들이 사는 방식처럼 보였다. 휘청거리면서 몇 걸음 가다가 뭔가를 붙잡고 쉬고, 또 휘청거리면서 가던 아저씨. 그분도 알게 모르게 조금씩 힘을 덜 들이면서 가게 될 것이다.

책을 쓰는 동안 붙잡을 전봇대가 되어주신 분들께 온 마음으로 감사드린다. 많은 질문에도 늘 성의껏 답하며 꾸준히 격려해주신 주치의 선생님과 매 순간 정성 다해 이야기를 듣고 함께 느껴주신 상담사 선생님들, 심리극으로 전환점을 만들어주고 따뜻한 응원을 보내주신 깻녹 선생님과 심오한연구소, 막막하던 때 비빌 언덕을 일궈주신 에이앱 운영진분들, ADHD를 가시화해주신 선배 작가님들과 다른 창작자분들, 인용하고 싶은 소중한 글을 써주신 작가님들, 버선발로 달려나오듯 삶을 열어 보여준 ADHD 동료들과 쪽지·댓글·메일·메시지로 공감을 전해주신 독자님들, 중요한 화두를 던져준 데이먼 씨와 신비로운 영감의 샘이신 권 감독님께.

감히 꺼내지 못하던 이야기를 먼저 알아보고 연재를 제안해주신 김예지 기자님 덕분에 첫 문장을 쓰게 됐다. 루아크 출판사 천경호 대표님은 내가 '부앙부앙한' 욕심과 걱정과 변덕으로 우왕좌왕할 때마다 따뜻하게 지원해주셨고, 정신건강의학과 전문의 신재호 원장님은 기꺼이 귀한 자료를 제공하셨을 뿐 아니라 감수를 맡아 중요한 점들을 여러 차례 정성스레 수정해주셨다. 책이 물성을 갖추도록 도와주신 모든 분께 특별히 감사드린다.

후반부 연재를 세심히 이끌며 슬럼프에 빠졌을 때 구명튜브를 던져주신 유지영 기자님, 매번 상의해주시고 감동 쪽지로 따뜻함을 전해주신 최은경 기자님 등 편집을 돕고 연재를 관심 있게 지켜봐주신 여러 기자님 덕분에 쓰는 일이 외롭지 않았다. 글을 올릴 때마다 화분에 꼬박꼬박 물 주듯 감동을 선사하신 브런치 작가님들, 두꺼운 원고를 기꺼이 평해주고 대혼란의 시기마다 위로가 되어준 봉사단 동기들, 멀리 있어도 언제나 곁에 있었던 진 작가·유 작가·김 시인님, 동료 샘들과 글에 등장하는 모든 분들, 글을 쓸 수 있는 능력을 만들어주고 흔들리지 않는 사랑으로 지켜봐주신 부모님께도 감사하다. 오래전 "살다가 힘든 일 있으면 연락하세요"라고 적어주셨던 이 시인님, 힘들 때 연락은 못 드렸지만 그 말씀을 떠올리기만 해도 휘청이다 전봇대를 붙든 느낌이 들었다. 그리고 내 이야기의 두 번째 주인공이나 다름없는 img. 이 책을 쓸 수 있는 '나'를 만들어주고 쓰는 삶을 모든 방법으로 지지한 그에게 모든 방법으로 고마움을 전하고 싶다.

어려움이라곤 내 삶 안의 것밖에 모르지만, 발언권을 얻은 김에 ADHD 동료들께 건네고 싶은 말이 있다. 바퀴 하나로 휘청거리며 여기까지 오느라 너무 고생하셨다. 모면하면서 사는 삶은 쉽지 않다. 약속에 조금 늦더라도 우리는 주위에 펼쳐진 풍경을 보며 살아갈 자격이 있다. 사진만 보고 일출인지 일몰인지 알기 어렵듯이, 지금의 어려움이 삶 전체에서 어떤 의미를 띠고 있는지 우리는 모른다. 그러니 그냥 계속 가보는 수밖에 없다고 생각한다. 만일 지금 약간의 힘이 있다면, 조금 더 행복해지자. 좋아하는 일을 하는 시간과 마음을 마음대로 두는 시간을 하루 5분씩 늘리고, '감사일기'는 부담스러울 수 있으니 잠자리에 누워 그날의 '다행한 일'을 몇 가지 떠올려보자. 혹시 그날 장례식에서 천진난만했더라도 자신을 과하게 몰아세우진 말자. 단 하나라도 날마다 반복하는 일을 만들어 안정감을 느껴보자. 뇌의 신경가소성을 믿고, 성취가 아닌 단련의 개념으로 일상을 바라보자. 그리고 단 한 번의 진정한 연결이 마음을 근본적으로 치유한다는 걸 기억하자. 진정한 연결은 경험하기 어렵고 찾아가는 과정에서 상처도 따라올 수 있지만, 시도하지 않으면 아예 경험할 수 없다.

그렇지만 삶에서 '끝까지 살아내기'보다 중요한 목표는 없다. 나는 자연스러운 성장을 믿는데, 만약 성장하지 않는 삶이 있대도 그 삶은 충분히 의미 있다고 생각한다. 환경과 상황이 자신을 쓸모없는 사람으로 보이게 해도 그건 진짜가 아니다. 민감하고 엉뚱하고 산만한 모습 그대로 같이 하루를 살았으면 좋겠다.

진짜 진짜 끝으로, 이 책을 완독해주셨다면 그야말로 감사하다. 짧은 글로 채우고 싶었는데 손이 수다스러운 ADHD라서 실패했다. ADHD인이 읽기 어려운 ADHD 책이 되어버린 건 아닌가 싶다. 부끄럽지만 양해를 부탁드린다. 살다 보면 달지 않은 카라멜 라떼를 마시게 될 때도 있고 그렇다.

주

1. 에드워드 할로웰·존 레이티, 《ADHD 2.0》, 녹색지팡이, 2022, 127~128쪽 참고.
2. 반건호, "고흐·케네디도 ADHD, 잘 다루면 성공 열쇠", 〈중앙선데이〉 2011년 8월 7일자.
3. 신지수, 《나는 오늘 나에게 ADHD라는 이름을 주었다》, 휴머니스트, 2021, 139쪽에서 인용.
4. 정재석, "교사를 위한 ADHD 이야기(1/10)-ADHD의 역사", 〈정신의학신문〉 2018년 5월 5일자.
5. 에드워드 할로웰·존 레이티, 앞의 책, 190쪽.
6. 신지수, 앞의 책, 115쪽에서 인용.
7. 소라야 시멀리, 《우리의 분노는 길을 만든다》, 문학동네, 2022, 39쪽에서 각색 및 인용.
8. 반건호, 《나는 왜 집중하지 못하는가》, 라이프앤페이지, 2022, 114~115쪽 참고.
9. 소라야 시멀리, 《우리의 분노는 길을 만든다》, 문학동네, 2022, 34쪽.
10. 신지수, 앞의 책, 75쪽 참고.
11. 위의 책, 79~80쪽 참고.
12. 위의 책, 75~77쪽 참고.
13. 반건호, 앞의 책, 188쪽, 123~124쪽 인용 및 참고.
14. 신지수, 앞의 책, 88~93쪽 참고.

15. 마야 뒤센베리,《의사는 왜 여자의 말을 믿지 않는가》, 한문화, 2019에서 많은 근거를 구체적으로 확인할 수 있다.
16. 위의 책, 167쪽에서 인용.
17. 보건복지부 국립정신건강센터 정신건강사업부 자료실, 2021년 10월 13일 등록.
18. tvn, "알아두면 쓸데없는 신비한 잡학사전3 8회 :속초, 양양, 고성편", 2018년 11월 9일.
19. 호시노 요시히코,《발달장애를 깨닫지 못하는 어른들》, 이아소, 2010, 81쪽에서 인용.
20. 팟캐스트 '영혼의 노숙자' 128화, "행복들해라 임마", 2020년 5월 3일.
21. 올리버 색스,《아내를 모자로 착각한 남자》, 알마, 2016, 10쪽에서 인용.
22. 신기율의 마음찻집, "인간관계에도 마음을 잡아먹는 천적이 있다는데? 천적 같은 사람들을 만났을 때 어떻게 해야 될까?-신기율의 마음찻집 #4"
23. 정신건강의학과 신재호 전문의 감수 및 수정.
24. 에드워드 할로웰·존 레이티 지음, 앞의 책, 44~49, 52~56쪽 참고.
25. 리단,《정신병의 나라에서 왔습니다》, 반비, 2021, 253~254쪽 참고.
26. Susan Young·Jessica Bramham,《청소년 및 성인을 위한 ADHD의 인지행동치료》, 시그마프레스, 2019, 174쪽 표 9.5의 '사고 오류' 분류를 따르되 자문을 받아 '강박적 부담'을 '인위적 추론'으로 수정함.
27. 위의 책, 216~218쪽 참고.
28. 미하이 칙센트미하이,《몰입의 즐거움》, 해냄, 2021, 156~157쪽 참고 및 인용.
29. 대니얼 Z. 리버먼·마이클 E. 롱,《도파민형 인간》, 쌤앤파커스, 2019, 309쪽에서 인용.
30. 파Pha,《빈둥빈둥 당당하게 니트족으로 사는 법》, 동아시아, 2014, 128쪽에서 인용.
31. 호시노 요시히코, 앞의 책, 134쪽에서 각색해 인용.
32. 위의 책, 133~134쪽 참고.
33. 전홍진,《매우 예민한 사람들을 위한 책》, 글항아리, 2020, 46쪽.
34. 호시노 요시히코, 앞의 책, 70쪽에서 인용.
35. 이명지, "ADHD, 강박증과 마음챙김",〈정신의학신문〉2022년 1월 16일자 참고.
36. 위의 기사 참고.
37. Susan Young·Jessica Bramham, 앞의 책, 162쪽에서 인용.
38. 브레네 브라운,《수치심 권하는 사회》, 가나출판사, 2019, 127쪽.
39. 오은영,《오은영의 화해》, 코리아닷컴, 2019, 136쪽에서 인용.
40. 키마 카길,《과식의 심리학》, 루아크, 2015, 86~87쪽 참고.
41. 호시노 요시히코, 앞의 책, 98~99쪽 참고.
42. 에드워드 할로웰·존 레이티 지음, 앞의 책, 138쪽 인용.
43. Susan Young·Jessica Bramham, 앞의 책, 271~272쪽 참고.

44. 위의 책, 145쪽, 150~151쪽에서 인용.
45. 위의 책, 52쪽에서 각색해 인용.
46. 위의 책, 160쪽에서 인용.
47. 위의 책, 161쪽에서 각색해 인용.
48. 위의 책, 51~52쪽 참고.
49. 이성직,《ADHD 전문가를 위한 치료 지침서》, 학지사, 2020, 123쪽에서 각색해 인용.
50. Susan Young · Jessica Bramham, 앞의 책, 215쪽에서 각색해 인용.
51. 에드워드 할로웰·존 레이티 지음, 앞의 책, 180~181쪽 참고 및 각색해 인용.
52. 브레네 브라운, 앞의 책, 32쪽에서 인용.
53. 위의 책, 45쪽 참고.
54. 위의 책, 46쪽 참고.
55. 위의 책, 38~43쪽 참조.
56. 넷플릭스 다큐멘터리 N스페셜, "브레네 브라운: 나를 바꾸는 용기", 2019.
57. 클라우스 베른하르트,《어느 날 갑자기 공황이 찾아왔다》, 흐름출판, 2019, 17~50쪽 참고.
58. 의학채널 비온뒤, "아이는 자존감을 타고납니다. 뭉개지만 않으면 돼요." 존스홉킨스 대학 교수가 알려주는 ADHD 부모가 알아야 할 팁(소아정신과 지나영 교수).
59. Robert Jergen,《리틀 몬스터》, 학지사, 2005, 313쪽에서 인용.
60. 이승욱,《마음의 문법》, 돌베개, 2021, 197쪽에서 인용.
61. 이성직,《ADHD 전문가를 위한 치료 지침서》, 학지사, 2020, 21쪽 참고.
62. 위의 책, 66쪽 참조.
63. 지나영 교수 블로그 '지나영의 생각 나누기', "ADHD 놀라운 동전의 양면-II", 2020년 11월 1일; 닥터지하고, "ADHD 놀라운 동전의 양면-ADHD 가진 사람이 더 성취할 수 있는 이유", 2020년.
64. 반건호, 앞의 책, 212~213쪽에서 각색해 인용.
65. 홋타 슈고,《나는 왜 생각이 많을까》, 서사원, 2021, 131~132쪽에서 인용.
66. 김초엽·김원영,《사이보그가 되다》, 사계절, 2021, 121쪽에서 인용.
67. 이토 아사,《기억하는 몸》, 현암사, 2020, 269~270쪽 참고.
68. 박준성, "ADHD는 얼마나 흔한가요?",〈정신의학신문〉2018년 5월 14일자 참고.
69. 정재석, "교사를 위한 ADHD 이야기(2/10)-다른 나라의 ADHD",〈정신의학신문〉 2017년 12월 26일자 참고; 정재석, "교사를 위한 ADHD 이야기(3/10)-다른 나라의 ADHD",〈정신의학신문〉2018년 1월 2일자 참고.
70. 반건호, 앞의 책, 67쪽 인용 및 참고.

71. 위의 책, 70~71쪽에서 각색해 인용.
72. 위의 책, 73~75쪽 참고.
73. 조성진, "이 사람은 결국 아무것도 이루지 못할 것이다", 〈정신의학신문〉 2015년 10월 30일자에서 각색해 인용.
74. 김희운, "ADHD, 당사자는 물론 가족들의 자살률까지 높아", 〈한경〉 2015년 12월 24일자 참조.
75. 김원영, 《희망 대신 욕망》, 푸른숲, 2019, 153~155쪽 인용 및 참고.
76. American Psychiatric Association, 《DSM-5 정신질환의 진단 및 통계 편람 제5판》, 학지사, 2015, 63쪽에서 인용.
77. 이토 아사, 앞의 책, 19쪽에서 인용.
78. 호시노 요시히코, 앞의 책, 53쪽 참고.
79. 하미나, 《미쳐있고 괴상하며 오만하고 똑똑한 여자들》, 동아시아, 2021, 141쪽에서 인용.
80. 김원영, 《실격당한 자들을 위한 변론》, 사계절, 2018, 16쪽에서 인용.
81. 김원영, 《희망 대신 욕망》, 155~157쪽 참고.
82. 김원영, 《실격당한 자들을 위한 변론》, 37쪽에서 인용 및 참고.
83. 앤드루 솔로몬, 《부모와 다른 아이들1》, 열린책들, 2015, 89쪽에서 인용 및 참고.
84. 올리버 색스, 앞의 책, 286~382쪽 참고.
85. 홍이화, 《하인즈 코헛의 자기심리학 이야기 1》, 한국심리치료연구소, 2011, 255쪽 참고.
86. 김진애, 《도시의 숲에서 인간을 발견하다》, 다산초당, 2019, 142~156쪽 인용 및 참고.
87. 수전 케인, 《콰이어트》, 알에이치코리아, 2021, 187쪽에서 각색해 인용.
88. 한국심리학회, 심리학용어사전, 2014년 4월 참고.
89. 수전 케인, 앞의 책, 31쪽 참고.
90. 위의 책, 196~198쪽 참고.
91. 위의 책, 198쪽에서 인용.
92. 데이비드 도브스가 《애틀랜틱》에 실린 글에서 제시한 '난초 가설'. 위의 책, 178쪽에서 각색해 재인용.
93. 위의 책, 153쪽에서 각색해 인용.
94. 김경림, 《ADHD는 없다》, 민들레, 2013, 100~111쪽 인용 및 참고.
95. 리베카 울리스, 《사랑하는 사람이 정신질환을 앓고 있을 때》, 서울의학서적, 2020, 289쪽에서 각색해 인용.
96. 위의 책, 289~290쪽에서 인용.
97. 에이미 말로 맥코이, 《그게, 가스라이팅이야》, 에디토리, 2021, 87쪽. '적극적 권리 장전'에서 인용.

98. 리단, 앞의 책, 338~346쪽 참고.
99. 리베카 울리스, 앞의 책, 2020, 101쪽에서 각색해 인용.
100. 리베카 울리스, 앞의 책, 17~19쪽 참고.
101. 위의 책, 245쪽에서 인용.
102. 하미나, 앞의 책, 160쪽에서 인용.
103. 반건호, 앞의 책, 88쪽에서 인용.
104. 리베카 울리스, 앞의 책, 74~76쪽 인용 및 참고.
105. Susan Young·Jessica Bramham, 앞의 책, 27쪽, 189~290쪽 인용 및 참고.
106. 박재연, 《나는 왜 네 말이 힘들까》, 한빛라이프, 2020, 130~143쪽 인용 및 참고.
107. 한국EMDR협회에서 지역별 치료자 명단을 확인할 수 있다.
108. 데이비드 에머슨, 《트라우마 치유 요가》, 김영사, 2018, 33쪽에서 인용.
109. '성소수자알권리보장지원 노스웨스트호'(https://theshipnorthwest.tistory.com/notice/16)에서 지역별로 성소수자 친화적인 병원과 상담센터의 목록을 볼 수 있다.
110. 에이미 B. 슈어, 《아무도 도와줄 이 없을 때, 홀로 몸과 정신을 치유하는 법》, 문학사상, 2020, 260쪽 인용 및 참고.
111. 라이더 캐롤, 《불렛저널》, 한빛비즈, 2018, 324쪽에서 인용.
112. Susan Young·Jessica Bramham, 앞의 책, 93쪽에 쓰인 용어를 인용.
113. J. Russell Ramsay & Anthony L. Rostain, 《성인 ADHD의 대처기술 안내서》, 하나의학사, 2019, 102쪽에서 인용.
114. 위의 책, 104쪽 참고.
115. Susan Young·Jessica Bramham, 앞의 책, 43쪽 참고.
116. 위의 책, 70쪽 참고.
117. 위의 책, 77쪽, 글상자 5.1에서 인용.
118. 에드워드 할로웰·존 레이티, 앞의 책, 120~123쪽 참고.
119. 대니얼 Z. 리버먼·마이클 E. 롱, 앞의 책, 121쪽에서 인용.
120. 에드워드 할로웰·존 레이티, 앞의 책, 20쪽에서 각색해 인용.
121. 에밀리 플래처, 《아무것도 하지 않는 하루 15분의 기적》, 더퀘스트, 2020, 136~168쪽 참고.
122. 위의 책, 273쪽, 275쪽, 167쪽 참고.
123. 에드워드 할로웰·존 레이티, 앞의 책, 164쪽 참고; 리디아 자일로스카, 《ADHD를 위한 마음챙김 처방》, 북스힐, 2016, 33~34쪽 참고.
124. 에드워드 할로웰·존 레이티, 앞의 책, 162~164쪽 참고.
125. 데이비드 에머슨, 앞의 책, 49쪽에서 인용.

126. 소라야 시멀리, 앞의 책, 389쪽에서 재인용.
127. 피터 A. 레빈,《내 안의 트라우마 치유하기》, 소울메이트, 2016, 41쪽 참고.
128. 훗타 슈고, 앞의 책, 173쪽에서 각색해 인용.
129. 소라야 시멀리, 앞의 책, 387쪽에서 인용.
130. 뉴필로소퍼 편집부, 〈뉴필로소퍼 5: 일상이 권력에게 묻다〉, 바다출판사, 2019, 152쪽에서 인용.
131. 우먼카인드 편집부, 〈우먼카인드 14: 혼자 있는 시간〉, 바다출판사, 2021, 65쪽 참조.
132. 스베틀라나 알렉산드로브나 알렉시예비치,《체르노빌의 목소리》, 새잎, 2011, 167쪽에서 인용.
133. 클라우스 베른하르트, 앞의 책, 188~194쪽 참고.
134. 위의 책, 191쪽에서 인용.
135. 김찬호,《유머니즘》, 문학과지성사, 2018, 188쪽에서 인용.

참고문헌

단행본 및 학술논문

ADHD 관련 도서

김강우, 《당신이 ADHD라고 해서, ADHD가 당신은 아니다》, 하나의학사, 2022.
김경림, 《ADHD는 없다》, 민들레, 2013.
리시더 케롤, 《불렛저널》, 한빛비즈, 2018.
리디아 자일로스카, 《ADHD를 위한 마음챙김 처방》, 북스힐, 2016.
미나 타이헤르트, 《괜찮아! 조금 벗어나도》, 7분의언덕, 2019.
반건호, 《나는 왜 집중하지 못하는가》, 라이프앤페이지, 2022.
신지수, 《나는 오늘 나에게 ADHD라는 이름을 주었다》, 휴머니스트, 2021, 139쪽.
애니크 빈센트, 《실수투성이 당신, 성인 ADHD?》, 한울림스페셜, 2014.
에드워드 할로웰·존 레이티, 《ADHD 2.0》, 녹색지팡이, 2022.
이성직, 《ADHD 전문가를 위한 치료 지침서》, 학지사, 2020.
정지음, 《젊은 ADHD의 슬픔》, 민음사, 2021.
호시노 요시히코, 《발달장애를 깨닫지 못하는 어른들》, 이아소, 2010.
후쿠니시 이사오·후쿠니시 아케미, 《나는 왜 침착하지 못하고 충동적일까?》, 영진닷컴, 2019.

J. Russell Ramsay·Anthony L. Rostain,《성인 ADHD의 대처기술 안내서》, 하나의학사, 2019.

Robert Jergen,《리틀 몬스터》, 학지사, 2005.

Susan Young·Jessica Bramham,《청소년 및 성인을 위한 ADHD의 인지행동치료》, 시그마프레스, 2019.

J. J. S. Kooij, D. Bijlenga, L. Salerno, R. Jaeschke, I. Bitter, J. Balázs, J. Thome, G. Dom, S. Kasper, C. Nunes Filipe, S. Stes, P. Mohr, S. Leppämäki, M. Casas, J. Bobes, J. M. Mccarthy, V. Richarte, A. Kjems Philipsen, A. Pehlivanidis, A. Niemela, B. Styr, B. Semerci, B. Bolea-Alamanac, D. Edvinsson, D. Baeyens, D. Wynchank, E. Sobanski, A. Philipsen, F. McNicholas, H. CaciM, I. Mihailescu, I. Manor, I. Dobrescu, T. Saito, J. Krause, J. Fayyad, J. A. Ramos-Quiroga, K. Foeken, F. Rad, M. Adamou, M. Ohlmeier, M. Fitzgerald, M. Gill, M. Lensing, N. Motavalli Mukaddes, P. Brudkiewicz, P. Gustafsson, P. Tani, P. Oswald, P. J. Carpentier, P. De Rossi, R. Delorme, S. Markovska Simoska, S. Pallanti, S. Young, S. Bejerot, T. Lehtonen, J. Kustow, U. Müller-Sedgwick, T. Hirvikoski, V. Pironti, Y. Ginsberg, Z. Félegyházy, M.P. Garcia-Portilla, P. Asherson(2019), *Updated European Consensus Statement on diagnosis and treatment of adult ADHD*, European Psychiatry(56), 14-34, 20.

J. J. Sandra Kooij(2022), Adult ADHD: diagnostic assessment and treatment Fourth Edition, Switzerland :Springer, 40.

그 외 도서

게일 가젤,《하버드 회복탄력성 수업》, 현대지성, 2021.
고미숙,《조선에서 백수로 살기》, 프런티어, 2018.
김대현,《세상과 은둔 사이》, 오월의봄, 2021.
김예지,《다행히도 죽지 않았습니다》, 성안당, 2020.
김용태,《가짜 감정》, 덴스토리, 2014.
김원영,《희망 대신 욕망》, 푸른숲, 2019.
김원영,《실격당한 자들을 위한 변론》, 사계절, 2018.
김진애,《도시의 숲에서 인간을 발견하다》, 다산초당, 2019.
김찬호,《유머니즘》, 문학과지성사, 2018.
김초엽·김원영,《사이보그가 되다》, 사계절, 2021.
노라 엘렌 그로스,《마서즈 비니어드 섬 사람들은 수화로 말한다》, 한길사, 2003.
대니얼 Z. 리버먼·마이클 E. 롱,《도파민형 인간》, 쌤앤파커스, 2019.

데비 텅, 《소란스러운 세상 속 혼자를 위한 책》, 월북, 2021.
데이비드 에머슨, 《트라우마 치유 요가》, 김영사, 2018.
디아, 《1일 1명상 1평온》, 카시오페아, 2020.
로랑 드 쉬테르, 《마취의 시대》, 루아크, 2022.
로리 홀먼, 《그는 왜 자기 말만 할까?》, 황소걸음, 2020.
록산 게이, 《헝거》, 사이행성, 2018.
리단, 《정신병의 나라에서 왔습니다》, 반비, 2021.
리베카 울리스, 《사랑하는 사람이 정신질환을 앓고 있을 때》, 서울의학서적, 2020.
마야 뒤셴베리, 《의사는 왜 여자의 말을 믿지 않는가》, 한문화, 2019.
미하이 칙센트미하이, 《몰입의 즐거움》, 해냄, 1997, 2021 개정.
박재연, 《나는 왜 네 말이 힘들까》, 한빛라이프, 2020.
브레네 브라운, 《수치심 권하는 사회》, 가나출판사, 2019.
소라야 시멀리, 《우리의 분노는 길을 만든다》, 문학동네, 2022.
수전 케인, 《콰이어트》, 알에이치코리아, 2021.
스베틀라나 알렉산드로브나 알렉시예비치, 《체르노빌의 목소리》, 새잎, 2011.
스테파니 몰턴 사키스, 《가스라이팅》, 수오서재, 2021.
신고은, 《이토록 치밀하고 친밀한 적에 대하여》, 샘터사, 2022.
심너울, 《오늘은 또 무슨 헛소리를 써볼까》, 위즈덤하우스, 2021.
앤드루 솔로몬, 《부모와 다른 아이들1》, 열린책들, 2015.
에밀리 플래처, 《아무것도 하지 않는 하루 15분의 기적》, 더퀘스트, 2020.
에이미 B. 슈어, 《아무도 도와줄 이 없을 때, 홀로 몸과 정신을 치유하는 법》, 문학사상, 2020.
에이미 말로 맥코이, 《그게, 가스라이팅이야》, 에디토리, 2021.
오은영, 《오은영의 화해》, 코리아닷컴, 2019.
오카다 다카시, 《나는 왜 혼자가 편할까?》, 동양북스, 2022.
오희승, 《적절한 고통의 언어를 찾아가는 중입니다》, 그래도봄, 2022.
올리버 색스, 《아내를 모자로 착각한 남자》, 알마, 2016.
우도 라우흐플라이슈, 《가까운 사람이 자기애성 성격장애일 때》, 심심, 2021.
유드 세메리아, 《내 문제가 아닌데 내가 죽겠습니다》, 생각의길, 2020.
이다울, 《천장의 무늬》, 웨일북, 2020.
이동진, 《닥치는 대로 끌리는 대로 오직 재미있게 이동진 독서법》, 위즈덤하우스, 2017.
이수연, 《조금 우울하지만, 보통 사람입니다》, 다산북스, 2018.
이숙명, 《혼자서 완전하게》, 북라이프, 2017.
이승욱, 《마음의 문법》, 돌베개, 2021.

이토 아사, 《기억하는 몸》, 현암사, 2020.
이하늬, 《나의 F코드 이야기》, 심심, 2020.
전홍진, 《매우 예민한 사람들을 위한 책》, 글항아리, 2020.
조한진희, 《아파도 미안하지 않습니다》, 동녘, 2019.
클라우스 베른하르트, 《어느 날 갑자기 공황이 찾아왔다》, 흐름출판, 2019.
키마 카길, 《과식의 심리학》, 루아크, 2015.
파Pha, 《빈둥빈둥 당당하게 니트족으로 사는 법》, 동아시아, 2014.
피터 A. 레빈, 《내 안의 트라우마 치유하기》, 소울메이트, 2016.
하미나, 《미쳐있고 괴상하며 오만하고 똑똑한 여자들》, 동아시아, 2021.
하지현, 《고민이 고민입니다》, 인플루엔셜(주), 2019.
허수경, 《혼자 가는 먼 집》, 문학과지성사, 1992.
홋타 슈고, 《나는 왜 생각이 많을까》, 서사원, 2021.
홍승은, 《당신이 글을 쓰면 좋겠습니다》, 어크로스, 2020.
홍이화, 《하인즈 코헛의 자기심리학 이야기 1》, 한국심리치료연구소, 2011.
A.3355.안티카, 《우리는 조금 다른 중력으로 걷는 사람들》, A.3355., 2020.
American Psychiatric Association, 《DSM-5 정신질환의 진단 및 통계 편람 제5판》, 학지사, 2015.
RM 본, 《잠 못 드는 고통에 관하여》, 루아크, 2022.

잡지

계간 뉴필로소퍼 편집부, 〈뉴필로소퍼 5: 일상이 권력에게 묻다〉, 바다출판사, 2019.
우먼카인드 편집부, 〈우먼카인드 14: 혼자 있는 시간〉, 바다출판사, 2021.

기사

김희운, "ADHD, 당사자는 물론 가족들의 자살률까지 높아", 〈한경〉 2015년 12월 24일자.
박준성, "ADHD는 얼마나 흔한가요?", 〈정신의학신문〉 2018년 5월 14일자.
이명지, "ADHD, 강박증과 마음챙김", 〈정신의학신문〉 2022년 1월 16일자.
정재석, "교사를 위한 ADHD 이야기(1/10)-ADHD의 역사", 〈정신의학신문〉 2017년 12월 19일자.
정재석, "교사를 위한 ADHD 이야기(2/10)-다른 나라의 ADHD", 〈정신의학신문〉 2017년 12월 26일자.

정재석, "교사를 위한 ADHD 이야기(3/10)-다른 나라의 ADHD", 〈정신의학신문〉 2018년 1월 2일자.
조성진, "이 사람은 결국 아무것도 이루지 못할 것이다", 〈정신의학신문〉 2015년 10월 30일자.
반건호, "고흐·케네디도 ADHD, 잘 다루면 성공 열쇠", 〈중앙선데이〉 2011년 8월 7일자.

웹사이트

보건복지부 국립정신건강센터 정신건강사업부 자료실.
대한소아청소년정신의학회 "ADHD 바로알기"-동반질환.
한국심리학회, 심리학용어사전, 2014년 4월.
https://terms.naver.com/entry.naver?docId=2094214&cid=41991&categoryId=41991.
DIVA재단(https://www.divacenter.eu/DIVA.aspx?id=528).

영상 및 음성 자료

tvn, "알아두면 쓸데없는 신비한 잡학사전3 8회: 속초, 양양, 고성편", 2018년 11월 9일.
넷플릭스 다큐멘터리 N스페셜, "브레네 브라운: 나를 바꾸는 용기", 2019년.
신기율의 마음찻집, "인간관계에도 마음을 잡아먹는 천적이 있다는데? 천적 같은 사람들을 만났을 때 어떻게 해야 될까?-신기율의 마음찻집 #4".
의학채널 비온뒤, "아이는 자존감을 타고 납니다. 뭉개지만 않으면 돼요" 존스홉킨스 교수가 알려주는 ADHD 부모가 알아야 할 팁(존스홉킨스 소아정신과 지나영 교수).
팟캐스트 '영혼의 노숙자' 128화 [월간 이반지하 2호] "행복들해라 임마".

나는 ADHD 노동자입니다

1판 1쇄 펴냄 2025년 09월 05일

지은이 민바람
펴낸이 천경호
종이 페이퍼링크
제작 (주)아트인
펴낸곳 루아크
출판등록 2015년 11월 10일 제2021-000135호
주소 10881 경기도 파주시 회동길 480, 아트팩토리 NJF B동 233호
전화 031.998.6872
팩스 031.5171.3557
이메일 ruachbook@hanmail.net

ISBN 979-11-94391-25-8 03810

이 책의 내용을 이용하려면 반드시 저작권자와 루아크의
동의를 받아야 합니다.